本 书 得 到

国家科技支撑计划课题"干旱环境下土遗址保护成套技术集成与
应用示范",课题编号:2014BAK16B02
资　　　助

岩土类遗址保护工程
档案编写初探

裴强强　郭青林　杨善龙　赵林毅　编著

科学出版社

北京

内 容 简 介

针对文化遗产保护领域中岩土类遗址保护工程档案编写无例可循的现状和问题，本书通过对敦煌研究院近年开展的岩土类遗址保护工程档案编写经验的系统总结和凝练，定义了一些基本术语，从档案编写内容和组卷要求等方面说明了岩土类遗址保护工程档案的搜集、整理与归档方法，给出了"什么阶段"由"哪个主体"形成和搜集"什么内容和格式的档案资料"的详细要求，着重介绍了岩土类遗址保护工程竣工图纸、竣工报告、竣工决算以及档案验收等工程档案重点内容的基本要求与格式，并通过不同类型岩土文物保护工程案例说明了如何进行工程档案资料的编写。

本书可供高等院校、科研院所、文物保护工程施工企业和管理单位的岩土类遗址保护同仁参考与借鉴。

图书在版编目（CIP）数据

岩土类遗址保护工程档案编写初探／裴强强等编著. —北京：科学出版社，2016.4

ISBN 978-7-03-048056-9

Ⅰ.①岩… Ⅱ.①裴… Ⅲ.①岩土工程 – 古建筑遗址 – 文物保护 – 档案管理 – 中国 Ⅳ.① K878.3 ② G275.3

中国版本图书馆 CIP 数据核字（2016）第 083801 号

责任编辑：樊 鑫／责任校对：郭瑞芝
责任印制：肖 兴／封面设计：张 放

斜 学 虫 版 社 出版

北京东黄城根北街 16 号
邮政编码：100717
http://www.sciencep.com

中国科学院印刷厂 印刷

科学出版社发行 各地新华书店经销

*

2016 年 4 月第 一 版 开本：787×1092 1/16
2016 年 4 月第一次印刷 印张：27 3/4 插页：12
字数：658 000

定价：235.00 元

（如有印装质量问题，我社负责调换）

前　　言

　　档案是人类文明发展到一定历史时期的产物。中华五千年的文明，世代相传，档案资料发挥着独特的价值和作用。档案能够延续人类记忆，成为联系过去、现在和未来的信息纽带。档案的出现可追至商代，但各个朝代有着不同的称谓。商代称为"册"，周代叫做"中"，秦汉称作"典籍"，汉魏以后谓之"文书""文案""案牍""案卷""簿书"，清代以后多用"档案"，今统称作"档案"。《辞海》中指出"档"意之为存放公文案卷的橱柜，"案"意为官府处理公事的文书、成例及狱判的结论。档案是指处理完毕后确认值得保存以供查考利用的、经整理后藏入档案机构的文件。我国档案学界从 20 世纪 50 年代起，就一直在不断地探讨档案的定义，直到 1987 年 9 月 5 日公布、1988 年 1 月 1 日实施的《中华人民共和国档案法》诞生，对档案的定义有了一个比较一致的认识。该法称："档案是指过去和现在的国家机关、社会组织以及个人从事政治、军事、经济、科学、技术、文化、宗教等活动直接形成的对国家和社会有保存价值的各种文字、图表、声像等不同形式的历史纪录。"

　　作为文化遗产的岩土类遗址保护工程技术档案，从某种意义上是遗址相关信息的载体，同时也是一种无形的文化遗产。因此，岩土类遗址保护工程档案资料对遗址的保护和传承来说，发挥着极其重要的作用。正是因为前辈们留下的各种文化形态的遗产档案，才有了今天我们对于文化遗产更加深刻的认知和理解。随着国家对文化遗产保护的重视和保护力度的加强，岩土类遗址的保护已经成为我国文化遗产保护中的最重要的任务之一。近年来，在全国范围内针对诸如长城、莫高窟、交河故城等岩土类遗址，先后开展了大规模的保护加固工程，在对岩土类遗址实施保护加固的过程中，完整、科学、规范的收集和整理保护工程资料是其中重要的内容之一，也已经成为岩土类遗址保护工程的重要组成部分。

　　由于我国的岩土类遗址保护起步较晚，目前，还没有形成适用于岩土类遗址保护工程档案资料的专门的规范性文件。文物属性所特有的唯一性和不可再生性决定了不同单体自身的特点及需要保护对象的个体差异，病害特征有所区别、施工工艺各有特点，使得所开展的文物保护工程侧重点也有所不同，这给保护工程形成相对统一的资料格式和形式内容带来了不小的难度。不同结构类型和形制的遗址有其相应不同的保护措施和程序，首先遇到的就是庞杂难以梳理的实施措施类别和保护程序，只有全面掌握岩土类遗址保护工程的特点和特有属性，才能真正全面地编制好保护工程的档案，发挥档案历史信息的文化内涵和科学价值。

　　《岩土类遗址保护工程档案编写初探》是了解和学习岩土类遗址保护工程的参考书

籍，通过规范不同阶段保护工程档案格式和具体内容要求，梳理岩土类遗址保护工程程序和实施步骤，为岩土类遗址保护工程提供可依据的技术资料，方便广大古代岩土类遗址爱好者和文物保护工程设计、施工和研究人员。

本研究在工程实施中，通过工程资料的规范记录来促进工程项目施工管理水平，不断在"发现问题—解决问题—再发现问题—再解决问题"的动态管理模式中，滚动式发展，使得我们在系统搜集和整理岩土类遗址保护工程档案资料方面有了长足的发展，进一步推进了岩土类遗址保护工程向科学化、规范化的方向发展。开展此项研究，目的是将我们在岩土类遗址保护工程资料编写的经验分享给大家，便于开展此类工程的相关人员参考。

本书主要阐述岩土类工程项目开展过程中的工程资料格式，搜集、整理和归档管理模式，二者均属于岩土类遗址保护工程行业规范性书籍。书中所列出的主要工程档案格式和管理模式，由于是我们对岩土类遗址保护工程档案管理的首次总结与探索，难免有很多不足之处，希望专家及有关技术人员不吝赐教，我们也将通过岩土类遗址保护工程的实践检验，进一步补充完善，最终形成一套完整的指导性和控制性的系统档案资料，并能翔实记录整个文物保护工程施工过程的工程资料规范和模式，提高我国岩土类遗址保护工程资料的编写水平，并逐渐在岩土类遗址保护工程中推广应用。

目　　录

附件一　岩土类遗址档案汇编研究工程实践

附件二　岩土类遗址保护工程实践实施工艺流程图集

第一章 岩土类遗址保护工程档案编写的意义

　　档案资料是人类文明发展到一定历史时期的产物。中华五千年的文明，世代相传，档案资料发挥着独特的价值和作用。档案能够延续人类记忆，成为联系过去、现在和未来的信息纽带。作为文化遗产的岩土类遗址保护加固工程技术档案，从某种意义上是遗址的信息载体，同时也是一种无形的文化遗产。因此，岩土类遗址保护工程技术档案对遗址保护和传承来说发挥着不可替代的作用。

　　近年来，随着国家对文化遗产保护的重视和保护力度的加强，全国各地不同类型的岩土类遗址先后都开展了不同程度的保护工作，仅敦煌研究院参与或开展的保护工程就有：长城、居延遗址、玉门关、莫高窟崖体、榆林窟崖体、西千佛洞崖体、河仓城、西夏陵、交河故城、高昌古城、柏孜克里克石窟崖体、北庭故城、元上都等遗址。可见，此类古代岩土类遗址的保护已经成为我国文化遗产保护中的一项重要任务。在对岩土类遗址实施保护加固的过程中，完整、科学、规范的保护工程档案资料是其中最重要的内容之一，也是保护工程实施成功与否的关键技术环节。

　　目前，我国还没有适用岩土类遗址保护工程档案资料的专门研究成果，工程资料的编写主要还是借鉴现建的资料编写模式。但由于现建文化遗产的对于资料的关注点不同，加之不同遗址单体自身的特点及需要保护对象的差异，病害类型特征各有不同、施工工艺各有区别，同时各个保护工程主控项目的侧重点也应病害特征差别较大等原因，给形成统一的遗址保护档案资料格式和内容带来了一定的难度。近年来，通过近10余项该类保护工程时间的探索，在不同类型岩土类遗址保护工程资料方面积累了一定的经验，不断的分析研究发现，无论是何种类型的岩土类遗址保护工程，其保护工程档案资料必须遵循既定的程序，各个重要环节的档案资料格式有一定的相似性，主要内容编写要求有共性可循，即在一个统一的框架规范下指导和控制保护工程项目的实施，最大程度地寻求岩土类遗址保护工程档案资料的共性，并逐渐统一化和规范化。

　　通过总结和凝练这些年来在岩土类遗址保护工程档案资料方面积累的经验，结合岩土类遗址的工程特点，分析研究从项目开始至竣工等一系列工程技术资料特点，吸取相关行业已经完善的档案资料技术规程和规范研究成果，形成一套岩土类遗址保护工程档案资料编写格式和内容要求，并通过规范保护工程技术档案资料来规范岩土类遗址保护工程项目的实施程序，指导岩土类遗址保护工程项目的实施、翔实记录岩土类遗址保护历史信息和工程干预的每一个细节，减少同一遗址未来再次实施保护工程时，因缺乏历史干预资料带来的困惑与麻烦。

随着国家逐渐对文化遗产保护的重视和保护力度的加强，作为能够全面展示保护工程信息的档案资料在保护工程活动中占有重要地位，是文化遗产保护工程的重要组成部分。然而，作为文物保护的重要组成部分，工程档案的管理一直没有受到应有的重视。直到 21 世纪初，我国在有效保护了一大批濒于毁坏的古迹的同时，形成了符合中国国情的保护理论和指导原则，自此国家颁布了以《中华人民共和国文物保护法》为代表的相关文物保护法律法规，并在多项国际保护准则的基础上，国家文物局结合我国文化遗产保护的实际，编写并颁布了《中国文物古迹保护准则》（以下简称《准则》）。它是在中国文物保护法规体系框架下，对文物古迹保护工作进行指导的行业规则和评价工作成果的主要标准，也是对保护法规相关条款的专业性阐释。在《准则》第七条就明确规定："保存真实的记录，包括历史和当代一切形式的文献，保护的每一个程序都应当编制详细的档案。"另外，《关于〈中国文物古迹保护准则〉若干重要问题的阐述》进一步明确了保护《准则》的意义。《准则》第六条明确阐述了档案记录的重要性和所包括的内容。

"6.1　文物古迹的记录档案也是它们价值的载体，真实、详细地记录文件在传递历史信息方面与实物遗存具有同等重要的地位。记录档案在保护工作中有以下几方面的作用。"

"6.2　记录档案应当按照国家关于档案法规进行收集、汇编保管，但对于一项文物古迹，至少应包括 5 种内容，即历史文献汇集、现状勘察报告、保护工程档案、监测检查记录、开放管理记录。"

2003 年，文化部依据《中华人民共和国文物保护法》和《中华人民共和国文物保护法实施条例》，颁布实施《文物保护工程管理办法》，明确界定了文物保护工程的类型、勘察设计、施工与监理的资质要求，其中第二十五条明确规定"文物保护工程的业主单位、勘察设计单位、施工单位、申报机关和审批机关应当建立有关工程行政、技术和财务文件的档案管理制度。所有工程资料应当立卷存档并归入文物保护单位记录档案"。然而，文物保护工程不同于一般工程，工程实施的目的是预防和保护因自然力或人为因素影响以至破坏的文化遗产。认知已存在的文化遗产是保护的前提和基础，保护"饱含历史信息"的文化遗产，真实、完整地记录和传承历史信息，是文物保护工程的关键问题和核心内容。因此，文物保护工程档案资料作为文化遗产信息传承的主要表现形式和途径就显得尤为重要。

作为文化遗产保护档案自身属性，档案资料的编写和记录应贯穿于项目的始终，真实、完整地记录和反映工程项目实施的每一个细节，是文化遗产保护措施及古迹历史信息能够延承的主要表现形式和最重要的途径，也是《中华人民共和国档案法》《准则》等法律法规的具体规定和要求，更是文化遗产保护工程的重要技术成果。

文化遗产的保护，必须有对历史文化遗产的认知问题，而且应该把文化遗产的认知放在重要位置。只有较深刻地认知历史文化遗产，熟悉它所处的时代和时代特征，了解承载的历史信息，充分掌握它沉淀于文化遗产的历史脉络和文化遗产本身的特点，才能谈得上对它的科学保护和可持续传承。

长期以来，我们在大量岩土类遗址的保护工程实践中，结合岩土类遗址保护工程的自身特点，逐步认识到岩土类遗址保护工程档案资料的重要性。随着保护工程规范化程度的不断推进，我们不断地在工程实践中吸取经验，系统了解了岩土类遗址保护工程档案资料形成与搜集的内容和方式方法，逐渐明确了形成和保存档案资料的主体，梳理和凝练工程资料的类型，并借鉴和吸取了相关行业已经完善的工程档案编格式和方法，逐渐丰富和完善了岩土类遗址保护工程档案资料内容和具体要求，形成一套岩土类遗址保护工程档案资料编写的格式，系统地总结了项目从立项到工程验收形成工程档案的搜集、管理、组卷的模式和操作程序。通过工程实践的检验和验证，此方法能够翔实且系统地记录岩土类遗址保护实施过程的每一个细节和遗址本身的历史信息，在某种程度上能够指导和控制保护工程项目的实施，有效地控制保护工程项目的实施节奏和规划程序，对岩土类遗址保护工程管理水平的提高有积极的促进作用。

岩土类遗址保护工程同其他工程一样，从项目建议、可行性研究、设计、项目实施至项目竣工验收，不同阶段将形成相应的工程资料，真实、完整、及时地形成和编写档案资料是档案管理的重要环节。因此，我们必须熟悉工程资料形成的流程、主要涵盖的内容和必须形成的实施记录，弄清"什么阶段"由"哪个主体"形成和搜集"什么内容的资料"是完成和搜集工程资料的最核心问题。

第二章 岩土类遗址保护工程档案术语和定义

档案学是一门正在建设和发展中的学科，档案学中使用的专门术语，在国际范围内尚不统一，有相当一部分不够规范。在中国，档案学研究相对较晚，《档案工作》于1989年第10期刊登了《档案工作基本术语》，在此期间多次修订，2012年6月为最后一次修订。迄今，中外对档案学术语研究多从档案学的词汇表、标准文献和辞书的实际编纂过程中表现出来，对理论和方法论研究不足。苏联和中国的档案学者提出把档案术语学作为档案学分支学科进行全面、系统的研究。然而，对于文化遗产岩土类遗址保护工程的档案编写更是处于探索阶段，为了更好地规范和编制岩土类遗址保护工程档案，基本术语的规范和定义是编制和整理岩土类遗址保护工程档案的前提和基础。

2.1 工程术语及定义

1）文物保护工程

《准则》第二十八条明确界定："保护工程是对文物古迹进行修缮和相关环境进行整治的技术措施。对文物轨迹的修缮包括日常保养、防护加固、现状修整、重点修复四类工程。每一项工程都应当有明确的针对性和预期的效果。所有技术措施有应当计入档案保存。"

文化部令第26号《文物保护工程管理办法》界定的文物保护工程，是指对核定为文物保护单位的和其他具有文物价值的古文化遗址、古墓葬、古建筑、石窟寺和石刻、近现代重要史迹及代表性建筑、壁画等不可移动文物进行的保护工程。

2）单项工程

一般是指在文物保护工程中，具有独立的设计文件，单独编制综合预算，竣工后可以独立发挥经济效益的文物保护工程。

3）单位工程

单位工程是单项工程的组成部分。具有单独的设计文件，并能够独立组织施工，但保护修复完成后，不能单独发挥效益的工程。

4）分部工程

一般按照单位工程的各个位置部位、构件性质、使用的材料、工种或设备种类和施工方法等的不同而划分的工程，即单位工程中可以独立组织施工的工程。

5）分项工程

一般按照选用的施工方法、所使用的材料、结构构件规格的不同等因素划分，用较简单的施工过程就能完成，每个分项工程都能求出完成相应计量单位的分项工程需要消耗的人工、材料和机械台班数量的标准。分项工程是单项工程组成部分的最基本的构成要素。

6）文物保护工程文件

在文物保护工程过程中形成的各类文件，主要包括工程前期准备阶段文件、工程实施阶段文件、工程竣工验收阶段文件、竣工图、图册及相关研究总结报告等。

7）工程前期准备阶段文件

保护工程开工以前，在立项、审批、勘察、设计、招投标等工程准备阶段形成的文件。

8）工程实施阶段文件（施工文件）

施工单位在保护工程实施过程中形成的文件。

9）竣工文件

指在竣工阶段，工程项目竣工验收活动中形成的真实反映文物保护工程项目实施结果的文字、图纸和图片及相关的报告文件。

10）工程报审文件

指在工程实施过程中，依据现场记录文件按照一定标准表格能如实反映工程施工工艺、方法、材料、工程数量是否达标的验收文件，通过监理方确认后方可生效。

11）立卷

按照一定的原则和方法，将有保存价值的文件分类整理的过程，也称为组卷。

12）归档

在完成工作任务的前提下，将已经分类组卷的档案按照规定移交给档案管理机构。

13）返修

对工程不符合标准规定的部位采取整修等措施。

14）返工

对不合格的工程部位采取的重新制作、重新施工等措施。

2.2　档案文件术语及定义

1）施工图设计

施工图设计为工程设计的一个阶段，是方案设计的进一步优化。这一阶段主要通过图纸，把设计者的意图和全部设计结果表达出来，作为施工的依据，它是设计和施工工作的桥梁，包括施工工艺、做法及相应的工程数量。施工图设计文件，应满足设备材料采购，非标准设备制作和施工的需要。

2）施工图预算

从传统意义上讲，施工图预算是指在施工图设计完成以后，按照相应标准和市场控制价格编制预算定额、费用定额和其他取费文件等编制的单位工程或单项工程预算价格的文件。

3）招标文件

指由招标人或招标代理机构编制并向潜在投标人发售的明确资格条件、合同条款、评标方法和投标文件响应格式的文件。

4）投标文件

指投标人应招标文件要求编制的响应性文件，一般由商务文件、技术文件、报价文件三部分组成。

投标文件一般包含了三部分，即商务部分、价格部分、技术部分。

商务部分包括公司资质、公司情况介绍等一系列内容，同时也是招标文件要求提供的其他文件等相关内容，包括公司的业绩和各种证件、报告等。

技术部分包括工程的描述、设计和施工方案等技术方案，工程量清单、人员配置、图纸、表格等和技术相关的资料。

价格部分包括投标报价说明，投标总价，主要材料价格表等。

5）中标通知书

指招标人在确定中标人后向中标人发出的通知其中标的书面凭证。中标通知书的内容应当简明扼要，只要告知招标项目已经由其中标，并确定签订合同的时间、地点即可。中标通知书主要内容应包括：中标工程名称、中标价格、工程范围、工期、开工及竣工日期、质量等级等。对所有未中标的投标人也应当同时给予通知。投标人提交投标保证金的，招标人还应退还这些投标人的投标保证金。

6）技术交底

指在施工图完成并经审查合格后，设计单位在设计文件交付施工时，按法律规定的义务就施工图设计文件向施工单位和监理单位做出详细的说明。其目的是使施工单位和监理单位正确贯彻设计意图，加深对设计文件特点、难点、疑点的理解，掌握关键工程部位的质量要求，确保工程质量。

7）开工报告

承包人开工前应按合同规定向监理工程师提交开工报告，主要内容应包括：施工机构的建立、质检体系、安全体系的建立和劳力安排，材料、机械及检测仪器设备进场情况，水电供应，临时设施的修建，施工方案的准备情况等。虽有以上规定，但并不妨碍监理工程师根据实际情况及时下达开工令。

8）施工组织设计

施工组织设计是用来指导施工项目全过程各项活动的技术、经济和组织的综合性文件，是施工技术与施工项目管理有机结合的产物，它能保证工程开工后施工活动有序、高效、科学合理地进行。

9）施工日志

也叫施工日记，是工程整个施工接待段的施工组织管理、综合记录，也是处理施工问题的备忘录和总结施工技术、管理经验的基础资料。

10）现场记录

指在工程实施过程中，在施工现场按照拟定的施工要求对施工过程通过文字、照片、录像等形式的记录性文件。

11）病害照片

指以一种图片格式记录遗址本体各类病害的记录方式，此记录方式要比文字记录更加直观和具体。

12）检验批

按同一的保护条件或按规定的方式汇总起来供检验用的，有一定数量样本的组成检验体。

13）进场验收

对进入施工现场的材料、构配件、设备等按相关标准规定要求进行检验，对产品达到合格与否做出确认。

14）检验

对检验项目中的性能进行量测、检查、试验等，并将结果与标准规定要求进行比较，以确定设想性能是否合格所进行的活动。

15）见证取样检测

在监理单位的监督下，由施工单位有关人员现场取样，并送至具备相应资质的检测单位所进行的检测。

16）实验报告

指把试验的目的、方法、过程、实验结果等记录下来，通过资料整理、总体分析研究，完成的书面汇报。

17）质量验收记录

指针对某一分项病害的不同部位，随机抽样按照主控项目和一般项目的综合评估记录文件。

18）加固前后对比照片

指针对某一部位病害在项目措施实施前后，按照同一角度、范围、自然光强度等影响因素相对一致的情况下，完成的两次加固前后的比对照片。

19）主控检验项目

在保护工程中对遗址保护安全、卫生、环境保护、遗址完整性和公共利益起决定性作用的检验项目。

20）一般检验项目

除安全、卫生、环境保护、遗址完整性和公共利益起决定性作用以外的检验项目。

21）深化设计

指在业主或设计顾问提供的条件图或原理图的基础上，结合施工现场实际情况，对图纸进行细化、补充和完善。深化设计后的图纸满足业主或设计顾问的技术要求，符合相关地域的设计规范和施工规范，并通过审查，图形合一，能直接指导现场施工。其设计的补充和完善不影响工程进度、质量和投资控制。

22）设计变更

指由于地形地貌、保护理念和信息补充影响等引起的施工范围变化、施工工艺技术变动、工程内容的增减、施工中意外因素等引起的工程设计内容的变化和工程技术颠覆性变化的原设计修改和补充设计技术资料。

23）工程洽商

指施工企业就施工图纸、设计变更所确定的工程内容以外，施工图预算或预算定额取费中未包含的，而施工中又实际发生费用的施工内容所办理的书面说明。工程洽商是施工设计图纸的补充，与施工图纸有同等重要作用。

24）工程计量

指在项目实施过程中，按照不同实施工艺措施统计计算完成的实际工程数量。

25）竣工报告

竣工报告是整个项目的总结和技术经验的凝练，是全面考核和检查保护维修工作是否符合设计要求和工程质量的重要环节，是遗址本体保护工作开展的阶段性技术工艺总计和依据。

26）竣工验收报告

指工程项目竣工之后，经过相关部门成立的专门验收机构，组织专家进行质量评估验收以后形成的书面报告。

27）竣工图

竣工图，就是在竣工的时候，由施工单位按照施工实际情况画出的图纸，因为在施工过程中难免有修改，为了让客户（业主单位或者使用者）能比较清晰地了解管道的实际走向和设备的实际安装情况，国家规定在工程竣工之后施工单位必须提交竣工图。

28）竣工决算

指完成遗址保护工程后，保护工程实施过程发生费用的汇总和总结，竣工决算是整个保护维修工程的最终的实际经费，是作为业主财务部门汇总固定资产的主要依据。

2.3　岩土类遗址保护工程特征术语描述[①]

1）夯层

古代岩土类遗址版筑技术工艺形成的夯实土，一般用木棒（亦称夯杵）将土用力

---

① 以下术语适用于本资料汇编规范。

夯打密实变硬而建造的建筑地基、墙体、城堡墓葬等（图2-1）。

2）坍塌

重力地质作用的一种形式。城墙墙体、墩台等遗址本体经风化剥蚀、地震、人类活动等因素影响，在重力作用下，整块地突然向下移动的过程，其运动方式分为滚动和坠落两类。前者呈很多碎块向下滚动，而后者则是指斜坡上的物体因某种原因失去支持而脱离基岩发生的坠落现象（图2-2）。

图2-1　夯层　　　　　　　　　　　　　图2-2　本体坍塌

3）裂隙

裂隙主要有风化裂隙、卸荷裂隙、建筑工艺裂隙等。风化裂隙是指遗址本体薄弱区域，在自然力作用下沿着薄弱区域逐渐深层次风化，形成次生裂隙；卸荷裂隙是指遗址本体坍塌变形后所产生的宽大裂隙及伴生的裂隙。卸荷裂隙多集中于遗址变形、坍塌严重的部位，主要发育于遗址顶部、本体集中受拉、受压区域等；此类裂隙，多为贯通裂隙，严重影响遗址本体的整体稳定（图2-3）。

4）掏蚀

指土遗址在受区域环境综合因素的影响下，尤其受在风、雨、水盐运移活动过程中，遗址本体表面和内部受运移作用而形成表面酥碱粉化、片状剥离等现象，长期作用形成明显凹进区域（图2-4）。

图2-3　发育裂隙　　　　　　　　　　　图2-4　中部掏蚀

5）表面风化

风化层的主要表现形式有两种：一种为表面结皮形成硬壳，特征为外部坚硬，但土体松散，手摸即碎，内部疏松；另一种为表面形成小裂纹，风化层较薄。造成此类风化作用的主要原因是风的吹蚀搬运与雨水冲刷作用（图2-5）。

6）冲沟

冲沟切割土地，使之支离破碎，不易对土地进行利用。冲沟发育地带，水土的流失，更给建设带来困难，如受加速水流的侵蚀而切入地表的沟。由于人类活动、火灾或气候变化使保护土壤的天然植被遭到了破坏，或是由于罕见的暴雨带来了山洪，都可能造成侵蚀。冲沟侵蚀与局部的强大雷暴雨有密切关系，而与大面积的冬季降水无关。对软弱岩石，冲沟因向源侵蚀而迅速增长，如果不采取防范措施，就会使大量可耕地遭到破坏（图2-6）。

图 2-5　表面风化

图 2-6　顶部冲沟

图 2-7　生物侵蚀

7）生物侵蚀

指生物生长依附于遗址本体，因生物生长、存活对遗址本体造成钻蚀破坏、运动损伤和微观环境破坏的侵蚀作用，如有昆虫动物，植物等生长于遗址本体的侵蚀和破坏（图2-7）。

8）洞穴

通常有两种情况，一种为人类生产生活需要开挖取土形成的孔洞，另一种为自然作用由水的溶蚀、侵蚀和风蚀作用而成。前者是遗址本体文化遗存的信息资源，后者则为遗址本体的破坏形式。

9）人为破坏

人类为生活生产的需要，搭建房屋、开挖洞穴、开挖生产生活交通出行门洞，军事防空洞的开挖、家畜生活践踏等，造成城墙遗址破坏。

10）临时支护

指在土遗址保护工程实施过程中，为了防止人为扰动对土遗址本体的破坏，采取支顶、预加固、包裹等技术措施，使施工得以继续安全实施的一种暂时性保护措施（图 2-8）。

11）稳定性监测

为确保工程安全（游客安全、施工人员安全、文物安全），采取的一种能够按照设置预警阈值预报预警的监测措施（图 2-9）。

图 2-8　临时支护

图 2-9　稳定性监测

12）悬空区加固

在自然因素和人为生产生活的影响下，遗址本体根部掏蚀坍塌，致使遗址本体局部悬空，为确保遗址本体悬空区域不再坍塌，需采取支护、支顶夯筑保护措施。

13）锚杆锚固

指遗址本体在失去一定的黏聚力而局部失稳，通过锚杆给失稳本体新的连接力的技术措施，使遗址本体可依赖锚杆连接提高本体的整体稳定性。这种工艺技术方便、简洁、隐蔽性好、强度提高较明显，是治理遗址本体局部失稳的重要措施（图 2-10）。

14）土坯砌补

指针对遗址墙体根部坍塌区域，采用一定规格尺寸的夯筑成预制土坯，并按照一定砌筑形式砌补支顶的加固措施（图 2-11）。

15）夯土砌补

指针对遗址墙体根部大面积坍塌区域，采用当地黏土为主材，按照遗址本体原有夯层采取的传统夯实砌筑措施（图 2-12）。

16）钢结构支顶

受地形地貌和遗址本体病害特征影响，无法采取夯筑砌补支顶等传统工艺进行结构性支顶时，为确保遗址本体的整体稳定而采用钢材结构进行结构性支顶的措施（图 2-13）。

图 2-10　锚杆锚固

图 2-11　土坯砌补

图 2-12　夯筑砌补

图 2-13　槽钢支顶

17）裂隙注浆

为防止裂缝中入渗雨水导致土体软化，使裂隙中不断填充沙土，或裂隙两壁长期风化，对遗址本体造成破坏和影响，对张开度＜10cm 的裂隙采用裂隙注浆的方法加固（图 2-14）。

18）裂隙充填注浆

为防止裂缝中入渗雨水导致土体软化，使裂隙中不断填充沙土，或裂隙两壁长期风化，对遗址本体造成破坏和影响。对张开度＞10cm 的裂隙先用粉土块充填裂隙后再进行注浆的综合治理措施（图 2-15）。

19）冲沟夯填

为防止遗址本体雨水汇集形成冲沟，对已有冲沟采取夯筑填补的方式补砌，恢复原有遗址本体表面漫排水，防止遗址表面进一步受雨水冲蚀破坏的夯筑填补措施（图 2-16）。

20）周边环境整治

为确保遗址保存，防止雨水和人为生产生活对遗址本体的破坏，有效提高遗址本体的观赏性，将遗址本体周围杂草、生产生活垃圾清理归整，形成较适合观赏，且与

图 2-14　裂隙注浆　　　　　　　　图 2-15　裂隙充填注浆

遗址本体周边环境相协调的要求改造的设计平面，确保遗址本体基本信息不受其影响和破坏（图 2-17）。

图 2-16　冲沟整治　　　　　　　　图 2-17　周边环境整治

21）墙基排水

为防止积水直接影响遗址本体或引起盐分富集的反复侵蚀作用影响，故使用夯土对遗址体底部做坡角处理（图 2-18、图 2-19）。

图 2-18　墙基排水　　　　　　　　图 2-19　墙顶排水

22）表面防风化

针对遗址本体表面疏松区域，采用物理化学综合治理措施，提高遗址本体表面整体强度的措施（图 2-20）。

23）防护围栏

为加强和方便对遗址本体的管理、防治人类活动和动物活动的破坏，在遗址本体保护范围内，结合遗址本体的特征和周边环境因素，安设与遗址本体相协调的防护性维护障碍措施（图 2-21）。

图 2-20　表面防风化　　　　　　　　图 2-21　防护围栏

第三章 岩土类遗址保护工程档案管理程序

　　档案有其固有的成形程序和应用方法，正是这种固有的程序才使得各专业工程档案紧紧围绕着"搜集—鉴定—分类—归档—保管—利用"档案管理的基本程序而逐渐地发展和完善，尤其在探索阶段的岩土类遗址保护工程的档案格式和管理模式上，必须坚定不移地按照其档案固有的特点和程序成形和保管利用。《准则》第五条明确规定："保护必须按照程序进行。所有程序都应符合相关的法律规定和专业规则，并且广泛征求社会有关方案的意见。其中，文物古迹价值的评估应当置于首要的位置。"又第七条明确规定："保存真实的记录，包括历史的和当代的一切形式的文献，保护的每一个程序都应当编制详细的档案。"这些充分说明档案记录本身必须依据保护工程程序、施工工序，完成关联性流程档案资料的记录和整理，必须遵循一定的保护工程操作程序和流程。《关于〈中国文物古迹保护准则〉若干重要问题的阐述》中进一步阐释了程序在文物保护工程及档案建设中的作用，尤其"5.1　文物古迹的不可再生性，决定了对他干预的任何一个错误，都不可挽回的。前一步工作的失误，必然给后一步造成损害，直至危害全部保护工作，因此必须分步骤按程序进行工作，使前一步正确的工作结果成为后一步工作的基础……5.2　保护工作程序是文物管理工作的核心，必须有相应的权威性"，系统全面地阐述了文物保护工作程序的重要性和关联性，同时也通过"核心"一词提升保护工程中"程序"的重要性和权威性，其中《关于〈中国文物古迹保护准则〉若干重要问题的阐述》5.2.1～5.2.4分别阐释程序依法负责协调控制，承担者必须经过专业培训，实施程序应当签订合同，保护程序应依法报主管部门批准，尤其"5.2.5　每一个程序完成后，必须建立完整的档案"，明确提出档案建设应依法按照保护工程程序形成的特点和必要性。因此，熟练地掌握岩土类遗址保护工程的特点，尤其是保护工程的实施程序（图3-1），是准确、完整搜集和记录项目实施工程档案的前期和基础。然而，保护工作的实施步骤和施工工艺关联性较强，受时间维度、施工工艺、空间位置关系等多方面因素的约束，使得不同阶段所追寻的保护程序基础要素的不同而各有特点（图3-2～图3-6）。如果说岩土类遗址保护工程实施程序主要受时间维度约束，那么岩土类遗址保护工程实施工序则受遗址本体空间结构和施工工艺的限制。

　　通常我们认为阶段属性的特征决定了程序所遵循的基础，在项目前期研究和准备阶段，程序往往是时间维度的推进和延展，在项目实施阶段和竣工验收阶段受遗址本体空间关系和保护措施施工工艺的制约，形成诸如"单位工程—分部工程—分项工程—施工工序"的流程开展工作。对项目总体实施而言同样也是时间意义的发展和延续。不

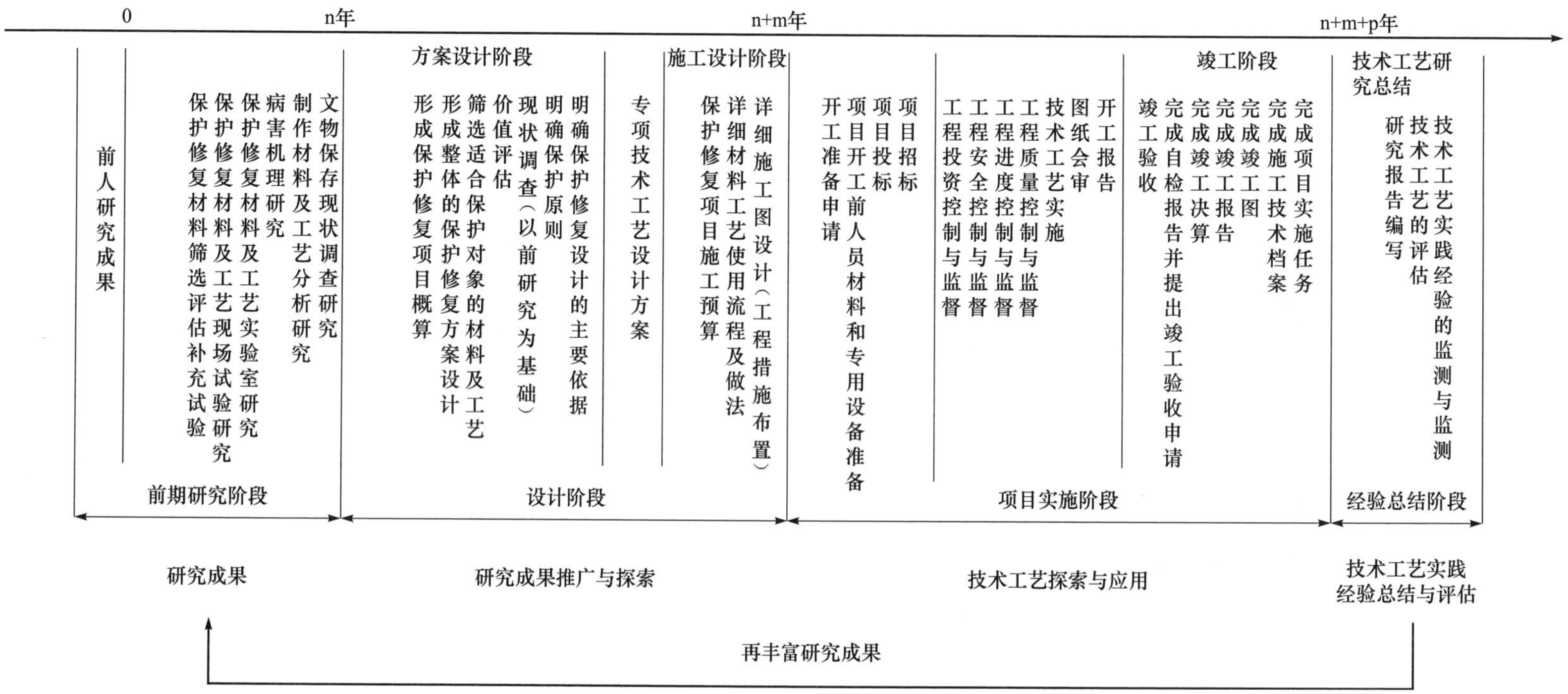

图3-1 土遗址保护工程项目实施程序

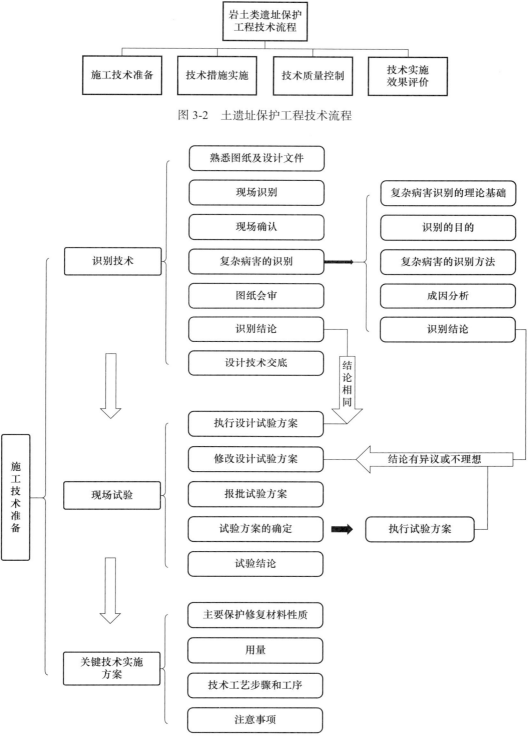

图 3-2 土遗址保护工程技术流程

图 3-3 施工技术准备技术流程

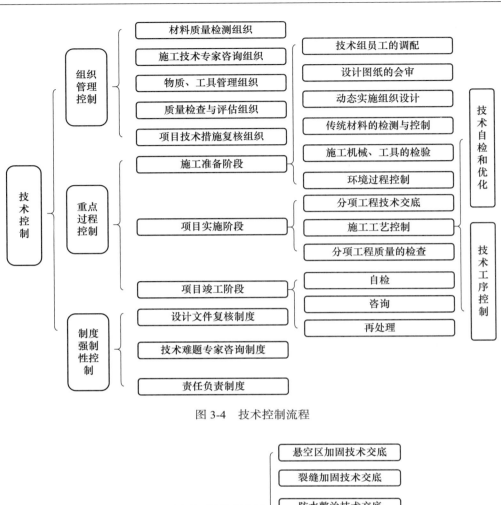

图 3-4　技术控制流程

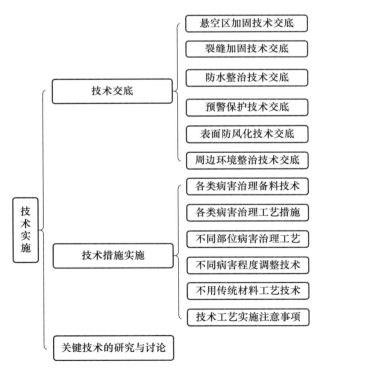

图 3-5　技术实施流程

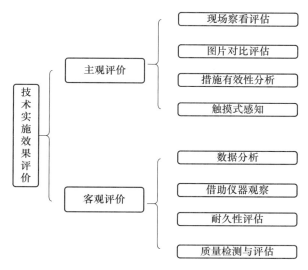

图 3-6　技术实施效果评价技术流程

同工序基础影响工程档案的搜集和整理程序，实施阶段档案资料的搜集和整理是时间和空间概念保护措施工程资料的汇总，空间关系和实施工艺为基础的工序是岩土遗址保护对象从属关系的工程资料集合。

3.1　项目实施的基本档案管理程序

岩土类遗址保护工程既是文物保护工程的范畴，也具有一定的工程属性，因此有其特殊性，一般来说岩土类遗址保护工程必须遵循"前期研究阶段—设计阶段—实施阶段—经验总结阶段"四个基础的步骤。前期研究是保护工程项目实施的基础，设计是保护工程项目实施的前提，保护工程的实施是设想实现和技术水平提升的源泉，经验总结则是技术工艺的凝练和升华。不同阶段都有其相应的工程档案，共同构成了岩土类遗址保护工程档案和施工技术资料数据库。各个参与单位应该形成相关的档案资料，以充实保护工作实施的程序和内容，其中基础文件必须按照有关行政主管部门的规定和要求就进行申报、审批，并保证开工、竣工手续和文件的完整和齐全，依照《准则》《文物保护工程管理办法》《关于〈中国文物古迹保护准则〉若干重要问题的阐述》等相关法律法规和行业规范，按程序完成工程项目实施的法规性文件，确保工程项目实施的合法性和规范性（图 3-7）。

3.2　施工技术档案管理程序

岩土类遗址保护工程施工技术档案是项目实施过程中形成的技术资料，每一程序都有详细的记录，记录的形式多样、内容庞杂，为了确保实施过程项目工程质量、安

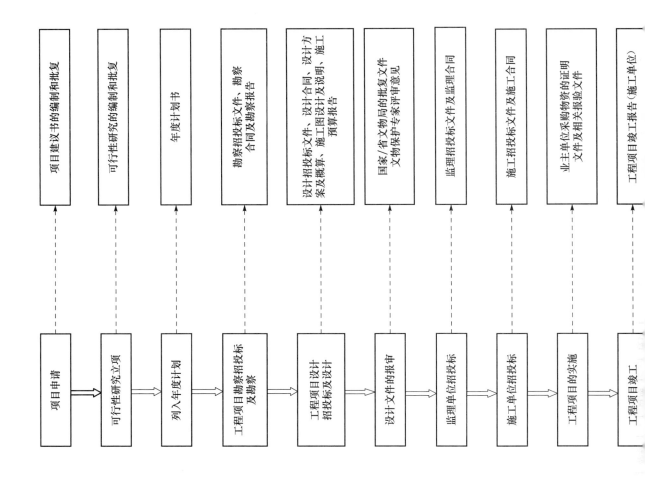

项目申请 ⇒ 可行性研究立项 → 列入年度计划 → 工程项目勘察招投标及勘察 → 工程项目设计招投标及设计 → 设计文件的报审 → 监理单位招投标 → 施工单位招投标 → 工程项目的实施 → 工程项目竣工

项目建议书的编制和批复

可行性研究的编制和批复

年度计划书

勘察招投标文件、勘察合同及勘察报告

设计招投标文件、设计合同、施工图设计说明、施工方案及概算、施工预算报告

国家/省文物局的批复文件文物保护专家评审意见

监理招投标文件及监理合同

施工招投标文件及施工合同

业主单位采购物资的证明文件及相关报验文件

工程项目竣工报告（施工单位）

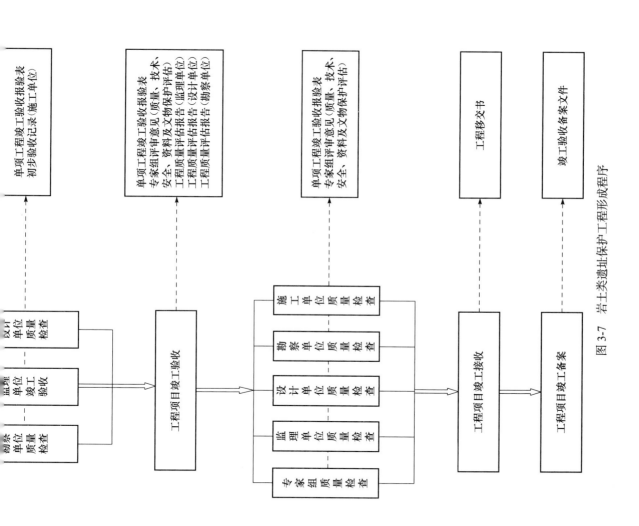

图 3-7 岩土类遗址保护工程形成程序

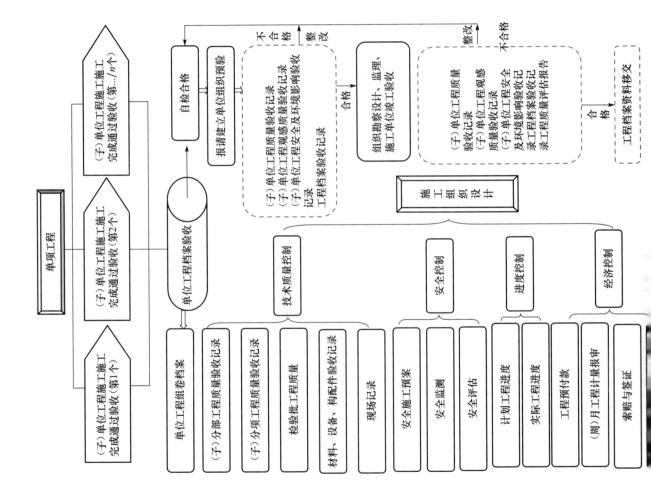

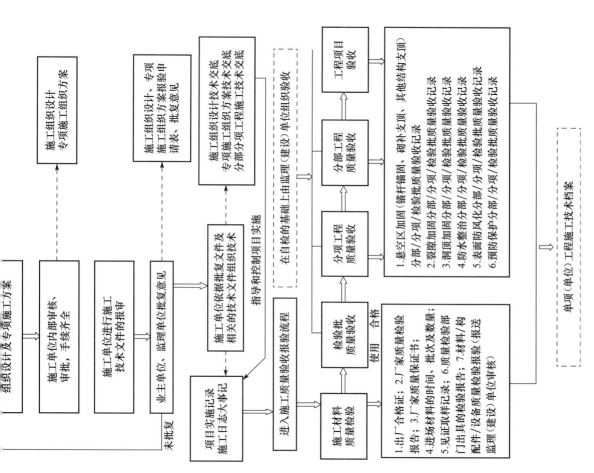

图3-8　岩土类遗址施工技术资料管理流程

全文明、投资计划和实施期限主要工程任务，必须掌握适合于岩土类遗址保护工程技术资料搜集和整理的技术流程，通常保护工程项目实施阶段是施工技术资料的搜集阶段，习惯于按照工程项目实施的先后顺序和工艺工序记录和搜集技术资料，沿着项目的实施顺序，按照保护工程的从属关系形成诸如木锚杆锚的固施工记录，"第 1 个单位工程木锚杆锚固施工记录、第 2 个单位工程木锚杆锚固施工记录……第 n 个单位工程木锚杆锚固施工记录"，夯筑砌补施工记录，"第 1 个单位工程夯筑砌补施工记录、第 2 个单位工程夯筑砌补施工记录……第 n 个单位工程夯筑砌补施工记录"，此过程总体都是按照平行的施工工序完成施工记录和记录档案的整理；所属单位工程的施工工序完成检验批工程质量验收记录。一般情况，岩土类遗址保护工程按照从属关系将其划分为"单位工程—分部工程—分项工程—工艺措施（检验批）"；而在项目竣工验收阶段往往工程档案是以目录为基准，检索或查阅工程档案资料的完整性和准确性。通常主要依据就是保护对象的从属关系。无论是哪个阶段的工程档案资料，都必须遵循档案本身拟定的程序"搜集—鉴定—分类—归档—保管—利用"的全过程，因此，我们只需要紧紧围绕档案管理的基本程序展开，注意不同阶段档案整理主要的技巧和程序沿革，就能够完整、准确和系统地搜集和整理保护工程档案资料。其主要表现为以下三个方面。

（1）施工单位的资料应该实行申请、报验、报审管理。施工过程中施工单位应对情况不清等工程措施，及时向业主单位、监理单位提出相关申请，并由业主单位、监理单位批示后实施。施工过程中形成的相关资料应按报验报审程序，经相关施工单位主要负责人审核后，报业主单位、监理单位。

（2）施工技术资料的报验应有时限要求，工程相关各单位宜在合同中约定报验、报审资料的申请及审批时限，并约定各相关单位承担责任。在无约定时，施工资料的申请及审批不得影响正常工作。

（3）施工资料管理流程。工程施工资料应遵循保护工程实施程序，且明确各阶段和节点应该由"哪个主体"完成"什么内容的工程资料"。岩土类遗址保护工程项目一般分为施工准备、项目实施和竣工验收三个不同阶段，开工阶段主要是项目法定文件资料的审查和验收，实施阶段主要是保护工程措施及工序质量的评估，竣工验收阶段则是整体保护工程项目的综合评价和经验总结（图 3-8）。

第四章 岩土类遗址保护工程档案分类与编号

4.1 档案资料的分类

对于一个单项工程而言，涉及的工程资料种类繁多，形式多样，因此必须首先明确准确、科学、规范的工程资料分类原则。本书结合工程实际，按照工程档案资料的形成单位将其分为业主管理文件（A类）、监理文件（B类）、施工技术资料（C类）、竣工验收资料（D类）、竣工图（E类）及竣工报告（F类）六大类，每类资料再根据类别不同分类整理。

施工技术资料不同其他五类文件资料，相对比较复杂，可按照形成文件资料属性分为：施工管理资料（C1）、工程图纸文件（测量定位放线、深化设计、变更设计）（C2）、施工试验记录（C3）、施工现场记录（C4）、工程质量控制和验收文件（C5）、工程安全及评估文件（C6）、工程投资控制文件（C7）、工程项目会议纪要文件及往来函件（C8）等八大类。

4.2 档案资料的编号

编号是一种识别的方法，使用编号可以增加项目档案资料之间的逻辑关系。对于一个工程项目而言，工程资料的科学编号是实现有序化、规范化整理工程资料的最主要方法和途径。一般情况下，档案资料数量的增减均以流水号增减为基础，类别的增减均以类型增项或减项为基础，档案资料的分类是按照各类型档案资料编号的基础，甚至是一种编号的方法，往往是根据保护对象的特点、管理的职能、结合档案的内容和形成特点，以流水编号为经线，档案类型编号为纬线，保持档案之间的有机联系，编制形成纵横影响的项目档案资料。为项目档案资料归类整理提供编制框架，方便存入档案的管理、检索、查阅利用、结合岩土类遗址保护工程项目的特点，将项目工程资料按照业主管理文件、监理文件、施工技术资料和竣工验收资料四个类型。

4.2.1 业主管理资料编号

业主管理资料往往是项目立项和可研阶段，是业主在发现问题后准备开展项目构想和实施的初期阶段形成的，诸如项目立项报告、可行性研究报告、勘察设计、招投标文件及工程开工审批文件等。目前，按照项目实施顺序与推进方式将项目初期阶段由业主直接推进运行的项目资料划分为：工程项目立项文件、招投标文件、考古及勘察设计文件及工程开工审批文件四大类文件（表 4-1）。

表 4-1　业主管理资料编码代号对照表

序号	类别代号	类别名称	项目类型名称	类型代号
1	01	工程项目立项文件	项目建议书	01
2			项目建议书审批意见及工作通知书	02
3			项目立项报告	03
4			项目立项报告审批意见	04
5			可行性研究报告及附件	05
6			可行性研究报告审批意见	06
7			项目立项的会议纪要及专家意见	07
8	02	招投标文件	勘察设计招标文件（委托函）	01
9			勘察设计投标文件（委托函）	02
10			勘察设计中标通知书（委托函）	03
11			勘察设计委托书及承包合同	04
12			施工招标文件（委托函）	05
13			施工投标文件（委托函）	06
14			施工中标通知书（委托函）	07
15			施工委托书及承包合同	08
16			工程监理招标文件（委托函）	09
17			工程监理投标文件（委托函）	10
18			工程监理中标通知书	11
19			工程监理委托书及承包合同	12
20	03	考古及勘察设计文件	文化遗产的基础资料（考古报告、修复史料、测绘图纸、监测记录等）	01
21			保护规划设计	02
22			保护规划设计批复意见	03

续表

序号	类别代号	类别名称	项目类型名称	类型代号
23	03	考古及勘察设计文件	勘察报告	04
24			技术工艺实验报告	05
25			设计方案（方案、施工图设计及概、预算书）	06
26			勘察设计方案批复意见	07
27	04	工程开工审批文件	开工资格审查表	01
28			工程施工许可的凭证	02
29			技术人员岗位证件及材料文件 （1）业主管理机构（项目负责）及其他负责人名单 （2）勘察设计单位组织管理机构（设计负责人）及其他人员名单 （2）监理机构（项目经理）及其他负责人名单 （3）工程项目施工管理机构（项目负责）及其他负责人名单	03

（1）业主管理资料编号应填写在资料表格的右上角。

（2）业主管理资料编号一般由分类号、项目类别类别代号、序列号三部分组成，共计6位数字，其中分类号2位，项目类型号2位，文件序列号2位，如编号：××××A1-01-01（图4-1）。

（3）对于相同材料的表格，分类号、项目类别代号都不变，只按照工程资料形成时间或形成顺序编排序列号即可。

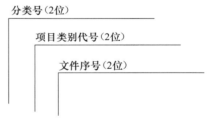

图4-1　业主管理资料编号示意图

4.2.2　监理资料编号

1）编号与界定

监理工程资料往往开始与项目的开工，随着项目的运行贯穿于项目实施的全过程，并随竣工验收结束。监理代表业主实施项目的监督和管理，主要针对项目的质量、进度、安全和造价等四个方面全面控制和掌控项目的实施和进展。在项目实施全过程中形成的旁站、日志等相关法定和证明材料，主要包括：监理组织文件、进度控制、质量控制、安全控制、造价控制及监理工作总结等六类文件，其文件往往和施工单位共同形成。此处所陈述的六类文件主要是从监理角度形成的独立性文件（表4-2）。

表 4-2 监理资料编码代号对照表

序号	类别代号	类别名称	项目类型名称	类型代号
1	01	监理组织文件	监理规划	01
2			监理实施细则	02
3	02	进度控制	计划进度控制	01
4			实际进度控制	02
5	03	质量控制	材料质量控制	01
6			工序控制	02
7			分项工程质量控制	03
8			分部工程质量控制	04
9			单位工程质量控制	05
10	04	造价控制	预付款控制与支付	01
11			审查进度款及支付	02
12			变更签证	03
13			决算审查	04
14	05	安全控制文件	安全评估报告	01
15	06	监理日志	监理日志	01
16	07	监理工作总结	监理总结报告	01

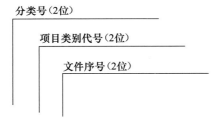

图 4-2 监理资料编号示意图

2）监理资料编号

（1）监理资料编号应填写在资料表格的右上角。

（2）监理资料编号一般由分类号、项目类别类别代号、序列号三部分组成，共计 6 位数字，其中分类号 2 位，项目类型号 2 位，文件序列号 2 位，如编号 ×××A1-01-01（图 4-2）。

（3）对于相同材料的表格，分类号、项目类别代号都不变，只按照工程资料形成时间或形成顺序编排序列号即可。

4.2.3 施工技术资料

1）编号与界定

目前，土遗址保护工程按照工程主要实施的措施共分为悬空区域加固、裂缝加固、洞顶加固、防水整治、表面防风化等五个分部工程（表 4-3、表 4-4）。

表 4-3　分部分项工程编码代号对照表

序号	分部工程代号	分部工程名称	子分部工程名称	分项工程名称	分项工程代号
文物本体保护维修					
1	01	临时支护		临时支护	01
2	02	悬空区加固	锚杆锚固	木质锚杆锚固	01
				玻璃纤维锚杆锚固	02
			砌补支顶	土坯砌补	03
				夯土砌补	04
			其他结构支顶	钢结构支顶	05
3	03	裂隙加固	裂隙灌浆	裂隙注浆	01
			裂隙充填注浆	裂隙充填注浆	02
4	04	洞顶加固		洞顶加固	01
5	05	防水整治	墙顶防水整治	冲沟夯填	01
				遗址顶面处理	02
			遗址根部整治	墙基排水	03
				场地平整	04
6	06	表面防风化	表面防风化	PS 喷渗加固	01
				PS 滴渗加固	02
7	07	预防保护	防护围栏	防护围栏	01
			界碑	界碑	02
			界桩	界桩	03
			警示宣传牌	警示宣传牌	04

表 4-4　分部分项工程编码代号对照表

序号	分部工程代号	分部工程名称	子分部工程名称	分项工程名称	分项工程代号
遗址载体加固					
1	01	临时支护		临时支护	01
2	02	悬空区加固	锚杆锚固	楠竹加筋复合锚杆锚固	01
				预应力钢绞线锚固	02
				钢筋锚杆锚固	03
				玻璃纤维锚杆	04
				木质锚杆锚固	05
			砌补支顶	土坯砌补	06
				夯土砌补	07
			钢筋砼	钢筋砼井字梁支护	08
				其他结构支护	09
			钢结构支护	槽钢支顶	10
				其他结构支顶	11
			砖砌体支顶	砖砌体砌补支顶	12

续表

序号	分部工程代号	分部工程名称	子分部工程名称	分项工程名称	分项工程代号
			遗址载体加固		
3	03	裂隙加固	裂隙灌浆	裂隙注浆	01
			裂隙充填注浆	裂隙充填注浆	02
4	05	防水整治	顶面防水整治	冲沟夯填	01
				顶面处理	02
			坡脚整治	坡脚排水	03
				场地平整	04
5	06	表面防风化	表面防风化	PS 喷渗加固	01
				PS 滴渗加固	02

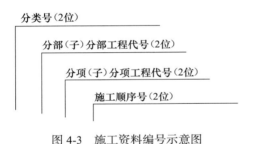

图 4-3　施工资料编号示意图

2）施工资料编号的组成

（1）施工资料编号应填写在资料表格的右上角。

（2）施工资料编号一般由分类号、分部工程代号、分项分工程代号、序列号四部分组成，共计 8 位数字，其中分类号 2 位，分部工程代号 2 位，分项工程代号 2 位，序列号 2 位，如编号：敦文保（施）C1-01-01-01（图 4-3）。

（3）对于相同材料的表格，分类号、分部工程代号、分项分工程代号都不变，只按照工程资料形成时间编排序列号即可。

4.2.4　竣工验收资料编号

1）编号与界定

竣工验收资料是整个项目工程资料的凝练和汇总，一般是针对单位工程从工程档案资料、观感质量、工程技术及质量和综合影响因子影响进行评价（表 4-5）。其编号也围绕着单位工程的四个方面，即工程档案资料、观感质量、工程质量及技术、综合评价。

表 4-5　竣工验收资料编码代号对照表

序号	类别代号	类别名称	项目类型名称	类型代号
1	01	单位工程自检报告	工程质量验收申请表	01
2			单位（子单位）工程质量档案资料核查记录	02

续表

序号	类别代号	类别名称	项目类型名称	类型代号
3			单位（子单位）工程质量观感质量检查记录	03
4			单位（子单位）工程质量遗址安全及环境影响检验核查评估记录	04
5	02	竣工验收报告	工程质量评估报告	01

2）竣工验收资料编号的组成

（1）竣工验收资料编号应填写在资料表格的右上角。

（2）竣工验收资料编号一般由分类号、单位工程编号、序列号三部分组成，共计6位数字，其中分类号2位，单位工程代号2位，序列号2位，如编号 ××××D1-01-01（图4-4）。

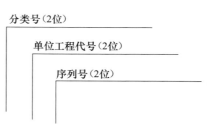

图4-4　竣工验收资料编号示意图

（3）对于相同材料的表格，分类号、分部工程代号、分项分工程代号都不变，只按照工程资料形成时间编排序列号即可。

第五章 岩土类遗址保护工程档案类型与格式

5.1 档 案 类 型

岩土类遗址保护工程涉及面广、内容庞杂、技术工艺和使用材料种类繁多，且项目实施过程中必须遵循"不改变文物原状"的原则，需在准确认知保护对象的基础上开展工作。因此，保护工程的档案资料从内容和格式上也有其自身的特点，主要表现为：①原始性（由原始文件直接形成）；②真实性（诸如干预等各项活动的真实记录）；③信息性（历史信息的传承和交流）；④工程属性。然而，保护工程档案资料是一个动态的文化活动，捕捉和记录信息档案的手段也应该多样化，以满足工作性质的需要。近年来通过大量的工程实践逐步形成了文字、表格、图片、图像、图纸、录音、录像等多种记录方式，多种记录方式就决定了形成文件格式的多样性和复杂性。为方便搜集和整理，结合岩土类遗址保护工程档案的特点将其按照档案资料编写、记录方式、内容及各类文件的特点等分为八大类，即保护工程法定必备文件、综合管理文件、工程实施记录文件、工程质量控制和验收文件、工程安全及评估文件、工程图纸、工程投资控制文件、工程项目会议纪要文件及往来函件等。各类资料各有特征属性，下面对其进行描述。

1）工程法定必备文件（A）

此类文件是项目合法化实施和正常运行过程中形成的诸如可行性研究报告、批复文件、招投标文件、中标通知书等的法定必备文件。此类文件需依据相关法律法规由合法主体形成既定格式的文件资料，该类资料集中在项目实施的前期。

2）综合管理文件（C1）

管理文件是指导和控制项目实施的主要控制性文件，诸如施工组织设计、各项管理制度等项目运行的规划性文件，一般由施工单位形成，监理单位和审批。

3）图纸（C2）

工程图纸是项目实施过程中基于设计图纸形成的保护过程图像记录文件。此类文件的特点是能够直观、准确地标示实施措施的位置、数量等，不同阶段形成不同表现形式的图纸，在项目实施前有设计单位的施工图和深化设计，实施过程中有措施标示图纸、工程项目竣工后有竣工图。

4）施工试验记录（C4）

试验是土遗址保护工程能够大面积开展实施的基础和保障。此类文件是研究和评价设计方案、使用材料、材料配比、施工工艺等是否符合遗址本体保护的分析研究性文件，通过实验研究明确和提高设计方案施工工艺、使用材料和材料配比的科学性和可靠性。

5）现场记录（C5）

现场记录是项目正常运行过程中最真实记录实施过程的第一手资料，是传递干预和非干预信息的桥梁，是不断完善和规范档案资料记录的方式方法、形式、格式及内容的最主要途径，是工程档案资料的核心。此类资料内容庞杂，格式多样，如施工日志的文字描述、图纸标示、图片影像，以及量化的现场记录表格等。

6）工程质量控制和验收记录（C5）

验收文件是从项目进场材料、实施工艺、操作实施过程、实施效果等项目运行的每一个环节入手，由不同领域的行为主体从不同角度、不同层面形成的工程监督和评价性文件，是项目实施技术有效性的质量凭证，是项目实施运行过程质量控制的主要途径。主要由材料、设备和构配件等进场的控制和复检报告、检验批、分部分项工程验收记录、检测及评估报告等文件组成。

7）工程安全及评估文件（C6）

在项目实施过程形成诸如安全施工组织设计、安全预案、安全控制和管理制度、安全评估报告等，此类文件依据《中华人民共和国文物保护法》和《文物保护工程管理办法》的有关规定，加强保护工程的管理，确保人身安全，以及全面地保存、延续文物的真实历史信息和价值，确保文物的安全措施、制度及评估文件。

8）投资控制文件（C7）

投资控制文件是项目运行过程中，确保项目正常运行及投资合理合法化的重要文件，主要有经济标书、预付款申请、工程月报、竣工决算及结算书等投资文件。

9）会议纪要及往来函件（C8）

会议纪要是在项目实施过程中针对工程技术、管理、安全、进度、投资等具体问题召开的各类会议，最终形成的各种会议记录文件，各参与方对自己的陈述负责。

5.2 档案阶段性内容

保护工程档案作为文物本身和工作过程的信息载体，具有重要价值，可作为历史记录供收藏和传承。对于干预程度、技术措施及实施过程等记录，是项目真实性、合法性、完整性的依据，是工程项目的重要组成部分，应贯穿于保护工程的全过程。

岩土类遗址保护工程同其他文物保护工程一样，从项目建议、可行性研究、设计、施工至项目竣工验收，不同阶段将形成相应的工程资料，完整、及时地形成和搜集档案资料并对其进行整理是档案管理重要环节。因此，必须熟悉工程资料形成的流程和主要涵盖的内容，弄清"什么阶段"由"哪个主体"形成和搜集"什么内容的资料"是完成和搜集工程资料的最核心问题。结合土遗址保护工程实践，按照土遗址保护工程特点对工程中形成档案资料进行了阶段性的梳理和划分，将其分为三个主要阶段：施工准备阶段、施工阶段和竣工阶段。每个阶段都有其不同的资料格式、主要的形成主体和保存主体，在工程准备阶段主要由勘察设计单位形成文件，在项目实施阶段主要由施工单位和监理单位形成项目实施文件，而在竣工阶段各参与方都有自己的主体文件，各自按照要求和格式整理、组卷，形成项目竣工文件，统一移交于业主方。各主体工程活动形成的记录和展示性资料将作为文化遗产重要内容永久性保存。

5.2.1 工程前期准备文件

工程项目前期准备是项目得以实施的基础和根源。该阶段主要完成工程项目立项文件、勘察设计文件、招投标文件及工程开工审批等四个方面的文件（表 5-1）。项目立项文件必须以论证和充分说明项目实施的重要性和必要性，并上报项目的主管部门审批通过，是工程前期准备文件的基础和依据。招投标文件是有目的地筛选足够专业、具有行业领域一定影响力的行为主体，作为项目实施不同阶段的主体，并形成主体文件，是工程前期准备的桥梁。勘察设计文件需要在前人研究的基础上，有针对性地开展诸如考古、测绘、规划、勘察、设计、试验研究等多方面的工作，以有效形成治理病害和防止病害进一步发展的对策为目的，是项目准备文件的核心内容。工程开工审批作为前期准备的最后一个验证性阶段，是审查验证前期承诺的合法、合理手段和可靠性依据。

表 5-1 工程前期准备文件（A 类）

序号	文件编号	文件名称	文件内容格式	文件形成单位	保存（提供）单位
1	A1	工程项目立项文件			
（1）	A1-01	项目建议书	文本资料	业主单位	业主单位
（2）	A1-02	项目建议书审批意见及工作通知书	正式文件（红头文件）	主管机构	业主单位
（3）	A1-03	项目立项报告	文字文本	（可委托相关业务单位）	业主单位
（4）	A1-04	项目立项报告审批意见	正式文件（红头文件）	主管机构	业主单位
（5）	A1-05	可行性研究报告及附件	文本资料	（可委托相关业务单位）	业主单位
（6）	A1-06	可行性研究报告审批意见	正式文件（红头文件）	主管机构	业主单位
（7）	A1-07	项目立项的会议纪要及专家意见	文本资料	签立合同双方	业主单位
2	A2	招投标文件			
（1）	A2-01-01	勘察设计招标文件（委托函）	文本资料	（可委托相关业务单位）	业主单位

序号	文件编号	文件名称	文件内容格式	文件形成单位	保存（提供）单位
（2）	A2-01-02	勘察设计投标文件（委托函）	文本资料	勘察设计单位	业主单位
（3）	A2-01-03	勘察设计中标通知书（委托函）	正式文件	（可委托相关业务单位）	业主单位
（4）	A2-01-04	勘察设计委托书及承包合同	文本资料	签立合同双方	业主单位
（5）	A2-02-01	施工招标文件（委托函）	文本资料	（可委托相关业务单位）	业主单位
（6）	A2-02-02	施工投标文件（委托函）	文本资料	施工单位	业主单位
（7）	A2-02-03	施工中标通知书（委托函）	正式文件	（可委托相关业务单位）	业主单位
（8）	A2-02-04	施工委托书及承包合同	文本资料	签立合同双方	业主单位
（9）	A2-03-01	工程监理招标文件（委托函）	文本资料	（可委托相关业务单位）	业主单位
（10）	A2-03-02	工程监理投标文件（委托函）	文本资料	监理单位	业主单位
（11）	A2-03-03	工程监理中标通知书	正式文件	（可委托相关业务单位）	业主单位
（12）	A2-03-04	工程监理委托书及承包合同	文本资料	签立合同双方	业主单位
3	A3	考古及勘察设计文件			
（1）	A3-01-01	文化遗产的基础资料（考古报告、修复史料、测绘图纸、监测记录等）	文本资料	与之相关研究单位	业主单位
（2）	A3-02-01	保护规划设计	文本资料	规划设计单位	业主单位
（3）	A3-02-02	保护规划设计批复意见	正式文件（红头文件）	主管机构	业主单位
（4）	A3-03-01	勘察报告	文本资料	勘察设计单位	业主单位
（5）	A3-03-02	技术工艺实验报告	文本资料	勘察设计单位	业主单位
（6）	A3-03-04	设计方案（方案、施工图设计及概预算书）	文本资料	勘察设计单位	业主单位
（7）	A3-03-05	勘察设计方案批复意见	正式文件（红头文件）	主管机构	业主单位
4	A4	工程开工审批文件			
（1）	A4-01	开工资格审查表	文本资料	业主单位	业主单位
（2）	A4-02	工程施工许可的凭证	证明文件	业主单位	业主单位

续表

序号	文件编号	文件名称	文件内容格式	文件形成单位	保存（提供）单位
（3）	A4-03	技术人员岗位证件及材料文件 （1）业主管理机构（项目负责）及其他负责人名单 （2）勘察设计单位组织管理机构（设计负责人）及其他人员名单 （3）监理机构（项目经理）及其他负责人名单 （4）工程项目施工管理机构（项目负责）及其他负责人名单	证明文件	施工单位、监理单位及业主单位工程形成	业主单位

5.2.2 施工技术文件

岩土类遗址保护工程项目实施是项目的主体和主要目的，此过程形成的文件是工程技术档案文件的核心。一般有施工单位和监理单位工程形成，施工单位形成文件主要包括施工技术准备文件，施工现场准备文件，施工材料质量证明文件及复试实验报告文件，设计变更、洽商、深化设计记录，施工记录（现场记录和施工验收记录），会议纪要文件、投资控制文件、往来函件等，内容庞杂、格式多样，是保护工程档案资料形成、搜集、整理的主要内容（表5-2）。①施工技术准备文件是项目实施的前提和基础，计划和安排好项目正常运行的必备的人、材、机，是项目实施的物资基础和人力资源保障。②施工现场准备文件是在保证现场实施人身安全、遗址安全及拥有足够工作空间所形成的技术文件，是实施准备的重要环节。③施工材料质量证明文件及复试实验报告文件是保护工程实施质量的保障性文件。④施工记录是施工技术文件的核心，包括现场记录和质量验收记录。现场记录是施工技术文件中最真实、最原始的文件资料，可以深入到遗址保护工程的各个连续点。质量验收记录是通过项目单体、单位工程、分部分项工程、检验批等质量验收，多方参与综合评价项目实施质量所形成的施工技术性记录文件。⑤设计变更、洽商、深化设计记录，会议纪要文件、往来函件是保护工程动态实施过程中多方交流的主要平台和依据，是项目实施措施有效性的保证性文件。⑥投资控制文件是项目正常运行的经济保障和灵魂。其中，①②是前提和基础；④是核心；③⑤⑥质量保障手段和保证制度。监理单位形成的监理规划及实施细则，监理日志、旁站记录及监理总结是对整个保护工程的监督和证明材料。

表 5-2　监理文件（B类）

序号	文件编号	文件名称	文件内容格式	文件形成单位	保存（提供）单位
1	B1-01	监理文件（监理规划、监理实施细则）	文本资料	监理单位	监理单位
2	B2-01	进度控制	文本资料	监理单位	监理单位

续表

序号	文件编号	文件名称	文件内容格式	文件形成单位	保存（提供）单位
3	B3-01	质量控制	文本资料	监理单位	监理单位
4	B4-01	造价控制（预付款报审及支付、月付款报审及支付、变更签证、决算审查意见）	文本资料	监理单位	监理单位
5	B5-01	监理通知及回复（进度控制、质量控制、安全控制、造价控制）	文本资料	监理单位	监理单位
6	B6-01	监理日志	文本资料	监理单位	监理单位
7	B7-01	监理工作总结（月总结和竣工总结）	文本资料	监理单位	监理单位

5.2.3 竣工文件

竣工文件是保护工程档案资料的凝练和总结，尤其竣工报告和竣工图是保护工程主体档案资料的升华和拓展。竣工文件按照参与主体可分为：档案、施工单位档案及监理单位档案（表5-3）。档案主要包括前期准备文件的四个方面的内容，是保护工程档案资料的依据和基础；施工单位档案主要包括施工技术文件的八个方面，以及在此基础上形成的竣工报告、竣工图和竣工决算等，是保护工程档案资料的主体和核心（表5-4～表5-13）；监理单位文件是监理单位实施控制过程中形成的诸如监理规划、监理实施细则、监理日志、监理质量、进度及投资控制性文件，以及在此基础上形成的监理总结，也是保护工程档案资料的主体和核心。将三个不同主体资料分类整理、编号、编目、装订成册，形成系统性的保护工程档案，是项目竣工文件的核心内容。形成成套、系统、完整的档案资料是项目竣工文件根本目标，是保护工程档案资料的升华与总结。

因此，施工前期准备文件、施工技术文件、竣工文件相互关联、互相依存，各有其自身特点，决定于土遗址保护工程特性及实施的阶段。施工前期准备文件是保护工程档案的依据和基础；施工技术文件是主体；竣工文件是档案资料的总结和凝练。

表5-3 施工技术文件（C类）——施工管理（C1）

序号	文件编号	文件名称	文件内容格式	文件形成单位	保存（提供）单位
1	C1-01-01	工程开/复工报验申请表	文本资料（表格）	施工单位	施工单位
2	C1-01-02	工程开工报告	文本资料（表格）	施工单位	施工单位
3		中标通知书	文本资料（表格）	施工单位	施工单位
4	C1-01-03	施工组织设计报验申请表	文本资料（表格）	施工单位	施工单位
5		施工组织设计	文本资料	施工单位	施工单位
6	C1-01-04	安全施工组织设计（方案）报验申请表	文本资料（表格）	施工单位	施工单位
7		安全施工组织设计（方案）	文本资料	施工单位	施工单位

序号	文件编号	文件名称	文件内容格式	文件形成单位	保存（提供）单位
8	C1-01-05	脚手架搭设专项施工方案报验申请表	文本资料（表格）	施工单位	施工单位
9		脚手架搭设专项施工组织设计	文本资料	施工单位	施工单位
10	C1-01-06	临时用电专项施工方案报验申请表	文本资料（表格）	施工单位	施工单位
11		临时用电专项施工组织设计	文本资料	施工单位	施工单位
12	C1-01-07	临时用水专项施工方案报验申请表	文本资料（表格）	施工单位	施工单位
13		临时用水专项施工组织设计	文本资料	施工单位	施工单位
14	C1-02-01	工程停（复）工报告	文本资料（表格）	施工单位	施工单位
15	C1-03-01	设计技术交底	文本资料（表格）	设计单位	施工单位
16	C1-04-00	施工技术交底	文本资料（表格）	施工单位	施工单位
17	C1-04-01	脚手架搭设分项工程安全技术交底	文本资料（表格）	施工单位	施工单位
18	C1-04-02	脚手架拆除分项工程安全技术交底	文本资料（表格）	施工单位	施工单位
19	C1-04-03	临时用电分项工程安全技术交底	文本资料（表格）	施工单位	施工单位
20	C1-04-04	临时支护分项工程安全技术交底	文本资料（表格）	施工单位	施工单位
21	C1-04-05	锚杆锚固分项工程安全技术交底	文本资料（表格）	施工单位	施工单位
22	C1-04-06	土坯砌补分项工程安全技术交底	文本资料（表格）	施工单位	施工单位
23	C1-04-07	夯筑砌补分项工程安全技术交底	文本资料（表格）	施工单位	施工单位
24	C1-04-08	裂隙注浆分项工程安全技术交底	文本资料（表格）	施工单位	施工单位
25	C1-04-9	裂隙充填注浆分项工程安全技术交底	文本资料（表格）	施工单位	施工单位
26	C1-04-10	表面防风化分项工程安全技术交底	文本资料（表格）	施工单位	施工单位
27	C1-04-11	墙基排水分项工程安全技术交底	文本资料（表格）	施工单位	施工单位

表5-4　施工技术文件（C类）——工程实施图纸文件（C2）

序号	文件编号	文件名称	文件内容格式	文件形成单位	保存（提供）单位
1	C2-01-01	图纸会审文件及会议纪要	文本资料（文字说明、图纸、图片、图像）	施工单位	施工单位
2	C2-02-01	单位工程定位测量放线记录	文本资料（文字说明、图纸、图片、图像）	设计单位	施工单位
3	C2-03-01	设计变更及会议纪要	文本资料（文字说明、图纸、图片、图像）	设计单位	施工单位
4	C2-03-02	设计洽商及会议纪要	文本资料（文字说明、图纸、图片、图像）	设计单位	施工单位
5	C2-03-03	深化设计及会议纪要	文本资料（文字说明、图纸、图片、图像）	设计单位	施工单位

表 5-5　施工技术文件（C 类）——试验研究记录（C3）

序号	文件编号	文件名称	文件内容格式	文件形成单位	保存（提供）单位
1	C3-01-01	试验研究方案报验申请表	文本资料（表格）	施工单位	施工单位
2	C3-01-02	现场试验研究方案	文本资料	施工单位	施工单位
		现场试验检查记录	文本资料（表格）	施工单位	施工单位
3	C3-02-01	材料进场检验记录	文本资料（表格）	施工单位	施工单位
	C3-02-02	工程材料数量清单	文本资料（表格）	施工单位	施工单位
	C3-02-03	材料出厂质量合格证明文件	文本资料（表格）	施工单位	施工单位
		自检结果	文本资料（表格）	施工单位	施工单位
4	C3-02-04	专用设备、构配件进场检验记录	文本资料（表格）	施工单位	施工单位
	C3-02-05	工程专用设备、构配件数量清单	文本资料（表格）	施工单位	施工单位
		专用设备、构配件的合格证及质保书	文本资料	施工单位	施工单位
	C3-02-06	工程专用设备、构配件自检结果	文本资料（表格）	施工单位	施工单位
5	C3-03-00	进场物资见证取样登记表	文本资料（表格）	施工单位	施工单位
	C3-03-01	见证取样记录	文本资料（表格）	监理单位	施工单位
6	C3-03-02	含水量、密度试验记录	文本资料（表格）	施工单位	施工单位
7	C3-03-03	界限含水率试验记录	文本资料（表格）	施工单位	施工单位
8	C3-03-04	土颗粒分析试验记录	文本资料（表格）	施工单位	施工单位
9	C3-03-05	直接剪切试验记录	文本资料（表格）	施工单位	施工单位
10	C3-03-06	易溶盐分析试验记录	文本资料（表格）	施工单位	施工单位
11	C3-03-07	崩解特性试验记录	文本资料（表格）	施工单位	施工单位
12	C3-03-08	抗风蚀试验记录	文本资料（表格）	施工单位	施工单位
13	C3-03-09	抗雨蚀试验记录	文本资料（表格）	施工单位	施工单位
14	C3-03-10	PS 材料加固特性研究	文本资料（表格）	施工单位	施工单位

表 5-6　施工技术文件（C 类）——现场记录（C4）

序号	文件编号	文件名称	文件内容格式	文件形成单位	保存（提供）单位
		遗址本体保护维修			
1	C4-00	施工日志	文本资料（表格）	施工单位	施工单位
2	C4-01-01-01	临时支护现场记录	文本资料（表格）	施工单位	施工单位
	C4-02-00	悬空区域加固			
3	C4-02-01-01	木锚杆锚固施工记录	文本资料（表格）	施工单位	施工单位
4	C4-02-02-01	玻璃纤维锚杆成孔施工记录	文本资料（表格）	施工单位	施工单位
5	C4-02-02-02	玻璃纤维灌浆施工记录	文本资料（表格）	施工单位	施工单位
6	C4-02-03-01	土坯制备施工记录	文本资料（表格）	施工单位	施工单位

续表

序号	文件编号	文件名称	文件内容格式	文件形成单位	保存（提供）单位
7	C4-02-03-02	历史加固区拆除记录	文本资料（表格）	施工单位	施工单位
8	C4-02-03-03	土坯砌补泥、裂隙灌浆浆液制备施工记录	文本资料（表格）	施工单位	施工单位
9	C4-02-03-04	土坯砌补施工记录	文本资料（表格）	施工单位	施工单位
10	C4-02-04-01	夯筑砌筑土制备施工记录	文本资料（表格）	施工单位	施工单位
11	C4-02-04-02	夯筑砌补施工记录	文本资料（表格）	施工单位	施工单位
12	C4-02-05-01	钢结构支顶施工记录	文本资料（表格）	施工单位	施工单位
13	C4-02-05-02	隐蔽工程施工记录	文本资料（表格）	施工单位	施工单位
	C4-03-00	裂隙加固			
14	C4-03-01-01	裂隙封闭泥、裂隙灌浆浆液制备施工记录	文本资料（表格）	施工单位	施工单位
15	C4-03-01-02	裂隙灌浆施工记录	文本资料（表格）	施工单位	施工单位
	C4-04-00	洞顶加固			
16	C4-04-01	洞顶加固施工记录	文本资料（表格）	施工单位	施工单位
17	C4-04-02	隐蔽结构施工记录	文本资料（表格）	施工单位	施工单位
	C4-05-00	防水整治			
18	C4-05-01-01	冲沟整治夯填土制备施工记录	文本资料（表格）	施工单位	施工单位
19	C4-05-01-02	冲沟夯填施工记录	文本资料（表格）	施工单位	施工单位
20	C4-05-02-01	墙顶排水夯填土制备施工记录	文本资料（表格）	施工单位	施工单位
21	C4-05-02-02	墙顶排水处理施工记录	文本资料（表格）	施工单位	施工单位
22	C4-05-03-01	墙基排水夯实土配制施工记录	文本资料（表格）	施工单位	施工单位
23	C4-05-03-02	墙基排水施工记录	文本资料（表格）	施工单位	施工单位
24	C4-05-04-01	遗址周边场地平整回填土制备施工记录	文本资料（表格）	施工单位	施工单位
25	C4-05-04-02	遗址周边场地平整施工记录	文本资料（表格）	施工单位	施工单位
	C4-06-00	表面防风化			
26	C4-06-01-01	PS 喷洒溶液配制施工记录	文本资料（表格）	施工单位	施工单位
27	C4-06-01-02	PS 喷洒加固施工记录	文本资料（表格）	施工单位	施工单位
28	C4-06-01-03	PS 喷洒加固表面处理施工记录	文本资料（表格）	施工单位	施工单位
29	C4-06-02-01	PS 滴渗溶液配制施工记录	文本资料（表格）	施工单位	施工单位
30	C4-06-02-02	PS 滴渗加固施工记录	文本资料（表格）	施工单位	施工单位
31	C4-06-02-03	PS 滴渗加固表面处理施工记录	文本资料（表格）	施工单位	施工单位
	C4-07-00	防护围栏、界碑、界桩及警示宣传牌			
32	C4-07-01-01	防护围栏制备施工记录	文本资料（表格）	施工单位	施工单位
33	C4-07-01-02	防护围栏安设施工记录	文本资料（表格）	施工单位	施工单位
34	C4-07-02-01	界碑制备施工记录	文本资料（表格）	施工单位	施工单位

序号	文件编号	文件名称	文件内容格式	文件形成单位	保存（提供）单位
35	C4-07-02-02	界碑安设施工记录	文本资料（表格）	施工单位	施工单位
36	C4-07-03-01	界桩制备施工记录	文本资料（表格）	施工单位	施工单位
37	C4-07-03-02	界桩安设施工记录	文本资料（表格）	施工单位	施工单位
38	C4-07-04-01	警示宣传牌制备施工记录	文本资料（表格）	施工单位	施工单位
39	C4-07-04-02	警示宣传牌安设施工记录	文本资料（表格）	施工单位	施工单位

表 5-7 施工技术文件（C 类）——现场记录（C4 续）

序号	文件编号	文件名称	文件内容格式	文件形成单位	保存（提供）单位
		遗址载体保护			
1	C4-00	保护日志	文本资料（表格）	施工单位	施工单位
2	C4-01-01-01	临时支护现场记录	文本资料（表格）	施工单位	施工单位
	C4-02	悬空区域加固			
3	C4-02-00	隐蔽结构施工记录	文本资料（表格）	施工单位	施工单位
4	C4-02-01-01	楠竹加筋复合锚杆制作施工记录	文本资料（表格）	施工单位	施工单位
5	C4-02-01-02	楠竹加筋复合锚杆成孔施工记录	文本资料（表格）	施工单位	施工单位
6	C4-02-01-03	楠竹加筋复合锚杆注浆施工记录	文本资料（表格）	施工单位	施工单位
7	C4-02-02-01	预应力钢绞线锚索制作施工记录	文本资料（表格）	施工单位	施工单位
8	C4-02-02-02	预应力钢绞线锚索成孔施工记录	文本资料（表格）	施工单位	施工单位
9	C4-02-02-03	预应力钢绞线锚索注浆施工记录	文本资料（表格）	施工单位	施工单位
10	C4-02-03-01	钢筋锚杆锚固施工记录	文本资料（表格）	施工单位	施工单位
11	C4-02-04-01	玻璃纤维锚杆成孔施工记录	文本资料（表格）	施工单位	施工单位
12	C4-02-04-02	玻璃纤维锚杆注浆施工记录	文本资料（表格）	施工单位	施工单位
13	C4-02-05-01	土坯制备施工记录	文本资料（表格）	施工单位	施工单位
14	C4-02-05-02	历史加固区拆除记录	文本资料（表格）	施工单位	施工单位
15	C4-02-05-03	土坯砌补泥浆制备工记录	文本资料（表格）	施工单位	施工单位
16	C4-02-05-04	土坯砌补施工记录	文本资料（表格）	施工单位	施工单位
17	C4-02-06-01	钢筋混凝土结构支顶施工记录	文本资料（表格）	施工单位	施工单位
18	C4-02-07-01	槽钢支顶施工记录	文本资料（表格）	施工单位	施工单位
19	C4-02-07-01	槽钢支顶成孔记录	文本资料（表格）	施工单位	施工单位
20	C4-02-07-02	槽钢支顶灌浆记录	文本资料（表格）	施工单位	施工单位
	C4-03-00	裂隙加固			
21	C4-03-01-01	裂隙封闭泥、裂隙灌浆浆液制备施工记录	文本资料（表格）	施工单位	施工单位
22	C4-03-01-02	裂隙灌浆施工记录	文本资料（表格）	施工单位	施工单位
23	C4-03-02-01	裂隙充填注浆封闭泥、裂隙灌浆浆液制备施工记录	文本资料（表格）	施工单位	施工单位
24	C4-03-02-02	裂隙充填灌浆施工记录	文本资料（表格）	施工单位	施工单位

续表

序号	文件编号	文件名称	文件内容格式	文件形成单位	保存（提供）单位
	C4-04	防水整治			
25	C4-04-01-01	冲沟整治夯填土制备施工记录	文本资料（表格）	施工单位	施工单位
26	C4-04-01-02	冲沟夯填施工记录	文本资料（表格）	施工单位	施工单位
27	C4-04-02-01	坡脚排水施工记录	文本资料（表格）	施工单位	施工单位
28	C4-04-03-01	场地平整施工记录	文本资料（表格）	施工单位	施工单位

表 5-8 施工技术文件（C 类）——工程质量控制和验收记录（C5）

序号	文件编号	文件名称	文件内容格式	文件形成单位	保存（提供）单位
		遗址本体保护维修			
1	C5-01-01-01	临时支护报验申请表	文本资料（表格）	施工单位	施工单位
		临时支护方案	文本资料（文本、图纸）	施工单位	施工单位
2	C5-02-00	单位工程分部工程质量验收记录			
3	C5-02-00-00	悬空区域加固分部工程质量验收记录	文本资料（表格）	施工单位	施工单位
4	C5-02-01-01	木质锚杆锚固分项工程质量验收记录	文本资料（表格）	施工单位	施工单位
5	C5-02-01-02	木质锚杆加工工程报验申请表	文本资料（表格）	施工单位	施工单位
6	C5-02-01-03	木锚杆加工工程质量检验批验收记录	文本资料（表格）	施工单位	施工单位
7	C5-02-01-04	木质锚杆锚固工程报验申请表	文本资料（表格）	施工单位	施工单位
8	C5-02-01-05	木锚杆锚固工程质量检验批验收记录	文本资料（表格）	施工单位	施工单位
9	C5-02-01-06	木质锚杆锚固隐蔽工程检验记录	文本资料（表格）	施工单位	施工单位
		木锚杆锚固安装布置施工图	图纸	施工单位	施工单位
10	C5-02-02-01	玻璃纤维锚杆锚固分项工程质量验收记录	文本资料（表格）	施工单位	施工单位
11	C5-02-02-02	玻璃纤维锚杆加工工程报验申请表	文本资料（表格）	施工单位	施工单位
12	C5-02-02-03	玻璃纤维锚杆加工工程质量检验批验收记录	文本资料（表格）	施工单位	施工单位
13	C5-02-02-04	玻璃纤维锚杆锚固工程报验申请表	文本资料（表格）	施工单位	施工单位
14	C5-02-02-05	玻璃纤维锚杆锚固工程质量检验批验收记录	文本资料（表格）	施工单位	施工单位
15	C5-02-02-06	玻璃纤维锚杆锚固隐蔽工程检验记录	文本资料（表格）	施工单位	施工单位

续表

序号	文件编号	文件名称	文件内容格式	文件形成单位	保存（提供）单位
		玻璃纤维锚杆安装立面布置施工图	图纸	施工单位	施工单位
16	C5-02-03-01	夯筑砌补分项工程质量验收记录	文本资料（表格）	施工单位	施工单位
17	C5-02-03-02	夯筑砌补工程质量验收报验申请表	文本资料（表格）	施工单位	施工单位
18	C5-02-03-03	夯筑砌补工程质量检验批验收记录	文本资料（表格）	施工单位	施工单位
19	C5-02-03-04	夯筑砌补隐蔽工程质量验收记录	文本资料（表格）	施工单位	施工单位
		夯筑砌补立面布置施工图	图纸	施工单位	施工单位
		夯筑砌补加固前后对比照片	图片（照片）	施工单位	施工单位
20	C5-02-04-01	土坯砌补分项工程质量验收记录	文本资料（表格）	施工单位	施工单位
21	C5-02-04-02	土坯砌补工程报验申请表	文本资料（表格）	施工单位	施工单位
22	C5-02-04-03	土坯砌补工程质量检验批验收记录	文本资料（表格）	施工单位	施工单位
23	C5-02-04-04	土坯砌补隐蔽工程检验记录	文本资料（表格）	施工单位	施工单位
		土坯砌补立面布置施工图	图纸	施工单位	施工单位
		土坯砌补加固前后对比照片	图片（照片）	施工单位	施工单位
24	C5-02-05-01	钢结构支顶分项工程质量验收记录	文本资料（表格）	施工单位	施工单位
25	C5-02-05-02	钢结构支顶工程报验申请表	文本资料（表格）	施工单位	施工单位
26	C5-02-05-03	钢结构支顶工程质量检验批验收记录	文本资料（表格）	施工单位	施工单位
27	C5-02-05-04	钢结构支顶隐蔽工程检验记录	文本资料（表格）	施工单位	施工单位
		支顶钢结构立面布置施工图	图纸	施工单位	施工单位
		钢结构支顶加固前后对比照片	图片（照片）	施工单位	施工单位
28	C5-03-00	裂隙加固子分部工程质量验收记录	文本资料（表格）	施工单位	施工单位
29	C5-03-01-01	裂隙注浆分项工程质量验收记录	文本资料（表格）	施工单位	施工单位
30	C5-03-01-02	裂隙注浆工程报验申请表	文本资料（表格）	施工单位	施工单位
31	C5-03-01-03	裂隙注浆工程质量检验批验收记录	文本资料（表格）	施工单位	施工单位
		裂隙灌浆立面布置施工图	图纸	施工单位	施工单位

序号	文件编号	文件名称	文件内容格式	文件形成单位	保存（提供）单位
		裂隙灌浆加固前后对比照片	图片（照片）	施工单位	施工单位
32	C5-03-02-01	裂隙充填注浆分项工程质量验收记录	文本资料（表格）	施工单位	施工单位
33	C5-03-02-02	裂隙充填注浆工程质量验收报验申请表	文本资料（表格）	施工单位	施工单位
34	C5-03-02-03	裂隙充填注浆工程质量检验批验收记录	文本资料（表格）	施工单位	施工单位
		裂隙充填注浆立面布置施工图	图纸	施工单位	施工单位
		裂隙充填注浆加固前后对比照片	图片（照片）	施工单位	施工单位
35	C5-04-00	洞顶加固子分部工程质量验收记录	文本资料（表格）	施工单位	施工单位
36	C5-04-01-01	洞顶加固分项工程质量验收记录	文本资料（表格）	施工单位	施工单位
37	C5-04-01-02	洞顶加固工程质量验收报验申请表	文本资料（表格）	施工单位	施工单位
38	C5-04-01-03	洞顶加固工程质量检验批验收记录	文本资料（表格）	施工单位	施工单位
39	C5-04-01-04	洞顶加固隐蔽工程检验记录	文本资料（表格）	施工单位	施工单位
40	C5-05-00	防水整治分部工程质量验收记录	文本资料（表格）	施工单位	施工单位
41	C5-05-01-01	冲沟整治分项工程质量验收记录	文本资料（表格）	施工单位	施工单位
42	C5-05-01-02	冲沟整治工程报验申请表	文本资料（表格）	施工单位	施工单位
43	C5-05-01-03	冲沟整治工程质量检验批验收记录	文本资料（表格）	施工单位	施工单位
		冲沟整治工程加固前后对比照片	图片（照片）	施工单位	施工单位
44	C5-05-02-01	墙顶排水处理分项工程质量验收记录	文本资料（表格）	施工单位	施工单位
45	C5-05-02-02	墙顶排水处理工程报验申请表	文本资料（表格）	施工单位	施工单位
46	C5-05-02-03	墙顶排水处理工程质量检验批验收记录	文本资料（表格）	施工单位	施工单位
		墙顶排水处理工程加固前后对比照片	图片（照片）	施工单位	施工单位
47	C5-05-03-01	墙基排水分项工程质量验收记录	文本资料（表格）	施工单位	施工单位
48	C5-05-03-02	墙基排水工程质量验收报验申请表	文本资料（表格）	施工单位	施工单位

续表

序号	文件编号	文件名称	文件内容格式	文件形成单位	保存（提供）单位
49	C5-05-03-03	墙基排水工程质量检验批验收记录	文本资料（表格）	施工单位	施工单位
		墙基排水工程加固前后对比照片	图片（照片）	施工单位	施工单位
50	C5-06-00	表面防风化分部工程质量验收记录	文本资料（表格）	施工单位	施工单位
51	C5-06-01-01	PS喷洒渗透加固分项工程质量验收记录	文本资料（表格）	施工单位	施工单位
52	C5-06-01-02	PS喷洒渗透加固工程报验申请表	文本资料（表格）	施工单位	施工单位
53	C5-06-01-03	PS喷洒渗透加固工程验收记录	文本资料（表格）	施工单位	施工单位
		PS喷洒渗透加固前后对比照片	图片（照片）	施工单位	施工单位
54	C5-06-02-01	PS滴渗加固分项工程验收报验申请表	文本资料（表格）	施工单位	施工单位
55	C5-06-02-02	PS滴渗加固工程验收报验申请表	文本资料（表格）	施工单位	施工单位
56	C5-06-02-03	PS滴渗加固工程验收记录	文本资料（表格）	施工单位	施工单位
		PS滴渗加固前后对比照片	图片（照片）	施工单位	施工单位
57	C5-07-00	预警保护分部工程质量验收记录	文本资料（表格）	施工单位	施工单位
58	C5-07-01-01	变形监测预警分项工程质量验收记录	文本资料（表格）	施工单位	施工单位
59	C5-07-01-02	变形监测预警工程报验申请表	文本资料（表格）	施工单位	施工单位
60	C5-07-01-03	变形监测预警工程检验批验收记录	文本资料（表格）	施工单位	施工单位
		变形监测预警安装前后对比照片	图片（照片）	施工单位	施工单位
61	C5-07-02-01	防护围栏安装分项工程质量验收记录	文本资料（表格）	施工单位	施工单位
62	C5-07-02-02	防护围栏安装工程质量验收报验申请表	文本资料（表格）	施工单位	施工单位
63	C5-07-02-03	防护围栏安装工程验收记录	文本资料（表格）	施工单位	施工单位
		防护围栏安装前后对比照片	图片（照片）	施工单位	施工单位
64	C5-07-03-01	界碑安设分项工程质量验收记录	文本资料（表格）	施工单位	施工单位
65	C5-07-03-02	界碑安设工程报验申请表	文本资料（表格）	施工单位	施工单位
66	C5-07-03-03	界碑安设工程质量检验批验收记录	文本资料（表格）	施工单位	施工单位

续表

序号	文件编号	文件名称	文件内容格式	文件形成单位	保存（提供）单位
		界碑安设前后对比照片	图片（照片）	施工单位	施工单位
67	C5-07-04-01	界桩安设分项工程质量验收记录	文本资料（表格）	施工单位	施工单位
68	C5-07-04-02	界桩安设工程报验申请表	文本资料（表格）	施工单位	施工单位
69	C5-07-04-03	界桩安设工程质量检验批验收记录	文本资料（表格）	施工单位	施工单位
		界桩安设前后对比照片	图片（照片）	施工单位	施工单位
70	C5-07-05-01	警示宣传牌安设分项工程质量验收记录	文本资料（表格）	施工单位	施工单位
71	C5-07-05-02	警示宣传牌安设工程报验申请表	文本资料（表格）	施工单位	施工单位
72	C5-07-05-03	警示宣传牌安设工程质量检验批验收记录	文本资料（表格）	施工单位	施工单位
		警示宣传牌安设前后对比照片	图片（照片）	施工单位	施工单位
73	C5-08-00	周边环境整治分部工程质量验收记录	文本资料（表格）	施工单位	施工单位
74	C5-08-01-01	场地平整分项工程质量验收记录	文本资料（表格）	施工单位	施工单位
75	C5-08-01-02	场地平整工程报验申请表	文本资料（表格）	施工单位	施工单位
76	C5-07-01-03	场地平整工程检验批验收记录	文本资料（表格）	施工单位	施工单位
		场地平整前后对比照片	图片（照片）	施工单位	施工单位

表 5-9　施工技术文件（C 类）——工程质量控制和验收文件（C5 续）

序号	文件编号	文件名称	文件内容格式	文件形成单位	保存（提供）单位
		遗址载体保护维修			
1	C5-01-01-01	临时支护报验申请表	文本资料（表格）	施工单位	施工单位
		临时支护方案	文本资料（文本、图纸）	施工单位	施工单位
2	C4-02-00	单位工程分部分项工程质量验收记录	文本资料（表格）	施工单位	施工单位
3	C5-02-00-00	悬空区域加固分部工程质量验收记录	文本资料（表格）	施工单位	施工单位
4	C5-02-01-01	楠竹加筋复合锚杆锚固分项工程质量验收记录	文本资料（表格）	施工单位	施工单位

续表

序号	文件编号	文件名称	文件内容格式	文件形成单位	保存（提供）单位
5	C5-02-01-02	楠竹加筋复合锚杆加工工程收报验申请表	文本资料（表格）	施工单位	施工单位
6	C5-02-01-03	楠竹加筋复合锚杆加工工程质量检验批验收记录	文本资料（表格）	施工单位	施工单位
7	C5-02-01-04	楠竹加筋复合锚杆锚固工程报验申请表	文本资料（表格）	施工单位	施工单位
8	C5-02-01-05	楠竹加筋复合锚杆锚固安装工程质量检验批验收记录	文本资料（表格）	施工单位	施工单位
9	C5-02-01-06	楠竹加筋复合锚杆锚固隐蔽工程检验记录	文本资料（表格）	施工单位	施工单位
		楠竹加筋复合锚杆锚固安装布置施工图	图纸	施工单位	施工单位
10	C5-02-02-01	预应力钢绞线锚索锚固分项工程质量验收记录	文本资料（表格）	施工单位	施工单位
11	C5-02-02-02	预应力钢绞线锚索加工工程报验申请表	文本资料（表格）	施工单位	施工单位
12	C5-02-02-03	预应力钢绞线锚索加工工程质量检验批验收记录	文本资料（表格）	施工单位	施工单位
13	C5-02-02-04	预应力钢绞线锚索锚固工程报验申请表	文本资料（表格）	施工单位	施工单位
14	C5-02-02-05	预应力钢绞线锚索锚固安装工程质量检验批验收记录	文本资料（表格）	施工单位	施工单位
15	C5-02-02-06	预应力钢绞线锚索锚固隐蔽工程检验记录	文本资料（表格）	施工单位	施工单位
		预应力钢绞线锚索锚固安装布置施工图	图纸	施工单位	施工单位
16	C5-02-03-01	钢筋锚杆锚固分项工程质量验收记录	文本资料（表格）	施工单位	施工单位
17	C5-02-03-02	钢筋锚杆锚固加工工程报验申请表	文本资料（表格）	施工单位	施工单位
18	C5-02-03-03	钢筋锚杆锚固加工工程质量检验批验收记录	文本资料（表格）	施工单位	施工单位
19	C5-02-03-04	钢筋锚杆锚固工程报验申请表	文本资料（表格）	施工单位	施工单位
20	C5-02-03-05	钢筋锚杆锚固工程质量检验批验收记录	文本资料（表格）	施工单位	施工单位
21	C5-02-03-06	钢筋锚杆锚固隐蔽工程检验记录	文本资料（表格）	施工单位	施工单位

续表

序号	文件编号	文件名称	文件内容格式	文件形成单位	保存（提供）单位
		钢筋锚杆锚固安装布置施工图	图纸	施工单位	施工单位
22	C5-02-04-01	玻璃纤维锚杆锚固分项工程质量验收记录	文本资料（表格）	施工单位	施工单位
23	C5-02-04-02	玻璃纤维锚杆加工工程报验申请表	文本资料（表格）	施工单位	施工单位
24	C5-02-04-03	玻璃纤维锚杆加工工程质量检验批验收记录	文本资料（表格）	施工单位	施工单位
25	C5-02-04-04	玻璃纤维锚杆锚固工程报验申请表	文本资料（表格）	施工单位	施工单位
26	C5-02-04-05	玻璃纤维锚杆锚固安装工程质量检验批验收记录	文本资料（表格）	施工单位	施工单位
27	C5-02-04-06	玻璃纤维锚杆锚固隐蔽工程检验记录	文本资料（表格）	施工单位	施工单位
		玻璃纤维锚杆安装立面布置施工图	图纸	施工单位	施工单位
28	C4-02-05-01	木质锚杆锚固分项工程质量验收记录	文本资料（表格）	施工单位	施工单位
29	C4-02-05-02	木质锚杆加工工程报验申请表	文本资料（表格）	施工单位	施工单位
30	C4-02-05-03	木锚杆加工工程质量检验批验收记录	文本资料（表格）	施工单位	施工单位
31	C4-02-05-04	木质锚杆锚固工程报验申请表	文本资料（表格）	施工单位	施工单位
32	C4-02-05-05	木锚杆锚固工程质量检验批验收记录	文本资料（表格）	施工单位	施工单位
33	C4-02-05-06	木质锚杆锚固隐蔽工程检验记录	文本资料（表格）	施工单位	施工单位
		木锚杆锚固安装布置施工图	图纸	施工单位	施工单位
34	C5-02-06-01	土块（土坯）砌补分项工程质量验收记录	文本资料（表格）	施工单位	施工单位
35	C5-02-06-02	土块（土坯）砌补工程报验申请表	文本资料（表格）	施工单位	施工单位
36	C5-02-06-03	土块（土坯）砌补工程质量检验批验收记录	文本资料（表格）	施工单位	施工单位
37	C5-02-06-04	土块（土坯）砌补隐蔽工程检验记录	文本资料（表格）	施工单位	施工单位

序号	文件编号	文件名称	文件内容格式	文件形成单位	保存（提供）单位
		土坯砌补立面布置施工图	图纸	施工单位	施工单位
		土坯砌补加固前后对比照片	图片（照片）	施工单位	施工单位
38	C5-02-07-01	钢筋混凝土结构支护分项工程质量验收记录	文本资料（表格）	施工单位	施工单位
39	C5-02-07-02	钢筋混凝土结构支顶工程报验申请表	文本资料（表格）	施工单位	施工单位
40	C5-02-07-03	钢筋混凝土结构支顶工程质量检验批验收记录	文本资料（表格）	施工单位	施工单位
41	C5-02-07-04	钢筋混凝土结构支顶隐蔽工程检验记录	文本资料（表格）	施工单位	施工单位
		钢筋混凝土结构支顶立面布置施工图	图纸	施工单位	施工单位
		钢筋混凝土结构支顶加固前后对比照片	图片（照片）	施工单位	施工单位
42	C5-02-08-01	钢结构支顶分项工程质量验收记录	文本资料（表格）	施工单位	施工单位
43	C5-02-08-02	钢结构支顶工程报验申请表	文本资料（表格）	施工单位	施工单位
44	C5-02-08-03	钢结构支顶工程质量检验批验收记录	文本资料（表格）	施工单位	施工单位
45	C5-02-08-04	钢结构支顶隐蔽工程检验记录	文本资料（表格）	施工单位	施工单位
		钢结构支顶立面布置施工图	图纸	施工单位	施工单位
		钢结构支顶加固前后对比照片	图片（照片）	施工单位	施工单位
46	C5-03-00	裂隙加固子分部工程质量验收记录	文本资料（表格）	施工单位	施工单位
47	C5-03-01-01	裂隙注浆分项工程质量验收记录	文本资料（表格）	施工单位	施工单位
48	C5-03-01-02	裂隙注浆加固工程报验申请表	文本资料（表格）	施工单位	施工单位
49	C5-03-01-03	裂隙注浆加固工程质量检验批验收记录	文本资料（表格）	施工单位	施工单位
		裂隙灌浆立面布置施工图	图纸	施工单位	施工单位
		裂隙灌浆加固前后对比照片	图片（照片）	施工单位	施工单位
50	C5-03-02-01	裂隙充填注浆分项工程质量验收记录	文本资料（表格）	施工单位	施工单位

续表

序号	文件编号	文件名称	文件内容格式	文件形成单位	保存（提供）单位
51	C5-03-02-02	裂隙充填注浆加固工程报验申请表	文本资料（表格）	施工单位	施工单位
52	C5-03-02-03	裂隙充填注浆加固工程质量检验批验收记录	文本资料（表格）	施工单位	施工单位
		裂隙充填注浆立面布置施工图	图纸	施工单位	施工单位
		裂隙充填注浆加固前后对比照片	图片（照片）	施工单位	施工单位
53	C5-04-00	防水整治分部工程质量验收记录	文本资料（表格）	施工单位	施工单位
54	C5-04-01-01	冲沟整治分项工程质量验收记录	文本资料（表格）	施工单位	施工单位
55	C5-04-01-02	冲沟整治工程报验申请表	文本资料（表格）	施工单位	施工单位
56	C5-04-01-03	冲沟整治工程质量检验批验收记录	文本资料（表格）	施工单位	施工单位
		冲沟整治工程加固前后对比照片	图片（照片）	施工单位	施工单位
57	C5-04-02-01	顶部排水处理分项工程质量验收记录	文本资料（表格）	施工单位	施工单位
58	C5-04-02-02	顶部排水处理工程报验申请表	文本资料（表格）	施工单位	施工单位
59	C5-04-02-03	顶部排水处理工程质量检验批验收记录	文本资料（表格）	施工单位	施工单位
		顶部处理工程加固前后对比照片	图片（照片）	施工单位	施工单位
60	C5-04-03-01	边坡坡脚排水分项工程质量验收记录	文本资料（表格）	施工单位	施工单位
61	C5-04-03-02	边坡坡脚排水工程报验申请表	文本资料（表格）	施工单位	施工单位
62	C5-04-03-03	边坡坡脚排水工程质量检验批验收记录	文本资料（表格）	施工单位	施工单位
		坡脚排水工程加固前后对比照片	图片（照片）	施工单位	施工单位
63	C5-05-00	预警保护工程分部工程质量验收记录	文本资料（表格）	施工单位	施工单位
64	C5-05-01-01	变形监测预警分项工程质量验收记录	文本资料（表格）	施工单位	施工单位

续表

序号	文件编号	文件名称	文件内容格式	文件形成单位	保存（提供）单位
65	C5-05-01-02	变形监测预警工程报验申请表	文本资料（表格）	施工单位	施工单位
66	C5-05-01-03	变形监测预警工程质量检验批验收记录	文本资料（表格）	施工单位	施工单位
		变形监测预警设备平面布置施工图	图纸	施工单位	施工单位
67	C5-06-00	周边环境整治工程分部工程质量验收记录	文本资料（表格）	施工单位	施工单位
68	C5-06-03-01	场地平整分项工程质量验收记录	文本资料（表格）	施工单位	施工单位
69	C5-06-03-02	场地平整工程质量验收报验申请表	文本资料（表格）	施工单位	施工单位
70	C5-06-03-03	场地平整工程质量检验批验收记录	文本资料（表格）	施工单位	施工单位
		场地平整工程加固前后对比照片	图片（照片）	施工单位	施工单位
		单位工程初验记录			
71	C0-01	单位工程质量初步验收申请表	文本资料（表格）	施工单位	施工单位
72	C0-02	单位工程初步验收记录	文本资料（表格）	施工单位	施工单位
73	C0-03	单位工程施工现场质量管理检查记录	文本资料（表格）	施工单位	施工单位
74	C0-04	单位工程质量控制资料核查记录	文本资料（表格）	施工单位	施工单位
75	C0-05	单位工程观感质量检查记录	文本资料（表格）	施工单位	施工单位
76	C0-06	单位工程项目安全评估报告	文本资料（表格）	施工单位	施工单位

表 5-10　施工技术文件（C 类）——工程安全及评估（C6）

序号	文件编号	文件名称	文件内容格式	文件形成单位	保存（提供）单位
1	C6-01	安全预案报验申请表	文本资料（表格）	施工单位	施工单位
2	C6-02	安全施工预案验收记录	文本资料（表格）	施工单位	施工单位
		安全施工预案	文本资料	施工单位	施工单位

表 5-11　施工技术文件（C 类）——投资控制记录（C7）

序号	文件编号	文件名称	文件内容格式	文件形成单位	保存（提供）单位
1	C7-01-01	工程预付款报验申请表	文本资料（表格）	施工单位	施工单位
		预付款申请	文本资料	施工单位	施工单位
2	C7-02-01	工程计量报验申请表	文本资料（表格）	施工单位	施工单位
3	C7-02-02	工程款支付证书	文本资料（表格）	施工单位	施工单位
4	C7-02-03	工程款支付申请表	文本资料（表格）	施工单位	施工单位
5	C7-02-04	已完工程费用汇总表			
6	C7-02-05	单位工程费汇总表	文本资料（表格）	施工单位	施工单位
7	C7-02-06	分部分项工程量清单计价表	文本资料（表格）	施工单位	施工单位
8	C7-02-07	措施项目清单计价表	文本资料（表格）	施工单位	施工单位
9	C7-02-08	规费、税金计价表	文本资料（表格）	施工单位	施工单位
		月（周）工程计量报告	文本资料	施工单位	施工单位
10	C7-03-01	工程签证 / 索赔报验申请表	文本资料（表格）	施工单位	施工单位
		工程签证 / 索赔说明	文本资料	施工单位	施工单位
11	C7-04-00	竣工决算	文本资料	施工单位	施工单位
12	C7-04-01	竣工决算报价单	文本资料（表格）	施工单位	施工单位
13	C7-04-02	工程造价审核定案通知书	文本资料（表格）	施工单位	施工单位

表 5-12　施工技术文件（C 类）——会议纪要及往来函件（C8）

序号	文件编号	文件名称	文件内容格式	文件形成单位	保存（提供）单位
1	C8-01	第一次工地会议会议纪要	文本资料（表格）	施工单位	施工单位
2	C8-02	图纸会审会议纪要	文本资料（表格）	施工单位	施工单位
3	C8-03	监理例会	文本资料（表格）	施工单位	施工单位
4	C8-04	监理通知	文本资料（表格）	施工单位	施工单位
5	C8-05	监理通知回执	文本资料（表格）	施工单位	施工单位
6	C8-06	不合格工程通知	文本资料（表格）	施工单位	施工单位
7	C8-07	监理联系单	文本资料（表格）	施工单位	施工单位
8	C8-08	工程变更（工程洽商）通知单	文本资料（表格）	施工单位	施工单位

表 5-13　竣工阶段文件（D 类）

序号	文件编号	文件名称	文件内容格式	文件形成单位	保存（提供）单位
1	D1-01	竣工验收申请表	文本资料（表格）	施工单位	施工单位
2	D1-02	工程完工验收记录	文本资料（表格）	施工单位	施工单位
3	D1-03	工程质量控制资料核查记录	文本资料（表格）	施工单位	施工单位
4	D1-04	工程观感质量检查记录	文本资料（表格）	施工单位	施工单位
5	D1-05	工程质量验收记录	文本资料（表格）	施工单位	施工单位
6	D1-06	工程施工现场质量管理检查记录	文本资料（表格）	施工单位	施工单位
7	D1-07	工程项目安全评估报告	文本资料（表格）	施工单位	施工单位
		竣工验收			
8	D2-01	工程竣工施工质量验收表	文本资料（表格）	施工单位	施工单位
9	D2-02	工程竣工技术工艺验收表	文本资料（表格）	施工单位	施工单位
10	D2-03	工程竣工档案资料审查表	文本资料（表格）	施工单位	施工单位
11	D2-04	工程竣工保护理念综合评估审查表	文本资料（表格）	施工单位	施工单位

5.3　阶段性档案记录格式

　　档案记录的格式是档案实现统一、规范和科学化整理的规范和前提。不同阶段和不同内容的工程资料，应该按照工程实践过程中总结形成的方便、简单、涵盖全面的档案记录形式，一般情况档案记录形式多样、内容庞杂、表格类型更是复杂多样，如何将如此多样的记录格式，统一、规范地应用于工程实践，往往取决于记录格式的便捷程度和土遗址保护工程的科学化发展。前面我们已经将土遗址保护工程资料按照项目实施阶段划分为工程前期准备文件、施工技术文件及竣工文件，记录的格式必须准确把握土遗址保护工程档案资料作为文化遗产的自然属性和文化使命概念，加强土遗址保护工程档案资料编写与整理的意识，提升档案管理的知名度和影响力。通过工程实践进一步明确形成土遗址保护工程档案资料的主体，梳理和凝练土遗址保护工程资料的类型和程序。充分发挥工程实施过程中施工单位作为操作手的作用。严格遵循时时记录、及时整理、形式多样，真实完整、系统有序的基本原则，系统开展土遗址保护工程档案工作，形成土遗址保护工程档案资料的科学管理和良性循环，促进土遗址保护工程的进一步发展。为使得土遗址保护工程资料规范有序的发展充实，结合交河故城抢险加固工程、莫高窟崖体加固工程、银川西夏陵六号陵保护工程、北庭故城抢险加固工程实践总结凝练了如下记录格式，所有格式均按照工程进展顺序排列。

5.3.1 施工管理

工程开工／复工报验申请表

工程名称：   编号：C1-01-01

致：
  我方承担的_____工程，已经完成了以下各项工作，具备了开工／复工条件，特此申请施工，请核查并签发开工／复工指令。
   附：1. 开工报告；
     2.（证明文件）
 	
         承包单位（章）_____
         项 目 经 理_____
         日   期_____

审查意见：
 	
         项目监理机构_____
         总监理工程师_____
         日   期_____

工程开工报告

工程名称：　　　　　　　　　　　　　　　　　　　　　编号：C1-01-02

致：＿＿＿＿＿＿＿＿＿＿＿（监理单位）

我部承担的＿＿＿＿＿＿＿＿＿＿＿的准备工作已完成，现向贵部报验下列内容，我并为贵部现场核验提供必要配合。

☐ 中标通知单
☐ 施工组织设计（方案）报验申请表
☐ 施工组织设计
☐ 施工组织设计（方案）报验申请表
☐ 安全施工方案
☐ 进场材料／设备／构配件报验单

申请于年＿＿月＿＿日开工，请批准。

附件：1. 项目经理部到岗人员名单及联系电话
　　　2. 进场材料、设备名称、数量、性能一览表
　　　3. 主要管理人员、技术人员姓名、职称复印件和施工人数一览表
　　　附件一式＿＿份，每份＿＿页。

项目经理部：　　　　　　（章）
项目经理：　　　　日　期：

承包单位（章）＿＿＿＿＿＿＿＿＿＿
项目经理＿＿＿＿＿＿＿＿＿＿
日　期＿＿＿＿＿＿＿＿＿＿

开　工　令

监理意见：
☐ 批准于＿＿年＿＿月＿＿日开工。
☐ 不批准开工，按监理意见执行。监理意见一式＿＿份，每份＿＿页。

项目监理部：　　　　　　（章）
总监理工程师：　　　　日　期：

业主意见：

业主代表：　　　　日　期：

发件人：　　　　　　　　　　　　收件人：
日期：　　　　　　　　　　　　　日期：

×××工程

中标通知书

中标编号：

（中标单位名称）：

  贵单位于＿年＿月＿日的＿＿＿＿＿＿＿招标会上提交的投标书已经评标委员会评定，评审确定贵单位为本工程施工中标人。中标总价为：＿＿＿＿＿元。施工总工期为＿＿＿＿＿＿＿工作日。请中标人收到中标通知书后，在＿＿＿＿＿日内与（招标人）工程承包合同。具体要求如下：

工程名称			
计划开工日期		计划竣工日期	
质量标准		项目负责人	
联系电话		身份证号	
承包方式			

业主单位：	代理单位：	见证单位：	备案部门：
负责人： 年 月 日	负责人： 年 月 日	负责人： 年 月 日	负责人： 年 月 日

施工组织设计（方案）报验申请表

工程名称：　　　　　　　　　　　　　　　　　　　　　　　　　编号：C1-01-03

致：＿＿＿＿＿＿＿＿＿＿＿＿＿＿＿＿＿＿＿＿（监理单位）

　　我方已根据施工合同的有关规定完成了＿＿＿＿＿＿＿＿工程施工组织设计（方案）的编制，并经我单位上级技术负责人审查批准，请予以审查。

　　附：施工组织设计（方案）

承包单位（章）＿＿＿＿＿＿＿＿

项　目　经　理＿＿＿＿＿＿＿＿

日　　　　期＿＿＿＿＿＿＿＿

专业监理工程师审查意见：

专业监理工程师＿＿＿＿＿＿＿＿

日　　　　期＿＿＿＿＿＿＿＿

总监理工程师审核意见：

项目监理机构＿＿＿＿＿＿＿＿

总监理工程师＿＿＿＿＿＿＿＿

日　　　　期＿＿＿＿＿＿＿＿

安全施工组织设计（方案）报验申请表

工程名称：　　　　　　　　　　　　　　　　　　　　　　　　　编号：C1-01-04

致：＿＿＿＿＿＿＿＿＿＿＿＿＿＿＿＿＿＿＿＿（监理单位）

　　我方已根据施工合同的有关规定完成了＿＿＿＿＿＿＿＿工程安全施工组织设计（方案）的编制，并经我单位上级技术负责人审查批准，请予以审查。

　　附：安全施工组织设计（方案）

承包单位（章）＿＿＿＿＿＿＿＿＿
项 目 经 理＿＿＿＿＿＿＿＿＿
日　　　期＿＿＿＿＿＿＿＿＿

专业监理工程师审查意见：

专业监理工程师＿＿＿＿＿＿＿＿＿
日　　　期＿＿＿＿＿＿＿＿＿

总监理工程师审核意见：

项目监理机构＿＿＿＿＿＿＿＿＿
总监理工程师＿＿＿＿＿＿＿＿＿
日　　　期＿＿＿＿＿＿＿＿＿

脚手架搭设专项施工方案报验申请表

工程名称：　　　　　　　　　　　　　　　　　　　　　　　　编号：C1-01-05

致：＿＿＿＿＿＿＿＿＿＿＿＿＿＿＿＿（监理单位）

　　我方已根据施工合同的有关规定完成了＿＿＿＿＿＿＿＿工程脚手架专项施工组织设计（方案）的编制，并经我单位上级技术负责人审查批准，请予以审查。

　　附：脚手架搭设专项施工方案

承包单位（章）＿＿＿＿＿＿＿＿

项 目 经 理＿＿＿＿＿＿＿＿

日　　　　期＿＿＿＿＿＿＿＿

专业监理工程师审查意见：

专业监理工程师＿＿＿＿＿＿＿＿

日　　　　期＿＿＿＿＿＿＿＿

总监理工程师审核意见：

项目监理机构＿＿＿＿＿＿＿＿

总监理工程师＿＿＿＿＿＿＿＿

日　　　　期＿＿＿＿＿＿＿＿

临时用电专项施工方案报验申请表

工程名称：　　　　　　　　　　　　　　　　　　　　　　　　　编号：C1-01-06

致：＿＿＿＿＿＿＿＿＿＿＿＿＿＿＿＿＿＿（监理单位）

　　我方已根据施工合同的有关规定完成了＿＿＿＿＿＿＿＿＿工程临时用电方案的编制，并经我单位上级技术负责人审查批准，请予以审查。

　　　附：临时用电方案

承包单位（章）＿＿＿＿＿＿＿＿＿

项 目 经 理 ＿＿＿＿＿＿＿＿＿

日　　　期 ＿＿＿＿＿＿＿＿＿

专业监理工程师审查意见：

专业监理工程师 ＿＿＿＿＿＿＿＿＿

日　　　期 ＿＿＿＿＿＿＿＿＿

总监理工程师审核意见：

项目监理机构 ＿＿＿＿＿＿＿＿＿

总监理工程师 ＿＿＿＿＿＿＿＿＿

日　　　期 ＿＿＿＿＿＿＿＿＿

临时用水专项施工方案报验申请表

工程名称： 编号：C1-01-07

致：_____（监理单位）

  我方已根据施工合同的有关规定完成了_____工程临时用电方案的编制，并经我单位上级技术负责人审查批准，请予以审查。

  附：临时用水专项施工方案

承包单位（章）_____

项 目 经 理 _____

日　　　期 _____

专业监理工程师审查意见：

专业监理工程师 _____

日　　　期 _____

总监理工程师审核意见：

项目监理机构 _____

总监理工程师 _____

日　　　期 _____

＿＿＿＿＿＿＿＿ 工程停（复）工报告

工程名称：　　　　　　　　　　　　　　　　　　　　　　　　　编号：C1-02-01

停工日期		复工日期	
致：＿＿＿＿＿＿＿＿＿＿＿＿＿＿＿＿＿（监理单位）： 　　停工原因：＿＿＿＿＿＿＿＿＿＿＿＿＿＿＿＿＿＿＿工程， 由＿＿＿＿＿＿＿＿＿＿＿＿＿＿＿＿＿＿＿＿＿＿＿＿＿＿＿＿＿＿ ＿＿＿＿＿＿＿＿＿＿＿＿＿＿＿＿＿＿＿＿＿＿＿＿＿＿＿＿＿原因 要求停止（恢复）施工，特此报告，请批准。 　　　　　　　　　　　　　　施工单位（章）＿＿＿＿＿＿＿＿ 　　　　　　　　　　　　　　项 目 经 理＿＿＿＿＿＿＿＿ 　　　　　　　　　　　　　　日　　　期＿＿＿＿＿＿＿＿			
监理单位	审批意见： 　　　　　　　　　　　　　监理单位（章）＿＿＿＿＿＿＿＿ 　　　　　　　　　　　　　监理工程师＿＿＿＿＿＿＿＿ 　　　　　　　　　　　　　日　　　期＿＿＿＿＿＿＿＿		
建设单位	审批意见： 　　　　　　　　　　　　　业主代表＿＿＿＿＿＿＿＿ 　　　　　　　　　　　　　日　　　期＿＿＿＿＿＿＿＿		

设计技术交底

工程名称：　　　　　　　　　　　　　　　　　　　　　　　　编号：C1-03-01

参加单位人员	业主单位	
	勘察设计单位	
	监理单位	
	施工单位	

交底内容：

注：本页不够可另加附页

脚手架搭设分项工程安全技术交底

工程名称：　　　　　　　　　　　　　　　　　　　　　　　　　编号：C1-04-01

施工单位		业主单位	
分项工程（作业）名称	脚手架搭设工程	作业单位	各施工队
交底部门		交底人		施工期限	年　月　日至　　年　月　日

接受交底班组或员工签名：

交底内容：
1. 搭设金属扣件脚手架，应严格按照《建筑施工扣件式钢管脚手架安全技术规范》（JGJ 130-2001）和专项方案要求搭设；
2. 搭设前严格进行钢管的筛选，凡严重锈蚀、薄壁、严重弯曲裂变的杆件不宜采用；
3. 严重锈蚀、变形、裂缝、螺栓螺纹已损坏的扣件不准采用；
4. 脚手架的基础除按规定设置外，必须做好排水处理；
5. 脚手架立杆底部应设置底座或垫板。必须设置纵、横扫地杆；
6. 所有扣件紧固力矩，应达到 $45 \sim 55N \cdot m$；
7. 同一立面的小横杆，应对等交错设置，同时立杆上下对直；
8. 斜杆接长，不宜采用对接扣件。应采用搭接方式，搭接不应少于两只旋转扣件固定，端部扣件盖板的边缘至杆端距离不应小于 100mm；
9. 脚手架的连墙件，不宜采用钢丝攀拉，必须采用埋件形式的刚性材料，并从第一步起按隔步隔纵设置；
10. 脚手架作业层，必须设置不少于三步且高度不低于 180mm 的挡脚板。挡脚板必须用醒目的安全色加以警示；
11. 落地脚手架应同步搭设上下通行的斜道，并应每隔 $250 \sim 300mm$ 设置一根防滑木条。人行斜道宽度不小于 1m，坡度采用 1：3。运料斜道宽度不小于 1.5m，坡度采用 1：6；
12. 必须严格按搭设方案搭设；
13. 脚手架根据崖体的分区进行分段搭设；
14. 在危险块体附近搭设脚手架必须预留安全空间；
15. 搭设脚手架时注意高压线，处理好高压线与脚手架安全之间的关系；
16. 脚手架应根据工程进度进行分期搭设；
17. 在脚手架搭设过程中，要密切附近崖体的安全；
18. 搭设脚手架过程中，工人务必戴安全帽、系安全带

补充作业指导内容：

脚手架拆除分项工程安全技术交底

工程名称：　　　　　　　　　　　　　　　　　　　　　　　　编号：C1-04-02

施工单位			业主单位	
分项工程（作业）名称	脚手架拆除工程		作业单位	各施工队
交底部门		交底人	施工期限	年　月　日至　年　月　日

接受交底班组或员工签名：

交底内容：

　　1. 凡不符合高处作业的人员，一律禁止高处作业，并严禁酒后高处作业；

　　2. 严格正确使用劳动保护用品，遵守高处作业规定，工具必须入袋，严禁高处抛掷；

　　3. 强风、雪天、雨天环境不准进行拆除工作。夜间拆除必须布置良好的照明设备；

　　4. 拆除区域需设置警戒范围，设立明显的警示标记，非操作人员或地面施工人员，均不得通行或施工，安全部门应配员现场监护；

　　5. 高层脚手架拆除，应配备通信装置；

　　6. 高层脚手架拆除，应沿建筑四周一步一步递减，不允许二步同时拆除，或一前一后踏步式拆除，不宜分立面拆除，如遇特殊情况，应与企业有关部门预先制定技术方案，经加固措施后，方可分立面拆除；

　　7. 作业人员进入岗位后，应先进行检查，如遇薄弱环节时，应先加固，后拆除。或一前一后踏步式拆除，不宜分立面拆除；

　　8. 按下列顺序进行拆除工作：安全网—拦笆—垫铺笆—防护栏杆—挡脚杆—斜拉杆—连墙杆—横杆—立杆；

　　9. 立杆、斜拉杆、登高设施的拆除，应随脚手架整体拆除同步施工。不允许先进拆除；

　　10. 立杆、斜拉杆的接长杆拆除，应二人以上配合进行，不宜单独作业，否则引起事故；

　　11. 当天离岗时，应及时加固未拆除部位，防止存留隐患造成复岗时的人为事故；

　　12. 悬空的拆除，预先应进行加固或落地支撑措施后，方可进行拆除工作；

　　13. 输送至地面的杆件，应及时按类堆放整理；

　　14. 拆除脚手架时务必避免与周围高压线路接触；

　　15. 等所有工程加固措施完成后方可进行脚手架的拆除工作

补充作业指导内容：

临时用电分项工程安全技术交底记录

工程名称：　　　　　　　　　　　　　　　　　　　　　　　　编号：C1-04-03

施工单位		业主单位	
分项工程（作业）名称	临时用电	作业单位	各施工队
交底部门		交底人	施工期限	年 月 日至 年 月 日

接受交底班组或员工签名：

交底内容：
1. 严格执行《施工现场临时用电安全技术规范》（JGJ46-2005）的各种规定；
2. 临时用电工程必须经过编制、审核、批准部门和使用单位共同验收，合格后方可投入使用；
3. 电工必须经过按国家现行标准考核合格后，持证上岗工作；其他用电人员必须通过相关安全教育培训和技术交底，考核合格后方可上岗工作；
4. 安装、巡检、维修或拆除临时用电设备和线路，必须由电工完成，并应有人监护。电工等级应同工程的难易程度和技术复杂性相适应；
5. 使用电气设备前必须按规定穿戴和配备好相应得劳动防护用品，并应检查电气装置和保护措施，严禁设备带"缺陷"运转；
6. 保管和维护所用设备，发现问题及时报告解决；
7. 暂时停用设备的开关箱必须分断电源隔离开关，并应关门上锁；
8. 移动电气设备时，必须经过电工切断电源并做妥善处理后进行；
9. 临时用电工程应定期检查，检查时应按分部、分项工程进行，对安全隐患必须及时处理；
10. 在建工程不得在外电架空线路正下方施工、搭设作业棚、建造生活设施或堆放构件、架具、材料及其他杂物；
11. 电气设备现场周围不得放置燃易爆物、污源和腐蚀介质，否则应予以清除或作防护处置，其防护等级必须与环境条件相适应；
12. 配电柜或配电线路停电维修时，应挂接地线，并应悬挂"禁止合闸，有人工作"停电标志牌，停送电必须由专人负责；
13. 架空线必须架设在专用电杆上，严禁架设在树木、脚手架及其他设施上；
14. 架空线路必须有短路保护及过载保护；
15. 对于混凝土搅拌机、木工机械、钻机等设备进行清理、检查、维修时，必须首先将其开关箱分闸断电，呈现可见电源分断点，并关门上锁

补充作业指导内容：

临时支护分项工程安全技术交底

工程名称：　　　　　　　　　　　　　　　　　　　　　　　编号：C1-04-04

施工单位		业主单位	
分项工程（作业）名称	临时支护工程	作业单位	各施工队
交底部门		交底人		施工期限	年　月　日至　年　月　日

接受交底班组或员工签名：

交底内容：
　　1. 在施工过程中为确保人员及文物的安全必须进行临时支护；
　　2. 根据遗址体不同的情况，对悬空的遗址本体或危险的块体进行临时安全支护否则不得施工；
　　3. 在支护过程中严格减少对危险遗址体的扰动；
　　4. 在支护施工时应设置警戒范围，设立明显的警示标记，非操作人员或地面施工人员，均不得通行或施工，有专职安全员现场监护；
　　5. 遗址本体的支护必须与操作的脚手架断开，形成独立的稳定体系；
　　6. 支护时必须由上至下按顺序进行支护由专人监督；
　　7. 在支护时尽量避免对遗址本体的损坏；
　　8. 临时支护锚杆或支顶架必须在安全地带；
　　9. 钢丝绳或支顶架和遗址体接触的地方必须进行柔软的材料进行垫护，使其更加密实；
　　10. 等所有的临时支护达到一定的强度后方可进行其他施工

补充作业指导内容：

锚杆锚固分项工程安全技术交底

工程名称：　　　　　　　　　　　　　　　　　　　　　　　　　编号：C1-04-05

施工单位			业主单位	
分项工程（作业）名称	锚杆锚固工程		作业单位	各施工队
交底部门		交底人	施工期限	年　月　日至　年　月　日

接受交底班组或员工签名：

交底内容：

　　1. 崖体锚固施工过程中，操作工人务必戴安全帽、系安全带；

　　2. 锚固施工过程中，操作工人时刻注意加固崖体的安全；

　　3. 在崖体的上部和下部应分别有安全员密切关注，崖体的稳定及操作工人作业；

　　4. 严格按照锚固工程的施工方法和工艺进行施工；

　　5. 操作过程中根据崖体的性质调整钻进的速度、注浆的速度及用量等参数；

　　6. 钻机移动前，确保移动通道的防护安全；

　　7. 保证锚固工人与下部管理人员的良好沟通；

　　8. 原则上做到"一孔一锚"；必须按照逆作法施工，即从上到下的次序；

　　9. 锚固工程中，发现新的危险隐患要及时汇报，安全责任领导要及时决定处理措施；

　　10. 施工过程中，须注意其他工种施工人员的安全，及时进行通知，确保有序安全施工；

　　11. 锚固工人离岗之前，关闭各种线路，务必确保机具的安全放置；

　　12. 钻孔时，必须避开文物本体，严禁钻孔损坏内部的文物；

　　13. 保证上部锚固施工人员与下部空压机、注浆机等机械操作人员的良好沟通；

　　14. 严禁锚固工程用管线固定于脚手架上

补充作业指导内容：

土坯砌补分项工程安全技术交底

工程名称：　　　　　　　　　　　　　　　　　　　　　　　　编号：C1-04-06

施工单位			业主单位	
分项工程（作业）名称	土坯砌补工程		作业单位	各施工队
交底部门		交底人	施工期限	年　月　日至　年　月　日

接受交底班组或员工签名：

交底内容：

　　1. 土坯砌补施工过程中，操作工人务必戴安全帽、系安全带，严禁酒后作业；

　　2. 防止砌补上方掉落物体，必要时应加安全防护网和警示牌；

　　3. 严禁上下交叉作业；

　　4. 操作台搭设一定平坦，有专门的安全通道；

　　5. 对所使用的电气化设备应随用随拿，严禁搁置的操作平台之上，电线严禁与脚手架链接；

　　6. 土坯砌补的前提是在砌补的部位寻找到合适的持力层，否则不能采取土坯砌补措施；

　　7. 材料或工具须递接，严禁抛扔；

　　8. 操作台上的施工材料必须安全放置，严禁抛扔；

　　9. 砌补完成后所有的工具、材料有序归置，严禁乱丢乱弃

补充作业指导内容：

夯筑砌补分项工程安全技术交底

工程名称：   编号：C1-04-07

施工单位			业主单位	
分项工程（作业）名称	夯筑砌补工程		作业单位	各施工队
交底部门		交底人	施工期限	年　月　日至　年　月　日

接受交底班组或员工签名：

交底内容：
　　1. 夯筑砌补施工过程中，操作工人务必戴安全帽、系安全带；
　　2. 防止夯筑上方掉落物体，必要时应加安全防护网和警示牌；
　　3. 严格按照搅拌机的使用说明及要求进行操作，严禁违规操作；
　　4. 根据遗址体的实际情况对遗址体进行刚柔性支护，确保施工过程中人身和文物安全；
　　5. 夯筑时，采取分段夯筑的工艺，严禁一次夯筑较长；
　　6. 夯筑过程中，有专人进行观察遗址体的动向，如发现情况立即报告，并终止施工；
　　7. 如需使用电气化设备，应有专人操作；
　　8. 在夯筑时，尽量减少震动，对较为危险的区域，尽量采用人工和小型夯筑工具；
　　9. 夯筑时，人员应分散，严禁集中施工；
　　10. 在夯筑前必须清理根部虚土，直至持力层；
　　11. 布设夯筑区域的模板，采用桩体支撑，以保证由足够的强度；
　　12. 拆模时，应从上至下拆除，模板应逐级递接，严禁抛扔；
　　13. 完工后所有的工具应放置在指定的区域，严禁乱丢乱弃

补充作业指导内容：

裂隙灌浆分项工程安全技术交底

工程名称：　　　　　　　　　　　　　　　　　　　　　　编号：C1-04-08

施工单位			业主单位			
分项工程（作业）名称	裂隙灌浆工程		作业单位		各施工队	
交底部门		交底人		施工期限	年　月　日至　年　月　日	

接受交底班组或员工签名：

交底内容：

　　1.注浆材料应专人保管，保管人员应对浆液的特性和对人体的危害都应事前全面了解；

　　2.浆液存放的地点应满足浆液安全所需的温度、湿度、通风等要求；

　　3.浆液容器外必须贴好标签，废液不得乱倒；

　　4.裂隙灌浆工程施工人员工作时必须佩戴安全帽，系安全带，严禁酒后作业；

　　5.灌浆过程中有专人进行观察遗址体的动向，如遇到险情立即通知施工人员撤离现场，转到安全部位，并向主管人员汇报；

　　6.灌浆时应严格按照由下至上分段分层跳跃式灌浆，严禁一次性完成；

　　7.脚手架应有专门的操作平台，有专门的安全通道，严禁闲杂人员在施工区域逗留；

　　8.严格按照裂隙灌浆的施工方法和工艺进行施工；

　　9.对所使用的机械有专人操作；

　　10.确保在灌浆过程中信息畅通，保证施工安全顺利

补充作业指导内容：

裂隙充填注浆分项工程安全技术交底

工程名称：　　　　　　　　　　　　　　　　　　　　　　　　　　　编号：C1-04-09

施工单位		业主单位	
分项工程（作业）名称	裂隙充填注浆工程	作业单位	各施工队
交底部门		交底人		施工期限	年　月　日至　年　月　日

接受交底班组或员工签名：

交底内容：

　　1. 注浆材料应专人保管，保管人员应对浆液的特性和对人体的危害都应事前全面了解；

　　2. 浆液存放的地点应满足浆液安全所需的温度、湿度、通风等要求；

　　3. 浆液容器外必须贴好标签，废液不得乱倒；

　　4. 裂隙充填注浆工程施工人员工作时必须佩戴安全帽，系安全带；

　　5. 注浆施工过程中时刻注意上部崖体的安全，如遇到险情立即离开施工现场，转到安全部位；

　　6. 密切关注附近锚固工程的施工，严禁在锚固工程的下部或近处进行施工；

　　7. 注浆过程中，注意注浆裂隙的变化，如遇危险隐患，务必及时汇报；

　　8. 严格按照裂隙充填注浆的施工方法和工艺进行施工；

　　9. 严禁注浆管固定在脚手架上；

　　10. 确保注浆施工中上下沟通顺畅，确保施工的有序进行

补充作业指导内容：

表面防风化分项工程安全技术交底

工程名称：   编号：C1-04-10

施工单位		业主单位			
分项工程（作业）名称	表面防风化工程	作业单位		各施工队	
交底部门		交底人		施工期限	年 月 日至 年 月 日

接受交底班组或员工签名：

交底内容：
1. 表面防风化材料应专人保管，并且熟悉其特性和对人体的危害都应事前全面了解；
2. 材料应堆放在指定的区域，严禁乱放，并且保证其所适宜的环境，严禁太阳暴晒、雨淋；
3. 对所使用的表面防风化材料应分类存放并分别有明确的标识，并且带盖封存；
4. 表面防风化的工程施工人员在工作时必须佩戴安全帽，系安全带及防护用品，严禁酒后作业；
5. 进行表面防风化时，由上至西多次渗透，严禁一次性渗透，以免土体软化，造成不安全因素；
6. 严格控制所使用空压机的压力，应有专人操作；
7. 脚手架应有专门的操作平台，并且平坦，有专门的安全通道；
8. 严格按照表面防粉化的工艺进行施工，严禁违规操作；
9. 对所进行表面防粉化的区域应搭设遮阳棚，严禁太阳暴晒

补充作业指导内容：

墙基排水分项工程安全技术交底

工程名称：

施工单位			业主单位	
分项工程（作业）名称	墙基排水工程		作业单位	各施工队
交底部门		交底人	施工期限	年 月 日至 年 月 日

接受交底班组或员工签名：

交底内容：
　　1. 所有进行墙基排水施工人员应事先明白排堵得原理；
　　2. 对水源进行合理组织分流至安全地带；
　　3. 所有进行墙基排水的施工人员必须佩戴安全帽；
　　4. 墙基排水需在所有工序完成后进行；
　　5. 对低洼区域应进行夯填，土方须在指定的区域进行拉运，严禁就地取材；
　　6. 对所使用的车辆应有专职的驾驶员，并且行驶在指定的路线，严禁在靠近遗址区域碾压；
　　7. 对所夯填的部位应分层夯实，避免雨水再次渗入墙体根部；
　　8. 夯填时应减少对遗址体根部的震动；
　　9. 严格按照墙基排水的施工工艺进行施工

补充作业指导内容：

5.3.2 工程实施图纸

图纸会审

工程名称：　　　　　　　　　　　　　　　　　　　　　　　　　编号：C2-01-01

参加单位人员		
	勘察设计单位	
	监理单位	
	施工单位	

会审地点			会审时间	

序号	提出问题	图纸修改意见	图号
1			
2			
3			
4			
5			
6			
7			
8			
9			
10			
11			
12			

业主单位意见	设计单位意见	监理单位意见	施工单位意见
年 月 日	年 月 日	年 月 日	年 月 日

＿＿＿＿＿＿＿＿＿单位工程定位测量放线记录

工程名称：   编号：C2-02-01

实测 单位		定位测量的示意图：
图纸 编号		
测量 依据		
设备、工 具型号		

测量放线结果：

可附图

参加人 员签字	管理（监理）单位		施工单位		
	责任监理工程师	现场监理	技术负责人	责任工程师	实测人

设计变更通知单

工程名称：　　　　　　　　　　　　　　　　　　　　　　　编号：C2-03-01

设计单位				
变更范围				（图号）
措施名称			变更时间	
序号	图号	变更内容		
1			可附图	
2			可附图	
设计变更提出单位（公章）			项目负责人：	
设计单位（公章）	专业设计人员：		设计负责人：	
建设单位（公章）	业主代表：		项目负责人：	

设计洽商记录

工程名称：

设计单位	
业主单位	
监理单位	
施工单位	

变更原由	
变更内容	

审批意见	业主单位（公章）	设计单位（公章）	监理单位（公章）	施工单位（公章）
	项目负责人：	技术负责人：	总监理工程师：	技术负责人：
	年　月　日	年　月　日	年　月　日	年　月　日

深化设计记录

工程名称：　　　　　　　　　　　　　　　　　　　　　　　　　编号：C2-03-03

设计单位			
业主单位			
监理单位			
施工单位			
图号		深化设计时间	
深化设计示意图			
		可附图	
深化设计范围及内容			
		可附图	
审批意见	业主单位（公章）	设计单位（公章）	监理单位（公章）	施工单位（公章）
	项目负责人：	技术负责人：	总监理工程师：	技术负责人：
	年　月　日	年　月　日	年　月　日	年　月　日

5.3.3 试验研究

试验研究方案报验申请表

工程名称：_____ 　　　　　　　编号：C3-01-01

致：_____（监理单位） 　　我单位已完成了_____工作，现报上该工程报验申请表，请予以审查和验收。 　　附件：1. 试验研究方案 　　　　　2. 现场试验检查记录   承包单位（章）_____ 项 目 经 理_____ 日　　　期_____
审查意见：   项目监理机构_____ 专业监理工程师_____ 日　　　期_____

现场试验检查记录

工程名称：   编号：C3-01-02

单位工程名称				业主单位	
施工单位				监理单位	
试验部位		验收日期		图号	
现场试验检查内容					
试验单位检查结果					
		项目专业质量检查员： 年　月　日			
	项目专业技术负责人		试验员		
监理（建设）单位结论					
		监理工程师： （业主单位项目专业技术负责人） 年　月　日			

工程材料报验申请表

工程名称：   编号：C3-02-01

致：_____（监理单位）

    我方于___年___月___日进场的工程材料备数量如下（见附件）。现将质量证明文件及自检结果报上，拟用于下述部位：

_____

_____

请予以审核。
    附件：1. 工程材料数量清单
          2. 质量证明文件
          3. 自检结果

承包单位（章）_____
项 目 经 理_____
日　　　期_____

审查意见：
    经检查上述工程材料，符合 / 不符合设计文件和规范的要求，准许 / 不准许进场，同意 / 不同意使用于拟定部位。

项目监理机构_____
总 / 专业监理工程师_____
日　　　期_____

工程材料数量清单

工程名称：　　　　　　　　　　　　　　　　　　　　　　编号：C3-02-02

序号	材料编号	材料名称	型号规格	单位	数量	质量证明文件
1						
2						
3						
4						
5						
6						
7						
8						
9						
10						
11						
12						

补充说明：

工程材料自检结果

工程名称：   编号：C3-02-03

检验过程阐述：

检验结果说明：

材料员＿＿＿＿＿＿＿＿（签章）

工程构配件／设备报验申请表

工程名称：　　　　　　　　　　　　　　　　　　　　　　　　　编号：C3-02-04

致：　　　　　　　　　　　　　　　　　　　　（监理单位）
　　我方于___年___月___日进场的工程材料／构配件／设备数量如下（见附件）。现将质量证明文件及自检结果报上，拟用于下述部位：

　　

　　

请予以审核。
　　附件：1.设备数量清单
　　　　　2.质量证明文件
　　　　　3.工程自检构配件／设备结果

承包单位（章）　　　　　　　　　
项 目 经 理　　　　　　　　　
日　　　期　　　　　　　　　

审查意见：
　　经检查上述工程构配件／设备，符合／不符合设计文件和规范的要求，准许／不准许进场，同意／不同意使用于拟定部位。

项目监理机构　　　　　　　　　
总＼专业监理工程师　　　　　　　　　
日　　　期　　　　　　　　　

工程构配件/设备数量清单

工程名称：   编号：C3-02-05

序号	材料编号	材料名称	型号规格	单位	数量	质量证明文件
1						
2						
3						
4						
5						
6						
7						
8						
9						
10						
11						
12						

补充说明：

工程构配件/设备自检结果

工程名称：　　　　　　　　　　　　　　　　　　　　　编号：C3-02-06

检验过程阐述：
检验结果说明：

材料员＿＿＿＿＿＿＿＿＿＿　（签章）

见证取样登记表

编号：C3-03-00

工程名称：

序号	样品规格型号及代表工程部位	取样人签名	见证人签名	取样见证登记单号	质量检验报告单号	检验单位	结论	报告提交人签名	提交日期
1									
2									
3									
4									
5									
6									
7									
8									
9									

见证取样记录

工程名称：　　　　　　　　　　　　　　　　　　　　　　编号：C3-03-01

单位工程			
取样编号		取样时间	
取样部位			
样品名称		取样地点	
取样基数		取样数量	
见证记录：			
见证取样机送检印章			
取样人	（签章）		
见证人	（签章）		

记录日期：　　年　　月　　日

含水

工程名称：

取样编号	取样位置	含水率测定						
		盒号	盒质量（g）	盒＋湿土质量（g）	盒＋干土质量（g）	干土质量（g）	水质量（g）	
1								
2								
3								
4								
5								
6								
7								
8								
9								
10								
11								
12								
13								
14								
15								

审查：

己录

编号：C3-03-02

	湿土＋环刀质量（g）	环刀质量（g）	环刀体积（cm³）	湿土质量（g）	湿密度（g/cm³）	平均湿密度（g/cm³）	干密度（g/cm³）	压实度（g/cm³）
干密度测定								

实验员：

界限含水率试验记录

工程名称：编号：C3-03-03

试验项目 ＼ 试验次数		1	2	3	锥入深度与含水量（*h-ω*）关系图
锥入深度（mm）	第一次				
	第二次				
	均值				
平均含水率（%）					
实验结果					
液限 W_L=20.5%					
塑限 W_P=16.5%					
塑性指数 L_P=3.9					

审查：　　　　　　　　　　　复核：　　　　　　　　　　　实验员：

土颗粒分析试验记录

工程名称： 编号：C3-03-04

样品名称		试验日期	
样品部位		试验方法	
筛前总质量 = g		小于 2mm 取试样质量 = g	
小雨 2mm 土质量 = g		小于 2mm 土占总土的质量 = %	

孔径（mm）	累计留筛土质量（g）	小于该孔径土质量（g）	小于该孔径土质量百分比（g）	孔径（mm）	累计留筛土质量（g）	小于该孔径土质量（g）	小于该孔径土质量百分比（g）
60				2			
40				1			
20				0.5			
10				0.25			
5				0.075			

颗粒大小分布曲线图：

试验结论：

审查： 复核： 实验员：

直接剪切试验记录

工程名称：   编号：C3-03-05

固结时间			环刀面积	
样品部位			试验方法	

仪器编号	
测力计编号	
测力计系数 K（kPa/0.01mm）	
垂直压力 P（kPa）	
测力计初读数 R_0（0.01mm）	
测力计终读数 R_t（0.01mm）	
测力计读数差（R_t-R_0）（0.01mm）	
抗剪强度（kPa）	
黏聚力（kPa）	
内摩擦角（度）	
抗剪强度（kPa）	1	
	2	
	3	

试验结论：

审查：   复核：   实验员：

易溶盐试验记录

工程名称：　　　　　　　　　　　　　　　　　　　　　　　　编号：C3-03-06

名称	阳离子			阴离子		
分析柱	CS12A			AS14		
淋洗液	20mmMSA（甲烷磺酸）			Na_2CO_3（3.5mm）/ $NaHCO_3$（1.0mm）		
淋洗液速度	1.0mL/min			1.2mL/min		
系统压力	1320psi			1219psi		
抑制其电流	59mA			24mA		

样品编号	阴离子的百分含量（%）			阳离子的百分含量（%）				总盐量（%）
	Cl^-	NO_3^-	SO_4^{2-}	Na^+	K^+	Mg^{2+}	Ca^{2+}	
1								

试验结论：

审查：　　　　　　　　　　　　复核：　　　　　　　　　　　　实验员：

崩解特性试验记录

编号：C3-03-07

工程名称：

取样编号	取样位置	土样类型	含水率（%）	密度（g/cm³）	干密度（g/cm³）	崩解速度（g/min）	最终崩解时间（min）	备注

审查：　　　　　　复核：　　　　　　实验员：

风蚀试验记录

工程名称：　　　　　　　　　　　　　　　　　　　　　　　　编号：C3-03-08

风蚀区号	风蚀条件	风蚀时间（min）	初始破坏时间（min）	风蚀破坏面积（cm²）	风蚀深度（mm）	状态描述
	净风					
	携砂风					
	净风					
	携砂风					

审查：　　　　　　　　　　　复核：　　　　　　　　　　　实验员：

雨蚀试验记录

工程名称：　　　　　　　　　　　　　　　　　　　　　　　　　　　　编号：C3-03-09

风蚀区号	历时（min）	开始破坏时间（min）	破坏面积（min）	入渗深度（cm²）	雨蚀破坏深度（mm）	状态描述

审查：　　　　　　　　　　　　　复核：　　　　　　　　　　　　　实验员：

PS 材料加固特性研究

编号：C3-03-10

工程名称：

区号	渗透面积（cm²）	PS 第一次渗透加固		PS 第一次渗透加固		PS 第一次渗透加固		渗透深度（cm）	加固后强度	表面变化	三月后表面变化
		浓度（%）	用量（mL）	浓度（%）	用量（mL）	浓度（%）	用量（mL）				

审查： 复核： 实验员：

5.3.4　现场记录

施工日志

工程名称：　　　　　　　　　　　　　　　　　　　　　　　编号：C4-00（本体）

单位工程名称			年　月　日	第　页
气候			温度	
主要施工部位			施工员	
形象进度				

施工情况

存在问题

处理意见

审核：　　　　　　　　　　　　　　　　　　　　　　　　　　　　记录：

临时支护现场记录

工程名称：　　　　　　　　　　　　　　　　　　　　　　编号：C4-01-01-01

单位工程名称	
临时支护对象	

临时支护内容和简图：

附件：临时支护方案

实施方案变动：

审核：　　　　　　　　　　　　　　　　　　　　　　　　记录：

木锚杆锚固施工记录

编号：C4-02-01-01

工程名称：

单位工程名称						施工部位						
钻机型号						灌浆方式		灌浆设备				备注
成孔日期	成孔部位	成孔直径（mm）	成孔深度（mm）	成孔倾角（°）	锚杆类型	锚杆长度（mm）	锚杆直径（mm）	灌浆材料				
								使用材料	材料配比	水灰比		

审核：　　　　　　　　　　　　　　　　　　　　　　　　　　　记录：

玻璃纤维锚杆成孔施工记录

编号：C4-02-02-01

工程名称：

单位工程名称			施工部位		
成孔方式			成孔设备型号		
成孔日期	成孔部位	设计成孔直径（mm）	设计成孔深度（mm）	设计成孔倾角（°）	结构类型	钻孔长度（mm）	钻孔直径（mm）	钻孔倾角（°）	钻孔时间	取样情况	锚孔编号

审核：　　　　　　　　　　　　　　　　　　　　　　记录：

玻璃纤维锚杆注浆施工记录

编号：C4-02-02-02

工程名称：

单位工程名称						施工部位			
成孔方式						灌浆设备			
锚孔编号	注浆日期	结构类别	注浆材料	配合比	注浆时间（min）	间隔时间	二次注浆时间（min）	注浆压力（MPa）	注浆量（m³）	备注

审核： 记录：

土坯制备施工记录

编号：C4-02-03-01

工程名称：

单位工程名称				施工部位				
制备方式				制备设备				
制备日期	制备材料		配合比	最优含水率（%）	拌和土含水率（%）	闷制土时间（h）	晾制时间（h）	最大干密度（g/cm³）	自然含水率（%）

记录：

审核：

历史加固区拆除施工记录

编号：C4-02-03-02

工程名称：

单位工程名称					施工部位		
历史加固方式	加固材料				拆除方式		拆除设备
拆除日期	拆除面积（m²）	拆除长度（m）	拆除宽度（m）	拆除深度（m）	拆除体积（m³）	拆除支顶情况	拆除区域病害发育情况

审核： 　　　　　　　　　记录：

土坯砌补泥、泥浆制备施工记录

编号：C4-02-03-03

工程名称：

序次	日期	泥					日期	泥浆			
		土（kg）	水（mL）	PS（mL）	麻（麦草）（g）	水灰比		土（kg）	水（mL）	PS（mL）	水灰比

审核：　　　　　　　　　　　　　　记录：

土坯砌补施工记录

编号：C4-02-03-04

工程名称：

单位工程名称：

制备方式：

施工部位：

制备设备：

砌补日期	砌补面积（m²）	砌补长度（m）	砌补宽度（m）	砌补深度（m）	砌补体积（m³）	注浆量（mL）	浆液配比	加筋材料	加筋密度（根/m²）	表面修整厚度（mm）

审核：

记录：

夯筑砌补土制备施工记录

工程名称：

编号：C4-02-04-01

单位工程名称								
制备方式		施工部位						
制备日期	制备材料	配合比	制备设备	最优含水率（%）	拌和土含水率（%）	闷制土时间（h）	设计最大干密度（g/cm³）	单次制备数量（m³）

审核：　　　　　　　　　　记录：

夯筑砌补施工记录

工程名称：

编号：C4-02-04-02

单位工程名称			施工部位				
夯筑方式			夯筑设备				
夯筑日期	砌补面积（m²）	砌补长度（m）	砌补宽度（m）	砌补深度（m）	砌补体积（m³）	加筋材料	加筋密度（根/m²）	设计夯筑砌补干密度（g/cm³）	夯筑砌补干密度（g/cm³）	表面修整厚度（mm）

审核：

记录：

钢结构支顶现场记录

工程名称：　　　　　　　　　　　　　　　　　　　编号：C4-02-05-01

单位工程名称	
钢结构支顶部位	

钢结构支顶工艺及简图：

附件：钢结构支顶剖面图

补充说明：

审核：　　　　　　　　　　　　　　　　　　　　　记录：

隐蔽工程现场记录

工程名称：   编号：C4-02-05-02

单位工程名称	
隐蔽部位	

隐蔽结构施工工艺及简图：

附件：隐蔽结构详图和结构剖面图

隐蔽部位实施前照片	隐蔽部位实施后照片

审核：   记录：

裂隙封闭泥、裂隙灌浆浆液制备施工记录

编号：C4-03-01-01

工程名称：

序次	日期	泥					日期	浆液			
		土（kg）	水（mL）	PS（mL）	麻（麦草）（g）	水灰比		土（kg）	水（mL）	PS（mL）	水灰比

审核：　　　　　　　　　　　　　　　　记录：

裂隙灌浆施工记录

工程名称：

封闭日期	裂隙编号	裂隙深度（cm）	裂隙张开度（cm）	砌补量（cm³）	砌补深度（cm）	砌补长度（cm）	注浆压力（MPa）	注浆孔编号	注浆量（mL）	灌浆材料		水灰比
										ps 浓度	ps 模数	

审核：   记录：

洞顶加固现场记录

工程名称：　　　　　　　　　　　　　　　　　　　　　　编号：C4-04-01

单位工程名称	
钢结构支顶部位	

洞顶加固施工工艺及简图：

附件：洞顶加固剖面图

补充说明：

审核：　　　　　　　　　　　　　　　　　　　　　　　　记录：

洞顶加固隐蔽工程现场记录

工程名称：　　　　　　　　　　　　　　　　　　　　　　　编号：C4-04-02

单位工程名称					
裂隙宽度		裂缝深度		裂缝长度	

隐蔽结构施工工艺及简图：

附件：隐蔽结构详图和结构剖面图

洞顶加固前照片	洞顶加固后照片

审核：　　　　　　　　　　　　　　　　　　　　　　　　记录：

冲沟整治夯填土制备施工记录

编号：C4-05-01-01

工程名称：

单位工程名称		施工部位	
制备方式		制备设备	

制备日期	制备材料	配合比	最优含水率（%）	拌和土含水率（%）	闷制土时间（h）	设计最大干密度（g/cm³）	单次制备数量（m³）

记录：

审核：

冲沟夯填施工记录

工程名称：   编号：C4-05-01-02

单位工程名称				施工部位			
夯填方式				夯填设备			
夯填日期	冲沟编号	夯填面积（m²）	夯填长度（m）	夯填宽度（m）	夯填深度（m）	夯填体积（m³）	

审核：   记录：

墙顶排水夯填土制备施工记录

编号：C4-05-02-01

工程名称：

单位工程名称									
制备方式		施工部位							
制备日期	制备材料		配合比	制备设备	最优含水率（%）	拌和土含水率（%）	闷制土时间（h）	设计最大干密度（g/cm³）	单次制备数量（m³）

审核：　　　　　　　　　　　记录：

墙顶排水施工记录

工程名称：   编号：C4-05-02-02

单位工程名称				施工部位		
整治方式				整治材料		
整治日期	整治位置	整治面积（m²）	排水方式	填夯厚度	排水坡度	材料配比

审核：   记录：

墙基排水夯填土制备施工记录

编号：C4-05-03-01

工程名称：

单位工程名称		施工部位						
制备方式		制备设备						
制备日期	制备材料	配合比	最优含水率（%）	拌和土含水率（%）	闷制土时间（h）	设计最大干密度（g/cm³）	单次制备数量（m³）

审核：　　　　　　　　　　　　　　　　记录：

墙基排水施工记录

工程名称：

单位工程名称				施工部位		
组织排水方式				整治材料		
整治日期	整治位置	整治面积（m²）	排水方式	填夯厚度	排水坡度	材料配比

审核：
记录：

遗址周边场地平整回填土制备施工记录

编号：C4-05-04-01

工程名称：

单位工程名称		施工部位					
制备方式		制备设备					
制备日期	制备材料	配合比	最优含水率（%）	拌和土含水率（%）	闷制土时间（h）	设计最大干密度（g/cm³）	单次制备数量（m³）

审核：　　　　　　　　　　　记录：

遗址周边场地平整施工记录

工程名称：

单位工程名称			施工部位		
回填方式			回填材料		

平整日期	平整位置	回填平整面积（m²）	回填土数量（m³）	回填厚度	排水坡度	备注

审核：   记录：

PS 喷洒渗透加固溶液配制施工记录

工程名称： 编号：C4-06-01-01

配制日期	原液模数	原液浓度（％）	配制浓度（％）	原液质量（kg）	加水质量（kg）	配制温度（℃）	备注

审核： 记录：

PS 渗透加固施工记录

工程名称：   编号：C4-06-01-02

渗透日期	施工起始时间	施工终止时间	施工部位	渗透面积（m³）	渗透次数（次）	PS浆液浓度（%）	PS浆液用量（kg）

审核：   记录：

PS 渗透加固表面处理施工记录

编号：C4-06-01-03

工程名称：

单位工程名称						施工部位			
表面处理方式						主要设备			
表面渗透日期	制备材料配比			PS 溶液		水灰比	搅拌时间 （min）	表面用量 （mL）	处理面积 （m²）
	当地土	红土	澄板土	配合比	PS 模数	PS 浓度（%）				

审核：　　　　　　　　　　　　　　　　记录：

PS 滴渗加固溶液配制施工记录

工程名称：　　　　　　　　　　　　　　　　　　　　　　　　　　　　　编号：C4-06-02-01

配制日期	原液模数	原液浓度（％）	配制浓度（％）	原液质量（kg）	加水质量（kg）	配制温度（℃）	备注

审核：　　　　　　　　　　　　　　　　　　　　　　　　　　　　　　记录：

PS 滴渗加固施工记录

工程名称：　　　　　　　　　　　　　　　　　　　　　　　编号：C4-06-02-02

渗透日期	施工起始时间	施工终止时间	施工部位	滴渗半径（cm）	滴渗深度（cm）	PS 浆液浓度（%）	PS 浆液用量（kg）

审核：　　　　　　　　　　　　　　　　　　　　　　　　　　记录：

PS滴渗加固表面处理施工记录

编号：C4-06-02-03

工程名称：

单位工程名称：

表面处理方式：

施工部位								
主要设备								

表面渗透日期	制备材料配比				PS溶液		水灰比	搅拌时间（min）	表面用量（mL）	处理面积（m²）
	当地土	红土	澄板土	配合比	PS模数	PS浓度（%）				

记录：

审核：

防护围栏制备施工记录

工程名称：　　　　　　　　　　　　　　　　　　　　　编号：C4-07-01-01

立柱尺寸				立柱间距	
围栏高度			围栏最小间隔		

防护围栏示意图：

防护围栏效果图（照片）：

审核：　　　　　　　　　　　　　　　　　　　　　　　　　　记录：

防护围栏安设施工记录

工程名称：   编号：C4-07-01-02

安装日期	立柱埋深（m）	立柱高度（m）	立柱色调	立柱材料	围栏高度（m）	围栏材料	围栏色调	备注

审核：   记录：

界碑制备施工记录

工程名称：　　　　　　　　　　　　　　　　　　　　　　　　编号：C4-07-02-01

界碑尺寸		界碑间距	
界碑示意图：			
界碑效果图（照片）：			

审核：　　　　　　　　　　　　　　　　　　　　　　　　　　记录：

界碑安设施工记录

工程名称：

安装日期	界碑埋深（m）	界碑高度（m）	界碑宽度（m）	界碑色调	界碑材料	字体高度（m）	字体	字体色调

审核： 记录：

界桩制备施工记录

工程名称：　　　　　　　　　　　　　　　　　　　　　编号：C4-07-03-01

界桩尺寸		界桩间距	
界桩示意图：			
界桩效果图（照片）：			

审核：　　　　　　　　　　　　　　　　　　　　　　　　　　记录：

界桩安设施工记录

工程名称：

安装日期	界桩埋深（m）	界桩高度（m）	界桩色调	界桩材料	字体高度（m）	字体	字体色调	备注

审核：　　　　　　　　　　　　　　　　　　　　　　　　　　　　记录：

警示宣传牌制备施工记录

工程名称：　　　　　　　　　　　　　　　　　　　　　　　编号：C4-07-04-01

警示宣传牌尺寸		警示宣传牌间距	

警示宣传牌示意图：

警示宣传牌效果图（照片）：

审核：　　　　　　　　　　　　　　　　　　　　　　　　　　记录：

警示宣传牌安设施工记录

工程名称： 编号：C4-07-04-02

安装日期	警示宣传牌基础埋深（m）	警示宣传牌高度（m）	警示宣传牌宽度（m）	警示宣传牌色调	警示宣传牌材料	字体高度（m）	字体	字体色调

审核： 记录：

施工日志

工程名称：　　　　　　　　　　　　　　　　　　　　　　　　编号：C4-00

单位工程名称		年　月　日	第　页
气候		温度	
主要施工部位		施工员	
形象进度			

施工情况：

存在问题：

处理意见：

审核：　　　　　　　　　　　　　　　　　　　　　　　　　　　　记录：

临时支护现场记录

工程名称：   编号：C4-01-01-01

单位工程名称	
临时支护对象	

临时支护内容和简图：

附件：临时支护方案

实施方案变动：

审核：   记录：

隐蔽工程现场记录

工程名称：　　　　　　　　　　　　　　　　　　　　编号：C4-02-00

单位工程名称	
隐蔽部位	

隐蔽结构施工工艺及简图：

附件：隐蔽结构详图和结构剖面图

隐蔽部位实施前照片	隐蔽部位实施后照片

审核：　　　　　　　　　　　　　　　　　　　　　　　记录：

楠竹加筋复合锚杆制作记录

编号：C4-02-01-01

工程名称：

制作日期	锚杆编号	长度（m）	端头直径（mm）	末端直径（mm）	钢绞线长度（m）	环氧树脂（kg）	固化剂（kg）	酒精（kg）	铁丝（kg）	玻璃丝布（kg）	粉煤灰（kg）	石棉粉（kg）	批次	安装位置

记录：　　　　　　　　　　　　　审核：

楠竹加筋复合锚杆成孔施工记录

工程名称：

编号：C4-02-01-02

单位工程名称									施工部位		
成孔方式									成孔设备型号		
成孔日期	成孔部位	设计成孔直径（mm）	设计成孔深度（mm）	设计成孔倾角（°）	结构类型	钻孔长度（mm）	钻孔直径（mm）	钻孔倾角（°）	钻孔时间（min）	取样情况	锚孔编号

审核： 记录：

楠竹加筋复合锚杆注浆施工记录

编号：C4-02-01-03

工程名称：

单位工程名称：

成孔方式					施工部位				
锚孔编号	注浆日期	结构类别	注浆材料	配合比	注浆时间（min）	间隔时间（h）	二次注浆时间（min）	注浆压力（MPa）	注浆量（m³）	备注

灌浆设备：

审核：　　　　　　　　　　　记录：

预应力钢绞线锚索制作记录

编号：C4-02-02-01

工程名称：

制作日期	锚索编号	长度（m）	导向帽长（mm）	导向帽锥长（mm）	锚索直径（mm）	钢绞线根数	钢绞线直径（mm）	对中支架间距（mm）	锚板规格（mm）	夹具直径（mm）	预拉拔力（kN）	批次	安装位置

审核：　　　　　　　　　　　　　　　　　　　　　记录：

预应力钢绞线锚索成孔施工记录

编号：C4-02-02-02

工程名称：

单位工程名称					施工部位					
成孔方式						成孔设备型号				
成孔日期	成孔部位	设计成孔直径（mm）	设计成孔深度（mm）	设计成孔倾角（°）	结构类型	钻孔长度（mm）	钻孔直径（mm）	钻孔倾角（°）	钻孔时间	取样情况	锚孔编号

审核：　　　　　　　记录：

预应力钢绞线锚索注浆施工记录

编号：C4-02-02-03

工程名称：

单位工程名称：

成孔方式							施工部位				
							灌浆设备				
锚孔编号	注浆日期	结构类别	注浆材料	配合比	注浆时间（min）	间隔时间（h）	二次注浆时间（min）	注浆压力（MPa）	注浆量（m³）	备注	

审核：

记录：

钢筋锚杆锚固施工记录

编号：C4-02-03-01

工程名称：

单位工程名称		施工部位		
钻机型号		灌浆方式		

成孔日期	成孔部位	成孔直径（mm）	成孔深度（mm）	成孔倾角（°）	锚杆类型	锚杆长度（mm）	锚杆直径（mm）	灌浆设备	灌浆材料			备注
									使用材料	材料配比	水灰比	

审核： 记录：

工程名称：

玻璃纤维锚杆成孔施工记录

编号：C4-02-04-01

单位工程名称								施工部位			
成孔方式								成孔设备型号			
成孔日期	成孔部位	设计成孔直径（mm）	设计成孔深度（mm）	设计成孔倾角（°）	结构类型	钻孔长度（mm）	钻孔直径（mm）	钻孔倾角（°）	钻孔时间（min）	取样情况	锚孔编号

审核： 记录：

编号：C4-02-04-02

玻璃纤维锚杆注浆施工记录

工程名称：

单位工程名称				施工部位				
成孔方式				灌浆设备				
锚孔编号	注浆日期	结构类别	注浆材料	配合比	注浆时间（min）	间隔时间（h）	二次注浆时间（min）	注浆压力（MPa）	注浆量（m³）	备注

审核： 记录：

土坯制备施工记录

编号：C4-02-05-01

工程名称：

单位工程名称					施工部位			
制备方式					制备设备			
制备日期	制备材料		配合比	最优含水率（%）	拌和土含水率（%）	闷制土时间（h）	晾制时间（h）	最大干密度（g/cm³）	自然含水率（%）

审核：　　　　　　　　　　　　　　　　　　　　　　记录：

历史加固区拆除施工记录

编号：C4-02-05-02

工程名称：

单位工程名称						施工部位		
历史加固方式		加固材料				拆除方式		拆除设备
拆除日期	拆除面积（m²）	拆除长度（m）	拆除宽度（m）	拆除深度（m）	拆除体积（m³）	拆除支顶情况		拆除区域病害发育情况

审核：   记录：

土坯砌补泥、泥浆制备现场记录

编号：C4-02-05-03

工程名称：

序次	日期	泥					日期	泥浆			
		土（kg）	水（mL）	PS（mL）	麻（麦草）（g）	水灰比		土（kg）	水（mL）	PS（mL）	水灰比

记录：　　　　　　　审核：

土坯砌补施工记录

工程名称：

编号：C4-02-05-04

单位工程名称						施工部位				
制备方式						制备设备				
砌补日期	砌补面积 （m²）	砌补长度 （m）	砌补宽度 （m）	砌补深度 （m）	砌补体积 （m³）	注浆量 （mL）	浆液配比	加筋材料	加筋密度 （根/m²）	表面修整厚度 （mm）

审核：

记录：

钢筋砼结构支顶现场记录

工程名称：   编号：C4-02-06-01

单位工程名称	
混凝土配合比	

钢筋混凝土支顶结构简图：

续页：支顶结构配筋及剖面图

实施方案变动：

审核：   记录：

槽钢支顶现场记录

工程名称：

单位工程名称	
槽钢型号	

槽钢支顶结构简图：

续页：支顶结构配筋及剖面图

实施方案变动：

审核：

记录：

槽钢锚固端成孔施工记录

编号：C4-02-07-02

工程名称：

单位工程名称：

成孔方式						施工部位					
						成孔设备型号					
成孔日期	成孔部位	设计成孔直径（mm）	设计成孔深度（mm）	设计成孔倾角（°）	结构类型	钻孔长度（mm）	钻孔直径（mm）	钻孔倾角（°）	钻孔时间（min）	取样情况	锚孔编号

审核：　　　　　　　　　　　　　　　记录：

槽钢锚固端注浆施工记录

编号：C4-02-07-03

工程名称：

单位工程名称				施工部位				
成孔方式				灌浆设备				
锚孔编号	注浆日期	结构类别	注浆材料	配合比	注浆时间（min）	间隔时间（h）	二次注浆时间（min）	注浆压力（MPa）	注浆量（m³）	备注

审核：　　　　　　　　　　　　　　　　　　　　　　　　　　记录：

裂隙封闭泥、裂隙灌浆浆液制备现场记录

工程名称：

编号：C4-03-01-01

序次	日期	泥					日期	浆液			
		土（kg）	水（mL）	PS（mL）	麻（麦草）（g）	水灰比		土（kg）	水（mL）	PS（mL）	水灰比

审核：　　　　　　　　　　　　　　　　　记录：

裂隙灌浆现场记录

工程名称：

编号：C4-03-01-02

封闭日期	裂隙编号	裂隙深度（cm）	裂隙张开度（cm）	砌补量（cm³）	砌补深度（cm）	砌补长度（cm）	注浆压力（MPa）	注浆孔编号	注浆量（mL）	灌浆材料 PS浓度（%）	灌浆材料 PS模数	水灰比

审核：   记录：

裂隙充填注浆封闭泥及灌浆浆液制备施工记录

编号：C4-03-02-01

工程名称：

序次	日期	泥					日期	浆液			
		土（kg）	水（mL）	PS（mL）	麻（麦草）（g）	水灰比		土（kg）	水（mL）	PS（mL）	水灰比

审核：　　　　　　　　　　　　　　　　　　　　　　记录：

裂隙充填注浆现场记录

编号：C4-03-02-02

工程名称：

封闭日期	裂隙编号	裂隙深度（cm）	裂隙张开度（cm）	砌补量（cm³）	土块填充量（cm³）	注浆间隔时间（h）	注浆压力（MPa）	注浆孔编号	注浆量（mL）	灌浆材料		水灰比
										PS浓度（%）	PS模数	

审核：

记录：

夯填土制备施工记录

编号：C4-04-01-01

工程名称：

单位工程名称		施工部位					
制备方式		制备设备					
制备日期	主要制备材料	配合比	最优含水率（%）	拌和土含水率（%）	闷制土时间	设计最大干密度（g/cm³）	单次制备数量（m³）

审核： 记录：

冲沟夯填施工记录

工程名称：   编号：C4-04-01-02

单位工程名称				施工部位			
夯填方式				夯填设备			

夯填日期	冲沟编号	夯填面积（m²）	夯填长度（m）	夯填宽度（m）	夯填深度（m）	夯填体积（m）

审核：   记录：

边坡坡脚排水施工记录

工程名称：

编号：C4-04-02-01

单位工程名称			施工部位		
组织排水方式			整治材料		

整治日期	整治位置	整治面积（m²）	排水方式	填夯厚度（m）	排水坡度（°）	材料配比

审核：

记录：

场地平整施工记录

工程名称：   编号：C4-04-03-01

单位工程名称				施工部位		
回填方式				回填材料		
平整日期	平整位置	回填平整面积（m²）	回填土数量（m³）	回填厚度（m）	排水坡度（°）	备注

审核：   记录：

5.3.5　工程质量控制和验收记录

_____临时支护方案报验申请表

工程名称：　　　　　　　　　　　　　　　　　　　　　编号：C5-01-01-01

致：_____（监理单位）
　　我单位已完成了_____临时支护方案，现报上该工程报验申请表，请予以审查和验收。
　　附件：
　　　　　　_____临时支护方案

承包单位（章）_____
项 目 经 理_____
日　　　期_____

设计单位审查意见：

设计代表签字：_____

审查意见：

项目监理机构_____
专业监理工程师_____
日　　　期_____

×××工程

（单位工程名称）临时支护方案

编写：

审核：

审批：

编写单位名称（签章）

编写日期

设计单位审批意见：

设计代表签字：

×××（单位工程）分部（子分部）工程验收记录

编号：C5-02-00

工程名称					结构类型	土遗址
施工单位		技术部门负责人			质量部门负责人	
分包单位		分包单位负责人			分包技术负责人	
序号	分部工程名称	检验批次	施工单位检查评定		验收意见	
1	墙体悬空区加固					
2	裂缝加固					
3	防水整治					
4	表面防风化加固					
5	预警保护					
6	周边环境整治					
质量控制资料						
安全和功能检验（检测）报告						
观感质量验收						
验收单位	分包单位	项目经理				年　月　日
	施工单位	项目经理				年　月　日
	勘察单位	项目负责人				年　月　日
	设计单位	项目负责人				年　月　日
	监理（建设）单位	总监理工程师 （业主单位项目专业负责人）　年　月　日				

_____墙体悬空区加固分部（子分部）工程验收记录

编号：C5-02-00-00

工程名称				结构类型	土遗址
施工单位		技术部门负责人		质量部门负责人	
分包单位		分包单位负责人		分包技术负责人	

序号	分项工程名称	检验批次	施工单位检查评定	验收意见
1	木锚杆锚固			
2	玻璃纤维锚杆锚固			
3	夯筑砌补			
4	土坯砌补			
5	钢结构支顶			
6				
7				
8				
质量控制资料				
安全和功能检验（检测）报告				
观感质量验收				

验收单位	分包单位	项目经理	年　月　日
	施工单位	项目经理	年　月　日
	勘察单位	项目负责人	年　月　日
	设计单位	项目负责人	年　月　日
	监理（建设）单位	总监理工程师（业主单位项目专业负责人）	年　月　日

_____木锚杆锚固分项工程质量验收记录

编号：C5-02-01-01

工程名称			结构类型	土遗址	检验批次	
施工单位		项目经理		项目技术负责人		
分包单位		分包单位负责人		分包项目经理		

序号	检验批部位、区段	施工单位检查评定结果	监理（建设）单位验收结论
1			
2			
3			
4			
5			
6			
7			
8			
9			
10			
11			
12			
13			
14			

说明：

检查结论	项目专业技术负责人：　　　　年　月　日	验收结论	监理工程师：（业主单位项目专业技术负责人）　　　　年　月　日

_____木锚杆加工报验申请表

工程名称：   编号：C5-02-01-02

致：_____（监理单位）

　　我单位已完成了 _____工作，现报上该工程报验申请表，请予以审查和验收。

　　附件：1.木锚杆（原材料、加工）工程质量检验批验收记录

承包单位（章）_____

项 目 经 理_____

日　　期_____

审查意见：

项目监理机构_____

专业监理工程师_____

日　　期_____

木锚杆（原材料、加工）工程质量检验批验收记录

编号：C5-02-01-03

工程名称												验收部位	
施工单位												项目经理	
施工执行标准名称及编号												专业工长	
主控项目		规范规定（设计要求）	施工单位检查评定记录										监理（建设）单位验收记录
			1	2	3	4	5	6	7	8	9	10	
1	强度质量检验	D.0.1											
2	锚杆杆体长度（mm）	+5、−2											
一般项目		规范规定（设计要求）	施工单位检查评定记录										监理（建设）单位验收记录
			1	2	3	4	5	6	7	8	9	10	
1	木锚杆外观质量	规范规定（设计要求）											
2	木锚杆下料长度（mm）	+3、−3											
3	表面倒楔	设计要求											
4	木锚杆控制直径	规范规定（设计要求）											
施工单位检查评定结果		项目专业质量检查员： 年　月　日												
监理（建设）单位验收结论		监理工程师： （业主单位项目专业技术负责人） 年　月　日												

＿＿＿＿＿＿木锚杆锚固报验申请表

工程名称：＿＿＿＿＿＿＿＿　　　　　　　　　　　　　　　　　　　编号：C5-02-01-04

致：＿＿＿＿＿＿＿＿＿＿＿＿＿＿＿＿＿＿＿＿＿（监理单位）

我单位已完成了＿＿＿＿＿＿＿＿＿＿工作，现报上该工程报验申请表，请予以审查和验收。

附件：1. 木锚杆（安装）工程检验批质量验收记录

2. 隐蔽工程检验记录

3. 木锚杆安装布置图

4. 木锚杆安装剖面图

承包单位（章）＿＿＿＿＿＿＿＿

项 目 经 理＿＿＿＿＿＿＿＿

日　　　期＿＿＿＿＿＿＿＿

审查意见：

项目监理机构＿＿＿＿＿＿＿＿

专业监理工程师＿＿＿＿＿＿＿＿

日　　　期＿＿＿＿＿＿＿＿

木锚杆（安装）工程检验批质量验收记录

编号：C5-02-01-05

工程名称		验收部位	
施工单位		项目经理	
施工执行标准 名称及编号		专业工长	

主控项目		规范规定 （设计要求）	施工单位检查评定记录										监理（建设） 单位验收记录
			1	2	3	4	5	6	7	8	9	10	
1	钻孔深度	设计要求											
2	钻孔直径	设计要求											
3	浆液配合比	设计要求											
4	浆液强度	设计要求											
5	锚杆拉力设计值	设计要求											
一般项目		规范规定 （设计要求）	施工单位检查评定记录											监理（建设） 单位验收记录
			1	2	3	4	5	6	7	8	9	10	
1	钻孔倾斜角（°）	（+1，−1）											
2	锚杆位置（mm）	（+5，−5）											
3	注浆管插入 深度（mm）	（+5，−5）											
4	锚具封堵	设计要求											
5	注浆量 （mL）	大于理论 计算浆量											
6	杆体插入 长度（mm）	不小于设计 长度的95%											

施工单位检 查评定结果	项目专业质量检查员： 年　月　日
监理（建设） 单位验收结论	监理工程师： （业主单位项目专业技术负责人） 年　月　日

木锚杆锚固隐蔽工程检验记录

编号：C5-02-01-06

工程名称			业主单位		
施工单位			监理单位		
验收部位		验收日期		图号	

隐蔽检查内容	

施工单位检查结果	

项目专业质量检查员：

年 月 日

项目专业技术负责人		专业工长（施工员）	

监理（建设）单位结论	

监理工程师：

（业主单位项目专业技术负责人）

年 月 日

＿＿＿＿玻璃纤维锚杆锚固分项工程质量验收记录

编号：C5-02-02-01

工程名称				结构类型	土遗址	检验批次	
施工单位			项目经理			项目技术负责人	
分包单位			分包单位负责人			分包项目经理	

序号	检验批部位、区段	施工单位检查评定结果	监理（建设）单位验收结论
1			
2			
3			
4			
5			
6			
7			
8			
9			
10			
11			
12			
13			
14			

说明：

检查结论	项目专业技术负责人： 年　月　日	验收结论	监理工程师： （业主单位项目专业技术负责人） 年　月　日

_____玻璃纤维锚杆加工报验申请表

工程名称：   编号：C5-02-02-02

致：_____（监理单位）
　　我单位已完成了_____工作，现报上该工程报验申请表，请予以审查和验收。
　　附件：1.玻璃纤维（原材料、加工）工程质量检验批验收记录

承包单位（章）_____
项 目 经 理_____
日　　　期_____

审查意见：

项目监理机构_____
专业监理工程师_____
日　　　期_____

玻璃纤维（原材料、加工）工程质量检验批验收记录

编号：C5-02-02-03

工程名称												验收部位	
施工单位												项目经理	
施工执行标准名称及编号												专业工长	
主控项目		规范规定（设计要求）	施工单位检查评定记录										监理（建设）单位验收记录
			1	2	3	4	5	6	7	8	9	10	
1	出厂强度质量检验	D.0.1											
2	锚杆杆体长度（mm）	（+10，−5）											
一般项目		规范规定（设计要求）	施工单位检查评定记录										监理（建设）单位验收记录
			1	2	3	4	5	6	7	8	9	10	
1	玻璃纤维锚杆外观质量	规范规定（设计要求）											
2	玻璃纤维锚杆下料长度（mm）	（+5，−5）											
3	表面粗糙度	设计要求											
4	对中支架	规范规定（设计要求）											
施工单位检查评定结果		项目专业质量检查员： 　　　　　　　　年　月　日												
监理（建设）单位验收结论		监理工程师： （业主单位项目专业技术负责人） 　　　　　　　　年　月　日												

＿＿＿＿＿＿＿＿＿＿玻璃纤维锚杆锚固报验申请表

工程名称：   编号：C5-02-02-04

致：＿＿＿＿＿＿＿＿＿＿＿＿＿＿＿＿＿＿＿＿（监理单位）
　我单位已完成了＿＿＿＿＿＿＿＿＿工作，现报上该工程报验申请表，请予以审查和验收。
　附件：1. 玻璃纤维锚杆（安装）工程检验批质量验收记录
　　　　2. 隐蔽工程检验记录
　　　　3. 玻璃纤维锚杆安装布置图
　　　　4. 玻璃纤维锚杆安装剖面图

承包单位（章）＿＿＿＿＿＿＿＿
项 目 经 理 ＿＿＿＿＿＿＿＿
日　　　期 ＿＿＿＿＿＿＿＿

审查意见：

项目监理机构 ＿＿＿＿＿＿＿＿
专业监理工程师 ＿＿＿＿＿＿＿＿
日　　　期 ＿＿＿＿＿＿＿＿

玻璃纤维锚杆（安装）工程检验批质量验收记录

编号：C5-02-02-05

工程名称												验收部位	
施工单位												项目经理	
施工执行标准名称及编号												专业工长	

主控项目		规范规定（设计要求）	施工单位检查评定记录										监理（建设）单位验收记录
			1	2	3	4	5	6	7	8	9	10	
1	钻孔深度	设计要求											
2	钻孔直径	设计要求											
3	浆液配合比	设计要求											
4	浆液强度	设计要求											
5	锚杆拉力设计值	设计要求											

一般项目		规范规定（设计要求）	施工单位检查评定记录										监理（建设）单位验收记录
			1	2	3	4	5	6	7	8	9	10	
1	钻孔倾斜角（°）	（+1，–1）											
2	锚杆位置（mm）	（+5，–5）											
3	注浆管插入深度（mm）	（+5，–5）											
4	锚具封堵	设计要求											
5	注浆量（mL）	大于理论计算浆量											
6	杆体插入长度（mm）	不小于设计长度的95%											

施工单位检查评定结果	项目专业质量检查员： 年　月　日
监理（建设）单位验收结论	监理工程师： （业主单位项目专业技术负责人） 年　月　日

玻璃纤维锚杆锚固隐蔽工程检验记录

编号：C5-02-02-06

工程名称		业主单位	
施工单位		监理单位	
验收部位		验收日期	图号

隐蔽检查内容	
施工单位检查结果	项目专业质量检查员： 年　月　日
	项目专业技术负责人　　　　　专业工长（施工员）
监理（建设）单位结论	监理工程师： （业主单位项目专业技术负责人） 年　月　日

＿＿＿＿＿＿＿夯筑砌补分项工程质量验收记录

编号：C5-02-03-01

工程名称			结构类型	土遗址	检验批次	
施工单位		项目经理		项目技术负责人		
分包单位		分包单位负责人		分包项目经理		

序号	检验批部位、区段	施工单位检查评定结果	监理（建设）单位验收结论
1			
2			
3			
4			
5			
6			
7			
8			
9			
10			
11			
12			
13			
14			

说明：

检查结论	项目专业技术负责人： 　　　　年　月　日	验收结论	监理工程师： （业主单位项目专业技术负责人） 　　　　年　月　日

夯筑砌补报验申请表

工程名称：_____ 　　　　　　　　　　　编号：C5-02-03-02

致：_____（监理单位） 　　我单位已完成了_____工作，现报上该工程报验申请表，请予以审查和验收。 　　附件：1. 夯筑砌补工程检验批质量验收记录 　　　　　2. 夯筑砌补隐蔽工程质量验收记录 　　　　　3. 夯筑砌补前后照片   　　　　　　　　　　　　　　　　　　　承包单位（章）_____ 　　　　　　　　　　　　　　　　　　　项 目 经 理_____ 　　　　　　　　　　　　　　　　　　　日　　　　期_____
审查意见：   　　　　　　　　　　　　　　　　　　　项目监理机构_____ 　　　　　　　　　　　　　　　　　　　专业监理工程师_____ 　　　　　　　　　　　　　　　　　　　日　　　　期_____

夯筑砌补工程检验批质量验收记录

工程名称											验收部位	
施工单位											项目经理	
施工执行标准名称及编号		设计图纸									专业工长	
主控项目	规范规定（设计要求）	施工单位检查评定记录										监理（建设）单位验收记录
		1	2	3	4	5	6	7	8	9	10	
1 夯筑土最优含水	设计要求											
2 夯筑土配合比	设计要求											
3 夯层厚度	设计要求											
一般项目	规范规定（设计要求）	施工单位检查评定记录										监理（建设）单位验收记录
		1	2	3	4	5	6	7	8	9	10	
1 夯筑方法	设计要求											
2 加筋位置及间距	设计要求											
3 表面修整	设计要求											
施工单位检查评定结果	项目专业质量检查员： 年　月　日											
监理（建设）单位验收结论	监理工程师： （业主单位项目专业技术负责人） 年　月　日											

夯筑砌补隐蔽工程检验记录

编号：C5-02-03-04

工程名称				业主单位	
施工单位				监理单位	
验收部位		验收日期		图号	
隐蔽检查内容					
施工单位检查结果					
				项目专业质量检查员： 年　月　日	
	项目专业技术负责人			专业工长（施工员）	
监理（建设）单位结论					
				监理工程师： （业主单位项目专业技术负责人） 年　月　日	

＿＿＿＿＿＿＿＿土坯砌补分项工程质量验收记录

编号：C5-02-04-01

工程名称			结构类型	土遗址	检验批次	
施工单位		项目经理		项目技术负责人		
分包单位		分包单位负责人		分包项目经理		

序号	检验批部位、区段	施工单位检查评定结果	监理（建设）单位验收结论
1			
2			
3			
4			
5			
6			
7			
8			
9			
10			
11			
12			
13			
14			

说明：

检查结论	项目专业技术负责人：年 月 日	验收结论	监理工程师：（业主单位项目专业技术负责人）年 月 日

_____土坯砌补工程报验申请表

工程名称：   编号：C5-02-04-02

致：_____（监理单位）
　　我单位已完成了_____工作，现报上该工程报验申请表，请予以审查和验收。
　　附件：1. 土坯砌补工程检验批质量验收记录
　　　　　2. 土坯砌补隐蔽工程质量验收记录
　　　　　3. 夯筑砌补前后照片

承包单位（章）_____
项 目 经 理_____
日　　期_____

审查意见：

项目监理机构_____
专业监理工程师_____
日　　期_____

土坯砌补工程检验批质量验收记录

编号：C5-02-04-03

工程名称												验收部位	
施工单位												项目经理	
施工执行标准名称及编号		设计图纸										专业工长	

	主控项目	规范规定（设计要求）	施工单位检查评定记录										监理（建设）单位验收记录
			1	2	3	4	5	6	7	8	9	10	
1	PS 溶液浓度	设计要求											
2	砌筑泥浆配比	设计要求											
3	土坯材质	设计要求											

	一般项目	规范规定（设计要求）	施工单位检查评定记录										监理（建设）单位验收记录
			1	2	3	4	5	6	7	8	9	10	
1	土坯砌筑方法	设计要求											
2	泥浆饱满度	设计要求											
3	木锚杆位置、间距	设计要求											

施工单位检查评定结果	项目专业质量检查员： 　　　　　　年　月　日
监理（建设）单位验收结论	监理工程师： （业主单位项目专业技术负责人） 　　　　　　年　月　日

土坯砌补隐蔽工程检验记录

编号：C5-02-04-04

工程名称				业主单位		
施工单位				监理单位		
验收部位		验收日期			图号	
隐蔽检查内容						
施工单位检查结果		项目专业质量检查员： 年　月　日				
	项目专业技术负责人			专业工长（施工员）		
监理（建设）单位结论		监理工程师： （业主单位项目专业技术负责人） 年　月　日				

_____钢结构支顶分项工程质量验收记录

编号：C5-02-05-01

工程名称			结构类型	土遗址	检验批次	
施工单位		项目经理		项目技术负责人		
分包单位		分包单位负责人		分包项目经理		

序号	检验批部位、区段	施工单位检查评定结果	监理（建设）单位验收结论
1			
2			
3			
4			
5			
6			
7			
8			
9			
10			
11			
12			
13			
14			

说明：	

检查结论	项目专业技术负责人： 年 月 日	验收结论	监理工程师： （业主单位项目专业技术负责人） 年 月 日

_____钢结构支顶工程报验申请表

工程名称：　　　　　　　　　　　　　　　　　　　　　　　　　编号：C5-02-05-02

致：_____（监理单位） 　　我单位已完成了_____工作，现报上该工程报验申请表，请予以审查和验收。 　　附件：1. 钢结构支顶工程检验批质量验收记录 　　　　　2. 钢结构支顶隐蔽工程质量验收记录 　　　　　3. 钢结构支顶前后照片   　　　　　　　　　　　　　　　　　　　承包单位（章）_____ 　　　　　　　　　　　　　　　　　　　项 目 经 理_____ 　　　　　　　　　　　　　　　　　　　日　　　期_____
审查意见：   　　　　　　　　　　　　　　　　　　　项目监理机构_____ 　　　　　　　　　　　　　　　　　　　专业监理工程师_____ 　　　　　　　　　　　　　　　　　　　日　　　期_____

钢结构支顶工程检验批质量验收记录

编号：C5-02-05-03

工程名称												验收部位	
施工单位												项目经理	
施工执行标准名称及编号		设计图纸										专业工长	

主控项目		规范规定（设计要求）	施工单位检查评定记录										监理（建设）单位验收记录
			1	2	3	4	5	6	7	8	9	10	
1	钢结构强度	设计要求											
2	接触面处理	设计要求											
3	结构防腐及隐蔽	设计要求											
4	基础埋深	设计要求											
一般项目		规范规定（设计要求）	施工单位检查评定记录										监理（建设）单位验收记录
			1	2	3	4	5	6	7	8	9	10	
1	结构外形影响	设计要求											
2	焊接（螺栓）强度	设计要求											
3	表面修整	设计要求											

施工单位检查评定结果	项目专业质量检查员： 年　　月　　日
监理（建设）单位验收结论	监理工程师： （业主单位项目专业技术负责人） 年　　月　　日

钢结构支顶隐蔽工程检验记录

编号：C5-02-05-04

工程名称				业主单位	
施工单位				监理单位	
验收部位		验收日期		图号	

隐蔽检查内容	
施工单位检查结果	项目专业质量检查员： 年　月　日
	项目专业技术负责人 ｜ 专业工长（施工员） ｜
监理（建设）单位结论	监理工程师： （业主单位项目专业技术负责人） 年　月　日

_____裂隙加固分部（子分部）工程验收记录

编号：C5-03-00

工程名称				结构类型	土遗址
施工单位		技术部门负责人		质量部门负责人	
分包单位		分包单位负责人		分包技术 负责人	

序号	分项工程名称	检验批次	施工单位检查评定	验收意见
1	裂隙注浆			
2	裂隙充填注浆			
3				
4				
5				
6				
7				
8				
质量控制资料				
安全和功能检验（检测）报告				
观感质量验收				

验收单位	分包单位	项目经理	年 月 日
	施工单位	项目经理	年 月 日
	勘察单位	项目负责人	年 月 日
	设计单位	项目负责人	年 月 日
	监理（建设）单位	总监理工程师： （业主单位项目专业负责人） 年 月 日	

_____裂隙注浆分项工程质量验收记录

编号：C5-03-01-01

工程名称			结构类型	土遗址	检验批次	
施工单位		项目经理		项目技术负责人		
分包单位		分包单位负责人		分包项目经理		

序号	检验批部位、区段	施工单位检查评定结果	监理（建设）单位验收结论
1			
2			
3			
4			
5			
6			
7			
8			
9			
10			
11			
12			
13			
14			

说明：

检查结论	项目专业技术负责人： 年 月 日	验收结论	监理工程师： （业主单位项目专业技术负责人） 年 月 日

_____裂隙注浆工程报验申请表

工程名称：_____ 编号：C5-03-01-02

致：_____（监理单位）

我单位已完成了_____工作，现报上该工程报验申请表，请予以审查和验收。

附件：1. 裂隙注浆工程质量检验批验收记录

2. 加固前后照片

承包单位（章）_____

项 目 经 理_____

日　　　期_____

审查意见：

项目监理机构_____

专业监理工程师_____

日　　　期_____

裂隙注浆工程检验批质量验收记录

编号：C5-03-01-03

工程名称												验收部位	
施工单位												项目经理	
施工执行标准名称及编号												专业工长	

主控项目		规范规定（设计要求）	施工单位检查评定记录										监理（建设）单位验收记录
			1	2	3	4	5	6	7	8	9	10	
1	PS 溶液浓度	设计要求											
2	PS-C 浆液配比	设计要求											
3	水灰比	设计要求											
4	粉土材质	设计要求											

一般项目		规范规定（设计要求）	施工单位检查评定记录										监理（建设）单位验收记录
			1	2	3	4	5	6	7	8	9	10	
1	裂缝口 PS 溶液喷洒	设计要求											
2	PS-C 浆液封闭裂隙	设计要求											
3	预埋塑胶灌浆管	设计要求											
4	裂隙灌浆	设计要求											

施工单位检查评定结果	项目专业质量检查员： 　年　月　日
监理（建设）单位验收结论	监理工程师： （业主单位项目专业技术负责人） 　年　月　日

＿＿＿＿＿＿＿＿＿裂隙充填注浆分项工程质量验收记录

编号：C5-03-02-01

工程名称				结构类型	土遗址	检验批次	
施工单位			项目经理			项目技术负责人	
分包单位			分包单位负责人			分包项目经理	
序号	检验批部位、区段		施工单位检查评定结果		监理（建设）单位验收结论		
1							
2							
3							
4							
5							
6							
7							
8							
9							
10							
11							
12							
13							
14							

说明：

检查结论	项目专业技术负责人： 年　月　日	验收结论	监理工程师： （业主单位项目专业技术负责人） 年　月　日

＿＿＿＿＿＿＿＿裂隙充填注浆报验申请表

工程名称：　　　　　　　　　　　　　　　　　　　　编号：C5-03-02-02

致：＿＿＿＿＿＿＿＿＿＿＿＿＿＿＿＿＿＿＿（监理单位）
　　我单位已完成了＿＿＿＿＿＿＿＿工作，现报上该工程报验申请表，请予以审查和验收。
　　附件：1. 裂隙充填注浆工程质量检验批验收记录
　　　　　2. 加固前后照片

承包单位（章）＿＿＿＿＿＿＿＿＿
项 目 经 理＿＿＿＿＿＿＿＿＿
日　　　期＿＿＿＿＿＿＿＿＿

审查意见：

项目监理机构＿＿＿＿＿＿＿＿＿
专业监理工程师＿＿＿＿＿＿＿＿＿
日　　　期＿＿＿＿＿＿＿＿＿

裂隙充填注浆工程检验批质量验收记录

编号：C5-03-02-03

工程名称											验收部位	
施工单位											项目经理	
施工执行标准名称及编号											专业工长	

	主控项目	规范规定（设计要求）	施工单位检查评定记录										监理（建设）单位验收记录
			1	2	3	4	5	6	7	8	9	10	
1	PS 溶液浓度	设计要求											
2	PS-C 浆液配比	设计要求											
3	土块大小	设计要求											
4	粉土材质	设计要求											

	一般项目	规范规定（设计要求）	施工单位检查评定记录										监理（建设）单位验收记录
			1	2	3	4	5	6	7	8	9	10	
1	裂缝口 PS 溶液喷洒	设计要求											
2	PS-C 浆液封闭裂隙	设计要求											
3	预埋塑胶灌浆管	设计要求											
4	裂隙灌浆	设计要求											

施工单位检查评定结果	项目专业质量检查员： 年　月　日
监理（建设）单位验收结论	监理工程师： （业主单位项目专业技术负责人） 年　月　日

_____洞顶加固分部（子分部）工程验收记录

编号：C5-04-00

工程名称					结构类型	土遗址
施工单位			技术部门负责人		质量部门负责人	
分包单位			分包单位负责人		分包技术负责人	
序号	分项工程名称		检验批次	施工单位检查评定	验收意见	
1	洞顶加固					
2						
3						
4						
5						
6						
7						
8						
质量控制资料						
安全和功能检验（检测）报告						
观感质量验收						
验收单位	分包单位		项目经理		年 月 日	
	施工单位		项目经理		年 月 日	
	勘察单位		项目负责人		年 月 日	
	设计单位		项目负责人		年 月 日	
	监理（建设）单位					

总监理工程师：
（业主单位项目专业负责人）
年 月 日

＿＿＿＿＿＿＿＿＿洞顶加固分项工程质量验收记录

编号：C5-03-02-01

工程名称				结构类型	土遗址	检验批次	
施工单位			项目经理		项目技术负责人		
分包单位			分包单位负责人		分包项目经理		

序号	检验批部位、区段	施工单位检查评定结果	监理（建设）单位验收结论
1			
2			
3			
4			
5			
6			
7			
8			
9			
10			
11			
12			
13			
14			

说明：

检查结论	项目专业 技术负责人： 　　　　年　月　日	验收结论	监理工程师： （业主单位项目专业技术负责人） 　　　　年　月　日

_____洞顶加固工程报验申请表

工程名称：　　　　　　　　　　　　　　　　　　　　　　　　　编号：C5-03-02-02

致：_____（监理单位）

我单位已完成了_____工作，现报上该工程报验申请表，请予以审查和验收。

附件：1. 洞顶加固工程质量检验批验收记录

　　　2. 加固前后照片

承包单位（章）_____

项 目 经 理_____

日　　　期_____

审查意见：

项目监理机构_____

专业监理工程师_____

日　　　期_____

洞顶加固工程检验批质量验收记录

编号：C5-03-02-03

工程名称												验收部位	
施工单位												项目经理	
施工执行标准名称及编号												专业工长	

	主控项目	规范规定（设计要求）	施工单位检查评定记录										监理（建设）单位验收记录
			1	2	3	4	5	6	7	8	9	10	
1	支顶结构强度	设计要求											
2	支顶结构防腐与隐蔽	设计要求											
3	接触面处理	设计要求											
4	支点处理	设计要求											
	一般项目	规范规定（设计要求）	施工单位检查评定记录										监理（建设）单位验收记录
			1	2	3	4	5	6	7	8	9	10	
1	支顶结构封护	设计要求											
2	裂隙灌浆	设计要求											
3	区域性补砌	设计要求											
4	表面修整	设计要求											

施工单位检查评定结果	项目专业质量检查员： 年　月　日
监理（建设）单位验收结论	监理工程师： （业主单位项目专业技术负责人） 年　月　日

洞顶加固隐蔽工程检验记录

编号：C5-02-05-04

工程名称			业主单位	
施工单位			监理单位	
验收部位		验收日期		图号	

隐蔽检查内容	

施工单位检查结果	
	项目专业质量检查员： 年　月　日
	项目专业技术负责人		专业工长（施工员）	

监理（建设）单位结论	
	监理工程师： （业主单位项目专业技术负责人） 年　月　日

_____防水整治分部（子分部）工程验收记录

编号：C5-05-00

工程名称				结构类型	土遗址
施工单位		技术部门负责人		质量部门负责人	
分包单位		分包单位负责人		分包技术负责人	
序号	分项工程名称	检验批次	施工单位检查评定	验收意见	
1	冲沟整治				
2	墙顶排水处理				
3	墙基排水				
4					
5					
6					
7					
8					
质量控制资料					
安全和功能检验（检测）报告					
观感质量验收					
验收单位	分包单位	项目经理		年　月　日	
	施工单位	项目经理		年　月　日	
	勘察单位	项目负责人		年　月　日	
	设计单位	项目负责人		年　月　日	
	监理（建设）单位		总监理工程师 （业主单位项目专业负责人） 年　月　日		

_____冲沟整治分项工程质量验收记录

编号：C5-05-01-01

工程名称			结构类型	土遗址	检验批次	
施工单位		项目经理		项目技术负责人		
分包单位		分包单位负责人		分包项目经理		

序号	检验批部位、区段	施工单位检查评定结果	监理（建设）单位验收结论
1			
2			
3			
4			
5			
6			
7			
8			
9			
10			
11			
12			
13			
14			

说明：

检查结论	项目专业技术负责人： 　　　年 月 日	验收结论	监理工程师： （业主单位项目专业技术负责人） 　　　年 月 日

_____冲沟整治工程报验申请表

工程名称：　　　　　　　　　　　　　　　　　　　　　　　　　　编号：C5-05-01-02

致：_____（监理单位） 　　我单位已完成了_____工作，现报上该工程报验申请表，请予以审查和验收。 　　附件：1.冲沟整治工程检验批质量验收记录 　　　　　2.冲沟整治前后照片   　　　　　　　　　　　　　　　　　　　　　承包单位（章）_____ 　　　　　　　　　　　　　　　　　　　　　项 目 经 理_____ 　　　　　　　　　　　　　　　　　　　　　日　　期_____
审查意见：   　　　　　　　　　　　　　　　　　　　　　项目监理机构_____ 　　　　　　　　　　　　　　　　　　　　　专业监理工程师_____ 　　　　　　　　　　　　　　　　　　　　　日　　期_____

冲沟整治工程检验批质量验收记录

编号：C5-05-01-03

工程名称												验收部位	
施工单位												项目经理	
施工执行标准名称及编号		设计图纸										专业工长	

	主控项目	规范规定（设计要求）	施工单位检查评定记录										监理（建设）单位验收记录
			1	2	3	4	5	6	7	8	9	10	
1	夯筑土最优含水	设计要求											
2	夯筑土配合比	设计要求											
3	夯层厚度	设计要求											

	一般项目	规范规定（设计要求）	施工单位检查评定记录										监理（建设）单位验收记录
			1	2	3	4	5	6	7	8	9	10	
1	夯筑方法	设计要求											
2	夯填深度	设计要求											
3	表面修整	设计要求											

施工单位检查评定结果	项目专业质量检查员： 年　月　日
监理（建设）单位验收结论	监理工程师： （业主单位项目专业技术负责人） 年　月　日

＿＿＿＿＿＿＿墙顶排水处理分项工程质量验收记录

编号：C5-05-02-01

工程名称				结构类型	土遗址	检验批次	
施工单位			项目经理			项目技术负责人	
分包单位			分包单位负责人			分包项目经理	
序号	检验批部位、区段		施工单位检查评定结果		监理（建设）单位验收结论		
1							
2							
3							
4							
5							
6							
7							
8							
9							
10							
11							
12							
13							
14							
说明：							
检查结论	项目专业 技术负责人： 年　月　日			验收结论	监理工程师： （业主单位项目专业技术负责人） 年　月　日		

_____墙顶排水处理工程报验申请表

工程名称：   编号：C5-05-02-02

致：_____（监理单位）

我单位已完成了_____工作，现报上该工程报验申请表，请予以审查和验收。

附件：1.墙顶排水处理工程检验批质量验收记录

       2.墙顶排水处理前后照片

承包单位（章）_____

项 目 经 理_____

日　　　期_____

审查意见：

项目监理机构_____

专业监理工程师_____

日　　　期_____

墙顶排水处理工程检验批质量验收记录

编号：C5-05-02-03

工程名称											验收部位	
施工单位											项目经理	
施工执行标准 名称及编号		设计图纸									专业工长	

主控项目	规范规定 （设计要求）	施工单位检查评定记录										监理（建设） 单位验收记录
		1	2	3	4	5	6	7	8	9	10	
1　夯填土最优含水	设计要求											
2　墙顶坡度	设计要求											
3　夯土配比	设计要求											

一般项目	规范规定 （设计要求）	施工单位检查评定记录										监理（建设） 单位验收记录
		1	2	3	4	5	6	7	8	9	10	
1　夯筑方法	设计要求											
2　区域夯填深度	设计要求											
3　表面修整	设计要求											

施工单位检查 评定结果	项目专业质量检查员： 　　　　　　　　　　　年　月　日
监理（建设）单位 验收结论	监理工程师： （业主单位项目专业技术负责人） 　　　　　　　　　　　年　月　日

_____墙基排水分项工程质量验收记录

编号：C5-05-03-01

工程名称			结构类型	土遗址	检验批次	
施工单位		项目经理		项目技术负责人		
分包单位		分包单位负责人		分包项目经理		

序号	检验批部位、区段	施工单位检查评定结果	监理（建设）单位验收结论
1			
2			
3			
4			
5			
6			
7			
8			
9			
10			
11			
12			
13			
14			

说明：

检查结论	项目专业技术负责人： 年 月 日	验收结论	监理工程师： （业主单位项目专业技术负责人） 年 月 日

＿＿＿＿＿＿＿＿＿墙基排水工程报验申请表

工程名称：　　　　　　　　　　　　　　　　　　　　　　　　　编号：C5-05-03-02

致：＿＿＿＿＿＿＿＿＿＿＿＿＿＿＿＿＿＿＿（监理单位）
　　我单位已完成了＿＿＿＿＿＿＿＿＿工作，现报上该工程报验申请表，请予以审查和验收。
　　附件：1.墙基排水工程检验批质量验收记录
　　　　　2.墙基排水前后照片

承包单位（章）＿＿＿＿＿＿＿＿＿
项 目 经 理＿＿＿＿＿＿＿＿＿
日　　　　期＿＿＿＿＿＿＿＿＿

审查意见：

项目监理机构＿＿＿＿＿＿＿＿＿
专业监理工程师＿＿＿＿＿＿＿＿＿
日　　　　期＿＿＿＿＿＿＿＿＿

墙基排水工程检验批质量验收记录

编号：C5-05-03-03

工程名称												验收部位	
施工单位												项目经理	
施工执行标准名称及编号		设计图纸										专业工长	

	主控项目	规范规定（设计要求）	施工单位检查评定记录										监理（建设）单位验收记录
			1	2	3	4	5	6	7	8	9	10	
1	夯填土最优含水	设计要求											
2	墙基排水坡度	设计要求											
3	夯土配比	设计要求											

	一般项目	规范规定（设计要求）	施工单位检查评定记录										监理（建设）单位验收记录
			1	2	3	4	5	6	7	8	9	10	
1	夯筑方法	设计要求											
2	区域夯填深度	设计要求											
3	表面修整	设计要求											

施工单位检查评定结果	项目专业质量检查员： 年　月　日
监理（建设）单位验收结论	监理工程师： （业主单位项目专业技术负责人） 年　月　日

_____表面防风化分部（子分部）工程验收记录

编号：C5-06-00

工程名称				结构类型	土遗址
施工单位		技术部门负责人		质量部门负责人	
分包单位		分包单位负责人		分包技术负责人	

序号	分项工程名称	检验批次	施工单位检查评定	验收意见
1	喷洒渗透加固			
2	滴渗加固			
3				
4				
5				
6				
7				
8				
	质量控制资料			
	安全和功能检验（检测）报告			
	观感质量验收			
验收单位	分包单位	项目经理		年 月 日
	施工单位	项目经理		年 月 日
	勘察单位	项目负责人		年 月 日
	设计单位	项目负责人		年 月 日
	监理（建设）单位		总监理工程师 （业主单位项目专业负责人） 年 月 日	

_____ PS 喷洒渗透加固分项工程质量验收记录

编号：C5-06-01-01

工程名称			结构类型	土遗址	检验批次	
施工单位		项目经理		项目技术负责人		
分包单位		分包单位负责人		分包项目经理		

序号	检验批部位、区段	施工单位检查评定结果	监理（建设）单位验收结论
1			
2			
3			
4			
5			
6			
7			
8			
9			
10			
11			
12			
13			
14			

说明：			
检查结论	项目专业技术负责人： 年　月　日	验收结论	监理工程师： （业主单位项目专业技术负责人） 年　月　日

_____ PS 喷洒渗透加固报验申请表

工程名称： 　　　　　　　　　　　　　　　　　　　　　　编号：C5-06-01-02

致：_____（监理单位）
　　我单位已完成了 _____ 工作，现报上该工程报验申请表，请予以审查和验收。
　　附件：1. 喷洒渗透工程检验批质量验收记录

承包单位（章）_____
项 目 经 理 _____
日　　　期 _____

审查意见：

项目监理机构 _____
专业监理工程师 _____
日　　　期 _____

PS 喷洒渗透加固工程检验批质量验收记录

编号：C5-06-01-03

工程名称												验收部位	
施工单位												项目经理	
施工执行标准名称及编号												专业工长	

主控项目		规范规定（设计要求）	施工单位检查评定记录										监理（建设）单位验收记录
			1	2	3	4	5	6	7	8	9	10	
1	PS 溶液浓度	设计要求											
2	泥浆不同色度配比	设计要求											
3	粉土材质	设计要求											

一般项目		规范规定（设计要求）	施工单位检查评定记录										监理（建设）单位验收记录
			1	2	3	4	5	6	7	8	9	10	
1	PS 溶液渗透	设计要求											
2	PS 溶液喷洒遍数	设计要求											
3	表面处理	设计要求											

施工单位检查评定结果	项目专业质量检查员： 年　月　日
监理（建设）单位验收结论	监理工程师： （业主单位项目专业技术负责人） 年　月　日

＿＿＿＿＿＿＿＿ PS 滴渗加固分项工程质量验收记录

编号：C5-06-02-01

工程名称			结构类型		土遗址	检验批次	
施工单位		项目经理			项目技术负责人		
分包单位		分包单位负责人			分包项目经理		

序号	检验批部位、区段	施工单位检查评定结果	监理（建设）单位验收结论
1			
2			
3			
4			
5			
6			
7			
8			
9			
10			
11			
12			
13			
14			

说明：

检查结论	项目专业技术负责人： 年　月　日	验收结论	监理工程师： （业主单位项目专业技术负责人） 年　月　日

＿＿＿＿＿＿＿＿＿PS 滴渗加固报验申请表

工程名称：   编号：C5-06-02-02

致：＿＿＿＿＿＿＿＿＿＿＿＿＿＿＿＿＿＿＿＿（监理单位）
　　我单位已完成了＿＿＿＿＿＿＿＿＿工作，现报上该工程报验申请表，请予以审查和验收。
　　附件：1. 滴渗加固工程检验批质量验收记录

承包单位（章）＿＿＿＿＿＿＿＿
项 目 经 理＿＿＿＿＿＿＿＿
日　　　期＿＿＿＿＿＿＿＿

审查意见：

项目监理机构＿＿＿＿＿＿＿＿
专业监理工程师＿＿＿＿＿＿＿＿
日　　　期＿＿＿＿＿＿＿＿

滴渗加固工程检验批质量验收记录

编号：C5-06-02-03

工程名称												验收部位	
施工单位												项目经理	
施工执行标准 名称及编号												专业工长	

主控项目		规范规定 （设计要求）	施工单位检查评定记录										监理（建设） 单位验收记录
			1	2	3	4	5	6	7	8	9	10	
1	PS 溶液浓度	设计要求											
2	滴渗插入深度及半径	设计要求											
3	泥浆不同色度配比	设计要求											
4	粉土材质	设计要求											

一般项目		规范规定 （设计要求）	施工单位检查评定记录										监理（建设） 单位验收记录
			1	2	3	4	5	6	7	8	9	10	
1	PS 溶液渗透	设计要求											
2	PS 滴渗量	设计要求											
3	表面处理	设计要求											

施工单位检查 评定结果	项目专业质量检查员： 　　　　　　　　　　　　　　年　月　日
监理（建设）单位 验收结论	监理工程师： （业主单位项目专业技术负责人） 　　　　　　　　　　　　　　年　月　日

_____预警保护分部（子分部）工程验收记录

编号：C5-07-00

工程名称				结构类型	土遗址
施工单位		技术部门负责人		质量部门负责人	
分包单位		分包单位负责人		分包技术负责人	
序号	分项工程名称	检验批次	施工单位检查评定	验收意见	
1	变形监测预警				
2	防护围栏安设				
3	界碑安设				
4	界桩安设				
5	警示宣传牌安设				
6					
7					
8					
质量控制资料					
安全和功能检验（检测）报告					
观感质量验收					
验收单位	分包单位	项目经理		年　月　日	
	施工单位	项目经理		年　月　日	
	勘察单位	项目负责人		年　月　日	
	设计单位	项目负责人		年　月　日	
	监理（建设）单位		总监理工程师（业主单位项目专业负责人） 年　月　日		

＿＿＿＿＿＿＿＿＿变形监测预警分项工程质量验收记录

编号：C5-07-01-01

工程名称			结构类型	土遗址	检验批次	
施工单位		项目经理		项目技术负责人		
分包单位		分包单位负责人		分包项目经理		

序号	检验批部位、区段	施工单位检查评定结果	监理（建设）单位验收结论
1			
2			
3			
4			
5			
6			
7			
8			
9			
10			
11			
12			
13			
14			

说明：

检查结论	项目专业 技术负责人： 年　月　日	验收结论	监理工程师： （业主单位项目专业技术负责人） 年　月　日

＿＿＿＿＿＿＿＿变形监测预警工程报验申请表

工程名称：　　　　　　　　　　　　　　　　　　　　　　　编号：C5-07-01-02

致：＿＿＿＿＿＿＿＿＿＿＿＿＿＿＿＿＿＿＿＿＿（监理单位） 我单位已完成了＿＿＿＿＿＿＿＿工作，现报上该工程报验申请表，请予以审查和验收。 附件：1. 变形监测预警工程检验批质量验收记录 　　　2. 变形监测设备平面布置图   　　　　　　　　　　　　　　　　　　承包单位（章）＿＿＿＿＿＿＿＿ 　　　　　　　　　　　　　　　　　　项　目　经　理＿＿＿＿＿＿＿＿ 　　　　　　　　　　　　　　　　　　日　　　　　期＿＿＿＿＿＿＿＿
审查意见：   　　　　　　　　　　　　　　　　　　项目监理机构＿＿＿＿＿＿＿＿ 　　　　　　　　　　　　　　　　　　专业监理工程师＿＿＿＿＿＿＿＿ 　　　　　　　　　　　　　　　　　　日　　　　期＿＿＿＿＿＿＿＿

变形监测预警工程检验批质量验收记录

编号：C5-07-01-03

工程名称												验收部位	
施工单位												项目经理	
施工执行标准名称及编号												专业工长	

	主控项目	规范规定（设计要求）	施工单位检查评定记录										监理（建设）单位验收记录
			1	2	3	4	5	6	7	8	9	10	
1	变形监测设备精度	设计要求											
2	监测密度	设计要求											
3	监测阈值	设计要求											
4	设备环境影响评估	设计要求											

	一般项目	规范规定（设计要求）	施工单位检查评定记录										监理（建设）单位验收记录
			1	2	3	4	5	6	7	8	9	10	
1	设备安设密度	设计要求											
2	预警信息传达通道	设计要求											
3	安全预案	设计要求											

施工单位检查评定结果	项目专业质量检查员： 年　月　日
监理（建设）单位验收结论	监理工程师： （业主单位项目专业技术负责人） 年　月　日

_____防护围栏安设分项工程质量验收记录

编号：C5-07-02-01

工程名称				结构类型	土遗址	检验批次	
施工单位			项目经理			项目技术负责人	
分包单位			分包单位负责人			分包项目经理	

序号	检验批部位、区段	施工单位检查评定结果	监理（建设）单位验收结论
1			
2			
3			
4			
5			
6			
7			
8			
9			
10			
11			
12			
13			
14			

说明：			
检查结论	项目专业 技术负责人： 年 月 日	验收结论	监理工程师： （业主单位项目专业技术负责人） 年 月 日

_____防护围栏安设工程报验申请表

工程名称：   编号：C5-07-02-02

致：_____（监理单位）

　　我单位已完成了_____工作，现报上该工程报验申请表，请予以审查和验收。

　　附件：1. 防护围栏安设工程检验批质量验收记录

　　　　　2. 防护围栏安设平面布置图

　　　　　3. 防护围栏示意图

　　　　　4. 防护围栏安设前后对比照片

承包单位（章）_____

项 目 经 理_____

日　　　期_____

审查意见：

项目监理机构_____

专业监理工程师_____

日　　　期_____

防护围栏安设工程检验批质量验收记录

编号：C5-07-02-03

工程名称											验收部位	
施工单位											项目经理	
施工执行标准名称及编号											专业工长	

主控项目	规范规定（设计要求）	施工单位检查评定记录										监理（建设）单位验收记录
		1	2	3	4	5	6	7	8	9	10	
1 立柱埋设深度	设计要求											
2 立柱防腐处理	设计要求											
3 防护围栏色泽	设计要求											

一般项目	规范规定（设计要求）	施工单位检查评定记录										监理（建设）单位验收记录
		1	2	3	4	5	6	7	8	9	10	
1 立柱间隔	设计要求											
2 环境影响评估	设计要求											
3 围栏网格大小	设计要求											

施工单位检查评定结果	项目专业质量检查员： 年　月　日
监理（建设）单位验收结论	监理工程师： （业主单位项目专业技术负责人） 年　月　日

＿＿＿＿＿＿＿界碑安设分项工程质量验收记录

编号：C5-07-03-01

工程名称			结构类型	土遗址	检验批次	
施工单位		项目经理		项目技术负责人		
分包单位		分包单位负责人		分包项目经理		

序号	检验批部位、区段	施工单位检查评定结果	监理（建设）单位验收结论
1			
2			
3			
4			
5			
6			
7			
8			
9			
10			
11			
12			
13			
14			

说明：

检查结论	项目专业技术负责人： 年　月　日	验收结论	监理工程师： （业主单位项目专业技术负责人） 年　月　日

_____界碑安设工程报验申请表

工程名称：   编号：C5-07-03-02

致：_____（监理单位）

　　我单位已完成了_____工作，现报上该工程报验申请表，请予以审查和验收。

　　附件：1. 界碑安设工程检验批质量验收记录

　　　　　2. 界碑安设示意图

　　　　　3. 界碑安设前后对比照片

承包单位（章）_____

项 目 经 理_____

日　　期_____

审查意见：

项目监理机构_____

专业监理工程师_____

日　　期_____

界碑安设工程检验批质量验收记录

编号：C5-07-03-03

工程名称												验收部位	
施工单位												项目经理	
施工执行标准名称及编号												专业工长	
主控项目		规范规定（设计要求）	施工单位检查评定记录										监理（建设）单位验收记录
			1	2	3	4	5	6	7	8	9	10	
1	界碑埋设深度	设计要求											
2	界碑字样及色调	设计要求											
3	界碑色泽	设计要求											
一般项目		规范规定（设计要求）	施工单位检查评定记录										监理（建设）单位验收记录
			1	2	3	4	5	6	7	8	9	10	
1	界碑间隔距离	设计要求											
2	环境影响评估	设计要求											
3	界碑大小	设计要求											
施工单位检查评定结果		项目专业质量检查员： 年　月　日
监理（建设）单位验收结论		监理工程师： （业主单位项目专业技术负责人） 年　月　日

_____界桩安设分项工程质量验收记录

编号：C5-07-04-01

工程名称			结构类型	土遗址	检验批次	
施工单位		项目经理		项目技术负责人		
分包单位		分包单位负责人		分包项目经理		

序号	检验批部位、区段	施工单位检查评定结果	监理（建设）单位验收结论
1			
2			
3			
4			
5			
6			
7			
8			
9			
10			
11			
12			
13			
14			

说明：

检查结论	项目专业技术负责人： 年 月 日	验收结论	监理工程师： （业主单位项目专业技术负责人） 年 月 日

＿＿＿＿＿＿＿＿界桩安设工程报验申请表

工程名称：　　　　　　　　　　　　　　　　　　　　　　　　编号：C5-07-04-02

致：＿＿＿＿＿＿＿＿＿＿＿＿＿＿＿＿＿＿＿＿（监理单位）
　　我单位已完成了＿＿＿＿＿＿＿＿＿＿工作，现报上该工程报验申请表，请予以审查和验收。
　　附件：1. 界桩安设工程检验批质量验收记录
　　　　　2. 界桩示意图
　　　　　3. 界桩安设前后对比照片

承包单位（章）＿＿＿＿＿＿＿＿＿
项 目 经 理＿＿＿＿＿＿＿＿＿
日　　　期＿＿＿＿＿＿＿＿＿

审查意见：

项目监理机构＿＿＿＿＿＿＿＿＿
专业监理工程师＿＿＿＿＿＿＿＿＿
日　　　期＿＿＿＿＿＿＿＿＿

界桩安设工程检验批质量验收记录

编号：C5-07-04-03

工程名称												验收部位	
施工单位												项目经理	
施工执行标准名称及编号												专业工长	
主控项目	规范规定（设计要求）	施工单位检查评定记录										监理（建设）单位验收记录	
		1	2	3	4	5	6	7	8	9	10		
1　界桩埋设深度	设计要求												
2　界桩字样及色调	设计要求												
3　界桩色泽	设计要求												
一般项目	规范规定（设计要求）	施工单位检查评定记录										监理（建设）单位验收记录	
		1	2	3	4	5	6	7	8	9	10		
1　界桩间隔距离	设计要求												
2　环境影响评估	设计要求												
3　界桩大小	设计要求												
施工单位检查评定结果	项目专业质量检查员： 年　月　日												
监理（建设）单位验收结论	监理工程师： （业主单位项目专业技术负责人） 年　月　日												

_____警示宣传牌安设分项工程质量验收记录

编号：C5-07-05-01

工程名称			结构类型	土遗址	检验批次	
施工单位		项目经理		项目技术负责人		
分包单位		分包单位负责人		分包项目经理		
序号	检验批部位、区段	施工单位检查评定结果		监理（建设）单位验收结论		
1						
2						
3						
4						
5						
6						
7						
8						
9						
10						
11						
12						
13						
14						

说明：

检查结论	项目专业技术负责人： 年 月 日	验收结论	监理工程师： （业主单位项目专业技术负责人） 年 月 日

＿＿＿＿＿＿＿＿警示宣传牌安设工程报验申请表

工程名称：　　　　　　　　　　　　　　　　　　　　编号：C5-07-05-02

致：＿＿＿＿＿＿＿＿＿＿＿＿＿＿＿＿＿＿（监理单位） 　　我单位已完成了＿＿＿＿＿＿＿＿工作，现报上该工程报验申请表，请予以审查和验收。 　　附件：1. 警示宣传牌安设工程检验批质量验收记录 　　　　　2. 警示宣传牌示意图 　　　　　3. 警示宣传牌安设前后对比照片   承包单位（章）＿＿＿＿＿＿＿＿＿＿＿ 项 目 经 理＿＿＿＿＿＿＿＿＿＿＿ 日　　　　期＿＿＿＿＿＿＿＿＿＿＿
审查意见：   项目监理机构＿＿＿＿＿＿＿＿＿＿＿ 专业监理工程师＿＿＿＿＿＿＿＿＿＿＿ 日　　　　期＿＿＿＿＿＿＿＿＿＿＿

警示宣传牌安设工程检验批质量验收记录

编号：C5-07-05-03

工程名称												验收部位	
施工单位												项目经理	
施工执行标准 名称及编号												专业工长	
主控项目	规范规定 （设计要求）	施工单位检查评定记录										监理（建设） 单位验收记录	
		1	2	3	4	5	6	7	8	9	10		
1 警示宣传牌基础埋设深度	设计要求												
2 警示宣传牌字样及色调	设计要求												
3 警示宣传牌色泽	设计要求												
一般项目	规范规定 （设计要求）	施工单位检查评定记录										监理（建设） 单位验收记录	
		1	2	3	4	5	6	7	8	9	10		
1 警示宣传牌间隔距离	设计要求												
2 环境影响评估	设计要求												
3 警示宣传牌大小	设计要求												
施工单位检查 评定结果	项目专业质量检查员： 年　月　日												
监理（建设）单位 验收结论	监理工程师： （业主单位项目专业技术负责人） 年　月　日												

_____周边环境整治分部（子分部）工程验收记录

编号：C5-08-00

工程名称				结构类型	土遗址
施工单位		技术部门负责人		质量部门负责人	
分包单位		分包单位负责人		分包技术负责人	

序号	分项工程名称	检验批次	施工单位检查评定	验收意见
1	场地平整			
2				
3				
4				
5				
6				
7				
8				
质量控制资料				
安全和功能检验（检测）报告				
观感质量验收				

验收单位	分包单位	项目经理	年　月　日
	施工单位	项目经理	年　月　日
	勘察单位	项目负责人	年　月　日
	设计单位	项目负责人	年　月　日
	监理（建设）单位	总监理工程师 （业主单位项目专业负责人） 年　月　日	

＿＿＿＿＿＿＿＿＿场地平整分项工程质量验收记录

编号：C5-08-01-01

工程名称				结构类型	土遗址	检验批次	
施工单位			项目经理			项目技术负责人	
分包单位			分包单位负责人			分包项目经理	
序号	检验批部位、区段		施工单位检查评定结果		监理（建设）单位验收结论		
1							
2							
3							
4							
5							
6							
7							
8							
9							
10							
11							
12							
13							
14							
说明：							
检查结论	项目专业技术负责人： 年　月　日			验收结论	监理工程师： （业主单位项目专业技术负责人） 年　月　日		

＿＿＿＿＿＿＿＿＿＿场地平整工程报验申请表

工程名称：　　　　　　　　　　　　　　　　　　　　　　　编号：C5-08-01-02

致：＿＿＿＿＿＿＿＿＿＿＿＿＿＿＿＿＿＿＿＿＿（监理单位）
我单位已完成了＿＿＿＿＿＿＿＿＿工作，现报上该工程报验申请表，请予以审查和验收。 附件：1.场地平整工程检验批质量验收记录 　　　2.场地平整前后对比照片   承包单位（章）＿＿＿＿＿＿＿＿＿ 项　目　经　理＿＿＿＿＿＿＿＿＿ 日　　　　期＿＿＿＿＿＿＿＿＿
审查意见：   项目监理机构＿＿＿＿＿＿＿＿＿ 专业监理工程师＿＿＿＿＿＿＿＿＿ 日　　　　期＿＿＿＿＿＿＿＿＿

场地平整工程检验批质量验收记录

编号：C5-08-01-03

工程名称												验收部位	
施工单位												项目经理	
施工执行标准 名称及编号												专业工长	

主控项目		规范规定 （设计要求）	施工单位检查评定记录										监理（建设） 单位验收记录
			1	2	3	4	5	6	7	8	9	10	
1	场地平整度	设计要求											
2	场地排水坡度	设计要求											
3	与遗址协调性	设计要求											

一般项目		规范规定 （设计要求）	施工单位检查评定记录										监理（建设） 单位验收记录
			1	2	3	4	5	6	7	8	9	10	
1	场地平整影响面积	设计要求											
2	环境干预整治程度	设计要求											
3	周边环境	设计要求											

施工单位检查 评定结果	项目专业质量检查员： 年　月　日
监理（建设）单位 验收结论	监理工程师： （业主单位项目专业技术负责人） 年　月　日

_____临时支护方案报验申请表

工程名称：   编号：C5-01-01-01

致：_____（监理单位） 　　我单位已完成了 _____ 临时支护方案，现报上该工程报验申请表，请予以审查和验收。 　　附件：1._____临时支护方案   　　　　　　　　　　　　　　　　　　承包单位（章）_____ 　　　　　　　　　　　　　　　　　　项 目 经 理_____ 　　　　　　　　　　　　　　　　　　日　　　　期_____
设计单位审查意见：   　　　　　　　　　　　　　　　　　　　设计代表签字：_____
审查意见：   　　　　　　　　　　　　　　　　　　项目监理机构_____ 　　　　　　　　　　　　　　　　　　专业监理工程师_____ 　　　　　　　　　　　　　　　　　　日　　　　期_____

×××工程

（单位工程名称）临时支护方案

编写：

审核：

审批：

编写单位名称（签章）

编写日期

设计单位审批意见：

设计代表签字：

×××（单位工程）分部（子分部）工程验收记录

编号：C5-02-00

工程名称				结构类型	土遗址
施工单位		技术部门负责人		质量部门负责人	
分包单位		分包单位负责人		分包技术负责人	

序号	分部工程名称	检验批次	施工单位检查评定	验收意见
1	悬空区支顶加固			
2	裂隙加固			
3	防水整治			
4	表面防风化加固			
5	预警保护			
6	周边环境整治			
质量控制资料				
安全和功能检验（检测）报告				
观感质量验收				

验收单位	分包单位	项目经理		年　月　日
	施工单位	项目经理		年　月　日
	勘察单位	项目负责人		年　月　日
	设计单位	项目负责人		年　月　日
	监理（建设）单位		总监理工程师 （业主单位项目专业负责人） 年　月　日	

＿＿＿＿＿＿＿＿悬空区支顶加固分部（子分部）工程验收记录

编号：C5-02-00-01

工程名称				结构类型	土遗址
施工单位		技术部门负责人		质量部门负责人	
分包单位		分包单位负责人		分包技术负责人	

序号	分项工程名称	检验批次	施工单位检查评定	验收意见
1	楠竹加筋复合锚杆锚固			
2	预应力钢绞线锚索锚固			
3	钢筋锚杆锚固			
4	玻璃纤维锚杆锚固			
5	木质锚杆锚固			
6	土块砌补支顶			
7	钢筋混凝土结构支顶加固			
8	钢结构支顶加固			
	质量控制资料			
	安全和功能检验（检测）报告			
	观感质量验收			

验收单位	分包单位	项目经理	年　月　日
	施工单位	项目经理	年　月　日
	勘察单位	项目负责人	年　月　日
	设计单位	项目负责人	年　月　日
	监理（建设）单位	总监理工程师 （业主单位项目专业负责人） 　　　　　　年　月　日	

_____楠竹加筋复合锚杆锚固分项工程质量验收记录

编号：C5-02-01-01

工程名称				结构类型	土遗址	检验批次	
施工单位			项目经理		项目技术负责人		
分包单位			分包单位负责人		分包项目经理		

序号	检验批部位、区段	施工单位检查评定结果	监理（建设）单位验收结论
1			
2			
3			
4			
5			
6			
7			
8			
9			
10			
11			
12			
13			
14			

说明：

检查结论	项目专业技术负责人： 年 月 日	验收结论	监理工程师： （业主单位项目专业技术负责人） 年 月 日

＿＿＿＿＿＿＿＿＿楠竹加筋复合锚杆加工工程报验申请表

工程名称：　　　　　　　　　　　　　　　　　　　　　　　编号：C5-02-01-02

致：＿＿＿＿＿＿＿＿＿＿＿＿＿＿＿＿＿＿（监理单位）

　　我单位已完成了＿＿＿＿＿＿＿＿＿工作，现报上该工程报验申请表，请予以审查和验收。

　　附件：1. 楠竹加筋复合锚杆（原材料、加工）工程质量检验批验收记录

承包单位（章）＿＿＿＿＿＿＿＿

项 目 经 理＿＿＿＿＿＿＿＿

日　　期＿＿＿＿＿＿＿＿

审查意见：

项目监理机构＿＿＿＿＿＿＿＿

专业监理工程师＿＿＿＿＿＿＿＿

日　　期＿＿＿＿＿＿＿＿

楠竹加筋复合锚杆（原材料、加工）工程质量检验批验收记录

编号：C5-02-01-03

工程名称		验收部位	
施工单位		项目经理	
施工执行标准名称及编号		专业工长	

	主控项目	规范规定（设计要求）	施工单位检查评定记录										监理（建设）单位验收记录
			1	2	3	4	5	6	7	8	9	10	
1	钢绞线力学性能检验	D.0.1											
2	锚杆杆体长度（mm）	（+100，−30）											

	一般项目	规范规定（设计要求）	施工单位检查评定记录										监理（建设）单位验收记录
			1	2	3	4	5	6	7	8	9	10	
1	钢绞线外观质量	第 3.0.1 条	依据《土层锚杆设计与施工规范》CECS22：90 规定，钢绞线外观质量应遵循第 3.0.1 条之规定										
2	钢绞线下料长度（mm）	（+50，−50）											
3	防腐处理	第 3.0.5 条	防腐处理应遵循第 3.0.5 条之规定钢绞线对中支架应遵循第 4.3.2 条之规定										
4	对中支架	第 4.3.2 条	钢筋对中支架应遵循第 4.3.1 条之规定，注浆管插入深度应遵循第 4.3.5 条之规定										

施工单位检查评定结果	项目专业质量检查员： 年　月　日
监理（建设）单位验收结论	监理工程师： （业主单位项目专业技术负责人） 年　月　日

楠竹加筋复合锚杆锚固工程报验申请表

工程名称：
编号：C5-02-01-04

致：＿＿＿＿＿＿＿＿＿＿＿＿＿＿＿＿＿＿（监理单位）
我单位已完成了＿＿＿＿＿＿＿＿＿工作，现报上该工程报验申请表，请予以审查和验收。 附件：1. 楠竹加筋复合锚杆（安装）工程检验批质量验收记录 　　　 2. 隐蔽工程检验记录 　　　 3. 楠竹加筋复合锚杆安装布置图 　　　 4. 楠竹加筋复合锚杆安装剖面图   　　　　　　　　　　　　　　　　　　　　承包单位（章）＿＿＿＿＿＿＿＿＿ 　　　　　　　　　　　　　　　　　　　　项 目 经 理＿＿＿＿＿＿＿＿＿ 　　　　　　　　　　　　　　　　　　　　日　　　 期＿＿＿＿＿＿＿＿＿
审查意见：   　　　　　　　　　　　　　　　　　　　　项目监理机构＿＿＿＿＿＿＿＿＿ 　　　　　　　　　　　　　　　　　　　　总＼专业监理工程师＿＿＿＿＿＿＿＿＿ 　　　　　　　　　　　　　　　　　　　　日　　　 期＿＿＿＿＿＿＿＿＿

楠竹加筋复合锚杆锚固（安装）工程检验批质量验收记录

编号：C5-02-01-05

工程名称												验收部位	
施工单位												项目经理	
施工执行标准名称及编号												专业工长	

主控项目		规范规定（设计要求）	施工单位检查评定记录										监理（建设）单位验收记录
			1	2	3	4	5	6	7	8	9	10	
1	钻孔深度	设计要求											
2	钻孔直径	设计要求											
3	浆液配合比	设计要求											
4	砂浆强度	设计要求（不小于 M10）											
5	锚杆拉力设计值	设计要求											

一般项目		规范规定（设计要求）	施工单位检查评定记录										监理（建设）单位验收记录
			1	2	3	4	5	6	7	8	9	10	
1	钻孔倾斜角（°）	（+1，−1）											
2	锚杆位置（mm）	（+100，−100）											
3	注浆管插入深度（mm）	（+50，−20）											
4	锚具封堵	设计要求											
5	注浆量（m³）	大于理论计算浆量											
6	杆体插入长度（mm）	不小于设计长度的95%											

施工单位检查评定结果	项目专业质量检查员： 年 月 日
监理（建设）单位验收结论	监理工程师： （业主单位项目专业技术负责人） 年 月 日

楠竹加筋复合锚杆锚固隐蔽工程检验记录

编号：C5-02-01-06

工程名称				业主单位		
施工单位				监理单位		
验收部位		验收日期			图号	
隐蔽检查内容						
施工单位检查结果						
				项目专业质量检查员： 年　月　日		
	项目专业技术负责人			专业工长（施工员）		
监理（建设）单位结论						
				监理工程师： （业主单位项目专业技术负责人） 年　月　日		

预应力钢绞线锚索锚固分项工程质量验收记录

编号：C5-02-02-01

工程名称			结构类型	土遗址	检验批次	
施工单位		项目经理		项目技术负责人		
分包单位		分包单位负责人		分包项目经理		

序号	检验批部位、区段	施工单位检查评定结果	监理（建设）单位验收结论
1			
2			
3			
4			
5			
6			
7			
8			
9			
10			
11			
12			
13			
14			

说明：

检查结论	项目专业技术负责人： 年　月　日	验收结论	监理工程师： （业主单位项目专业技术负责人） 年　月　日

预应力钢绞线锚索加工工程报验申请表

工程名称：   编号：C5-02-02-02

致：＿＿＿＿＿＿＿＿＿＿＿＿＿＿＿＿＿＿＿（监理单位）
  我单位已完成了＿＿＿＿＿＿＿＿＿工作，现报上该工程报验申请表，请予以审查和验收。
  附件：1.预应力钢绞线锚索（原材料、加工）工程质量检验批验收记录

承包单位（章）＿＿＿＿＿＿＿＿
项 目 经 理＿＿＿＿＿＿＿＿
日　　　期＿＿＿＿＿＿＿＿

审查意见：

项目监理机构＿＿＿＿＿＿＿＿
专业监理工程师＿＿＿＿＿＿＿＿
日　　　期＿＿＿＿＿＿＿＿

预应力钢绞线锚索（原材料、加工）工程质量检验批验收记录

编号：C5-02-02-03

工程名称												验收部位	
施工单位												项目经理	
施工执行标准 名称及编号												专业工长	
主控项目	规范规定 （设计要求）	施工单位检查评定记录										监理（建设） 单位验收记录	
		1	2	3	4	5	6	7	8	9	10		
1 钢绞线力学 性能检验	D.0.1												
2 锚索长度 （mm）	（+100，−30）												
3 锚索直径 （mm）	（+5，−5）												
一般项目	规范规定 （设计要求）	施工单位检查评定记录										监理（建设） 单位验收记录	
		1	2	3	4	5	6	7	8	9	10		
1 钢绞线外 观质量	第3.0.1条	依据《土层锚杆设计与施工规范》CECS22：90 规定，钢绞线外观质量应遵循第3.0.1条之规定											
2 钢绞线下料 长度（mm）	（+5，−5）												
3 防腐处理	第3.0.5条	防腐处理应遵循第3.0.5条之规定，钢绞线对中支架应遵循第4.3.2条之规定											
4 对中支架	第4.3.2条	钢筋对中支架应遵循第4.3.1条之规定，注浆管插入深度应遵循第4.3.5条之规定											
施工单位检查 评定结果	项目专业质量检查员： 年　月　日												
监理（建设） 单位验收结论	监理工程师： （业主单位项目专业技术负责人） 年　月　日												

预应力钢绞线锚索锚固工程报验申请表

工程名称：　　　　　　　　　　　　　　　　　　编号：C5-02-02-04

致：　　　　　　　　　　　　　　　　　　（监理单位）
　　我单位已完成了　　　　　　　　　工作，现报上该工程报验申请表，请予以审查和验收。
　　附件：1.预应力钢绞线锚索（安装）工程检验批质量验收记录
　　　　　　2.隐蔽工程检验记录
　　　　　　3.预应力钢绞线锚索安装布置图
　　　　　　4.预应力钢绞线锚索安装剖面图

承包单位（章）　　　　　　　　　
项 目 经 理　　　　　　　　　
日　　　期　　　　　　　　　

审查意见：

项目监理机构　　　　　　　　　
总＼专业监理工程师　　　　　　　　　
日　　　期

预应力钢绞线锚索锚固（安装）工程检验批质量验收记录

编号：C5-02-02-05

工程名称												验收部位	
施工单位												项目经理	
施工执行标准 名称及编号												专业工长	

主控项目	规范规定 （设计要求）	施工单位检查评定记录										监理（建设） 单位验收记录
		1	2	3	4	5	6	7	8	9	10	
1 钻孔深度（mm）	设计要求											
2 钻孔直径（mm）	设计要求											
3 浆液配合比	设计要求											
4 砂浆强度	设计要求（不 小于 M10）											
5 锚杆拉力设计值	设计要求											

一般项目	规范规定 （设计要求）	施工单位检查评定记录										监理（建设） 单位验收记录
		1	2	3	4	5	6	7	8	9	10	
1 钻孔倾斜角（°）	（+1，−1）											
2 锚杆位置（mm）	（+100，−100）											
3 注浆管插入 深度（mm）	第 4.3.5 条											
4 锚具封堵	设计要求											
5 注浆量（m³）	大于理论 计算浆量											
6 杆体插入 长度（mm）	不小于设计 长度的 95%											

施工单位检查 评定结果	项目专业质量检查员： 年　月　日
监理（建设） 单位验收结论	监理工程师： （业主单位项目专业技术负责人） 年　月　日

预应力钢绞线锚索锚固隐蔽工程检验记录

编号：C5-02-02-06

工程名称				业主单位	
施工单位				监理单位	
验收部位		验收日期		图号	
隐蔽检查内容					
施工单位检查结果	项目专业质量检查员： 年　月　日				
	项目专业技术负责人		专业工长（施工员）		
监理（建设）单位结论	监理工程师： （业主单位项目专业技术负责人） 年　月　日				

_____钢筋锚杆锚固分项工程质量验收记录

编号：C5-02-03-01

工程名称		结构类型	土遗址	检验批次	
施工单位		项目经理		项目技术负责人	
分包单位		分包单位负责人		分包项目经理	

序号	检验批部位、区段	施工单位检查评定结果	监理（建设）单位验收结论
1			
2			
3			
4			
5			
6			
7			
8			
9			
10			
11			
12			
13			
14			

说明：

检查结论	项目专业技术负责人： 年 月 日	验收结论	监理工程师： （业主单位项目专业技术负责人） 年 月 日

_____钢筋锚杆加工工程报验申请表

工程名称：   编号：C5-02-03-02

致：_____（监理单位）
我单位已完成了_____工作，现报上该工程报验申请表，请予以审查和验收。 附件：1.钢筋锚杆（原材料、加工）工程质量检验批验收记录   承包单位（章）_____ 项 目 经 理_____ 日　　　期_____
审查意见：   项目监理机构_____ 专业监理工程师_____ 日　　　期_____

钢筋锚杆（原材料、加工）工程质量检验批验收记录

编号：C5-02-03-03

工程名称												验收部位	
施工单位												项目经理	
施工执行标准名称及编号												专业工长	

主控项目		规范规定（设计要求）	施工单位检查评定记录										监理（建设）单位验收记录
			1	2	3	4	5	6	7	8	9	10	
1	钢筋力学性能检验	D.0.1											
2	锚杆长度（mm）	（+50，−10）											
3	锚杆直径（mm）	（+5，−5）											

一般项目		规范规定（设计要求）	施工单位检查评定记录										监理（建设）单位验收记录
			1	2	3	4	5	6	7	8	9	10	
1	钢筋外观质量	第3.0.1条	依据《土层锚杆设计与施工规范》CECS22：90规定，钢绞线外观质量应遵循第3.0.1条规定										
2	钢筋下料长度（mm）	（+5，−5）											
3	防腐处理	第3.0.5条	防腐处理应遵循第3.0.5条之规定，钢绞线对中支架应遵循第4.3.2条之规定										
4	对中支架	第4.3.2条	钢筋对中支架应遵循第4.3.1条之规定，注浆管插入深度应遵循第4.3.5条之规定										

施工单位检查评定结果	项目专业质量检查员： 年　月　日
监理（建设）单位验收结论	监理工程师： （业主单位项目专业技术负责人） 年　月　日

＿＿＿＿＿＿＿＿＿钢筋锚杆锚固工程报验申请表

工程名称：　　　　　　　　　　　　　　　　　　　　　　　编号：C5-02-03-04

致：　　　　　　　　　　　　　　　　　　　　（监理单位）

　　我单位已完成了　　　　　　　　　工作，现报上该工程报验申请表，请予以审查和验收。

　　附件：1. 钢筋锚杆（安装）工程检验批质量验收记录

　　　　　2. 隐蔽工程检验记录

　　　　　3. 钢筋锚杆安装布置图

　　　　　4. 钢筋锚杆安装剖面图

承包单位（章）＿＿＿＿＿＿＿＿

项 目 经 理＿＿＿＿＿＿＿＿

日　　期＿＿＿＿＿＿＿＿

审查意见：

项目监理机构＿＿＿＿＿＿＿＿

总＼专业监理工程师＿＿＿＿＿＿＿＿

日　　期＿＿＿＿＿＿＿＿

钢筋锚杆锚固（安装）工程检验批质量验收记录

编号：C5-02-03-05

工程名称												验收部位	
施工单位												项目经理	
施工执行标准名称及编号												专业工长	

主控项目		规范规定（设计要求）	施工单位检查评定记录										监理（建设）单位验收记录
			1	2	3	4	5	6	7	8	9	10	
1	钻孔深度（mm）	设计要求												
2	钻孔直径（mm）	设计要求												
3	浆液配合比	设计要求												
4	砂浆强度	设计要求（不小于M10）												
5	锚杆拉力设计值	设计要求												

一般项目		规范规定（设计要求）	施工单位检查评定记录										监理（建设）单位验收记录
			1	2	3	4	5	6	7	8	9	10	
1	钻孔倾斜角（°）	（+1，−1）												
2	锚杆位置（mm）	（+100，−100）												
3	注浆管插入深度（mm）	（+50，−20）												
4	锚具封堵	设计要求												
5	注浆量（m³）	大于理论计算浆量												
6	杆体插入长度（mm）	不小于设计长度的95%												

施工单位检查评定结果	项目专业质量检查员： 年　月　日
监理（建设）单位验收结论	监理工程师： （业主单位项目专业技术负责人） 年　月　日

钢筋锚杆锚固隐蔽工程检验记录

编号：C5-02-02-06

工程名称				业主单位	
施工单位				监理单位	
验收部位		验收日期		图号	
隐蔽检查内容					
施工单位检查结果					
			项目专业质量检查员： 年 月 日		
	项目专业技术负责人		专业工长（施工员）		
监理（建设）单位结论					
			监理工程师： （业主单位项目专业技术负责人） 年 月 日		

＿＿＿＿＿＿＿＿玻璃纤维锚杆锚固分项工程质量验收记录

编号：C5-02-04-01

工程名称			结构类型	土遗址	检验批次	
施工单位		项目经理		项目技术负责人		
分包单位		分包单位负责人		分包项目经理		

序号	检验批部位、区段	施工单位检查评定结果	监理（建设）单位验收结论
1			
2			
3			
4			
5			
6			
7			
8			
9			
10			
11			
12			
13			
14			

说明：

检查结论	项目专业技术负责人： 年　月　日	验收结论	监理工程师： （业主单位项目专业技术负责人） 年　月　日

＿＿＿＿＿＿＿＿玻璃纤维锚杆锚固报验申请表

工程名称：　　　　　　　　　　　　　　　　　　　　编号：C5-02-04-02

致：＿＿＿＿＿＿＿＿＿＿＿＿＿＿＿＿＿＿（监理单位）
　　我单位已完成了＿＿＿＿＿＿＿＿＿＿工作，现报上该工程报验申请表，请予以审查和验收。
　　附件：1. 玻璃纤维（原材料、加工）工程质量检验批验收记录

承包单位（章）＿＿＿＿＿＿＿＿＿
项 目 经 理＿＿＿＿＿＿＿＿＿
日　　　期＿＿＿＿＿＿＿＿＿

审查意见：

项目监理机构＿＿＿＿＿＿＿＿＿
专业监理工程师＿＿＿＿＿＿＿＿＿
日　　　期＿＿＿＿＿＿＿＿＿

玻璃纤维（原材料、加工）工程质量检验批验收记录

编号：C5-02-04-03

工程名称												验收部位	
施工单位												项目经理	
施工执行标准名称及编号												专业工长	

主控项目		规范规定（设计要求）	施工单位检查评定记录										监理（建设）单位验收记录
			1	2	3	4	5	6	7	8	9	10	
1	出厂强度质量检验	D.0.1											
2	锚杆杆体长度（mm）	（+10，−5）											

一般项目		规范规定（设计要求）	施工单位检查评定记录										监理（建设）单位验收记录
			1	2	3	4	5	6	7	8	9	10	
1	玻璃纤维锚杆外观质量	规范规定（设计要求）											
2	玻璃纤维锚杆下料长度（mm）	（+5，−5）											
3	表面粗糙度	设计要求											
4	对中支架	规范规定（设计要求）											

施工单位检查评定结果	项目专业质量检查员： 年　月　日
监理（建设）单位验收结论	监理工程师： （业主单位项目专业技术负责人） 年　月　日

玻璃纤维锚杆锚固报验申请表

工程名称：　　　　　　　　　　　　　　　　　　　　　　　　　　编号：C5-02-04-04

致：　　　　　　　　　　　　　　　　　　　　（监理单位）
　　我单位已完成了　　　　　　　　　　工作，现报上该工程报验申请表，请予以审查和验收。
　　附件：1. 玻璃纤维锚杆（安装）工程检验批质量验收记录
　　　　　2. 隐蔽工程检验记录
　　　　　3. 玻璃纤维锚杆安装布置图
　　　　　4. 玻璃纤维锚杆安装剖面图

承包单位（章）　　　　　　　　　　
项 目 经 理　　　　　　　　　　
日　　　期　　　　　　　　　　

审查意见：

项目监理机构　　　　　　　　　　
专业监理工程师　　　　　　　　　　
日　　　期

玻璃纤维锚杆锚固（安装）工程检验批质量验收记录

编号：C5-02-04-05

工程名称													验收部位	
施工单位													项目经理	
施工执行标准 名称及编号													专业工长	
主控项目	规范规定 （设计要求）	\多5col施工单位检查评定记录										监理（建设） 单位验收记录
		1	2	3	4	5	6	7	8	9	10	
1 钻孔深度（mm）	设计要求											
2 钻孔直径（mm）	设计要求											
3 浆液配合比	设计要求											
4 浆液强度	设计要求											
5 锚杆拉力 设计值	设计要求											
一般项目	规范规定 （设计要求）	施工单位检查评定记录										监理（建设） 单位验收记录
		1	2	3	4	5	6	7	8	9	10	
1 钻孔倾斜角 （°）	（+1，−1）											
2 锚杆位置 （mm）	（+5，−5）											
3 注浆管插入 深度（mm）	（+5，−5）											
4 锚具封堵	设计要求											
5 注浆量（m³）	大于理论 计算浆量											
6 杆体插入长 度（mm）	不小于设计 长度的95%											
施工单位检查 评定结果	项目专业质量检查员： 年　月　日											
监理（建设）单 位验收结论	监理工程师： （业主单位项目专业技术负责人） 年　月　日											

玻璃纤维锚杆锚固隐蔽工程检验记录

编号：C5-02-04-06

工程名称				业主单位	
施工单位				监理单位	
验收部位		验收日期		图号	
隐蔽检查内容					
施工单位检查结果	项目专业质量检查员： 年　月　日				
	项目专业技术负责人		专业工长（施工员）		
监理（建设）单位结论	监理工程师： （业主单位项目专业技术负责人） 年　月　日				

_____木锚杆锚固分项工程质量验收记录

编号：C5-02-05-01

工程名称			结构类型	土遗址	检验批次	
施工单位		项目经理		项目技术负责人		
分包单位		分包单位负责人		分包项目经理		

序号	检验批部位、区段	施工单位检查评定结果	监理（建设）单位验收结论
1			
2			
3			
4			
5			
6			
7			
8			
9			
10			
11			
12			
13			
14			

说明：

检查结论	项目专业 技术负责人： 年 月 日	验收结论	监理工程师： （业主单位项目专业技术负责人） 年 月 日

＿＿＿＿＿＿＿＿木锚杆锚固报验申请表

工程名称：　　　　　　　　　　　　　　　　　　　　　编号：C5-02-05-02

致：＿＿＿＿＿＿＿＿＿＿＿＿＿＿＿＿＿＿＿（监理单位）

我单位已完成了＿＿＿＿＿＿＿＿＿工作，现报上该工程报验申请表，请予以审查和验收。

附件：1. 木锚杆（原材料、加工）工程质量检验批验收记录

承包单位（章）＿＿＿＿＿＿＿＿＿

项 目 经 理＿＿＿＿＿＿＿＿＿

日　　期＿＿＿＿＿＿＿＿＿

审查意见：

项目监理机构＿＿＿＿＿＿＿＿＿

专业监理工程师＿＿＿＿＿＿＿＿＿

日　　期＿＿＿＿＿＿＿＿＿

木锚杆（原材料、加工）工程质量检验批验收记录

编号：C5-02-05-03

工程名称											验收部位	
施工单位											项目经理	
施工执行标准名称及编号											专业工长	

主控项目		规范规定（设计要求）	施工单位检查评定记录										监理（建设）单位验收记录
			1	2	3	4	5	6	7	8	9	10	
1	强度质量检验	D.0.1											
2	锚杆杆体长度（mm）	（+5，−2）											

一般项目		规范规定（设计要求）	施工单位检查评定记录										监理（建设）单位验收记录
			1	2	3	4	5	6	7	8	9	10	
1	木锚杆外观质量	规范规定（设计要求）											
2	木锚杆下料长度（mm）	（+3，−3）											
3	表面倒楔	设计要求											
4	木锚杆控制直径	规范规定（设计要求）											

施工单位检查评定结果	项目专业质量检查员： 年　月　日
监理（建设）单位验收结论	监理工程师： （业主单位项目专业技术负责人） 年　月　日

＿＿＿＿＿＿＿木锚杆锚固报验申请表

工程名称：　　　　　　　　　　　　　　　　　　　　　　　编号：C5-02-05-04

致：＿＿＿＿＿＿＿＿＿＿＿＿＿＿＿＿＿＿＿（监理单位）

　　我单位已完成了＿＿＿＿＿＿＿＿工作，现报上该工程报验申请表，请予以审查和验收。

　　附件：1. 木锚杆（安装）工程检验批质量验收记录

　　　　　2. 隐蔽工程检验记录

　　　　　3. 木锚杆安装布置图

　　　　　4. 木锚杆安装剖面图

承包单位（章）＿＿＿＿＿＿＿＿＿

项 目 经 理 ＿＿＿＿＿＿＿＿＿

日　　　　期 ＿＿＿＿＿＿＿＿＿

审查意见：

项目监理机构 ＿＿＿＿＿＿＿＿＿

专业监理工程师 ＿＿＿＿＿＿＿＿＿

日　　　　期 ＿＿＿＿＿＿＿＿＿

木锚杆（安装）工程检验批质量验收记录

编号：C5-02-05-05

工程名称												验收部位	
施工单位												项目经理	
施工执行标准 名称及编号												专业工长	
主控项目		规范规定 （设计要求）	施工单位检查评定记录										监理（建设） 单位验收记录
			1	2	3	4	5	6	7	8	9	10	
1	钻孔深度（mm）	设计要求											
2	钻孔直径（mm）	设计要求											
3	浆液配合比	设计要求											
4	浆液强度	设计要求											
5	锚杆拉力设计值	设计要求											
一般项目		规范规定 （设计要求）	施工单位检查评定记录										监理（建设） 单位验收记录
			1	2	3	4	5	6	7	8	9	10	
1	钻孔倾斜角（°）	（+1，−1）											
2	锚杆位置（mm）	（+5，−5）											
3	注浆管插入 深度（mm）	（+5，−5）											
4	锚具封堵	设计要求											
5	注浆量（m³）	大于理论 计算浆量											
6	杆体插入 长度（mm）	不小于设计 长度的95%											
施工单位检查 评定结果		项目专业质量检查员： 年 月 日												
监理（建设）单位 验收结论		监理工程师： （业主单位项目专业技术负责人） 年 月 日												

木锚杆锚固隐蔽工程检验记录

编号：C5-02-05-06

工程名称			业主单位	
施工单位			监理单位	
验收部位		验收日期		图号

隐蔽检查内容	
施工单位检查结果	

项目专业质量检查员：

年　月　日

项目专业技术负责人		专业工长（施工员）	

监理（建设）单位结论	

监理工程师：
（业主单位项目专业技术负责人）

年　月　日

土块（土坯）砌补分项工程质量验收记录

编号：C5-02-06-01

工程名称				结构类型	土遗址	检验批次	
施工单位			项目经理			项目技术负责人	
分包单位			分包单位负责人			分包项目经理	

序号	检验批部位、区段	施工单位检查评定结果	监理（建设）单位验收结论
1			
2			
3			
4			
5			
6			
7			
8			
9			
10			
11			
12			
13			
14			

说明：

检查结论	项目专业技术负责人： 年 月 日	验收结论	监理工程师： （业主单位项目专业技术负责人） 年 月 日

＿＿＿＿＿＿＿土块（土坯）砌补工程报验申请表

工程名称：编号：C5-02-06-02

致：＿＿＿＿＿＿＿＿＿＿＿＿＿＿＿＿＿＿（监理单位）

　　我单位已完成了＿＿＿＿＿＿＿＿＿工作，现报上该工程报验申请表，请予以审查和验收。

　　附件：1. 土块（土坯）砌补工程检验批质量验收记录

　　　　　2. 土块（土坯）砌补隐蔽工程验收记录

　　　　　3. 土块（土坯）砌补前后照片

承包单位（章）＿＿＿＿＿＿＿＿

项 目 经 理＿＿＿＿＿＿＿＿

日　　　期＿＿＿＿＿＿＿＿

审查意见：

项目监理机构＿＿＿＿＿＿＿＿

专业监理工程师＿＿＿＿＿＿＿＿

日　　　期＿＿＿＿＿＿＿＿

土块（土坯）砌补工程检验批质量验收记录

编号：C5-02-06-03

工程名称											验收部位	
施工单位											项目经理	
施工执行标准名称及编号	设计图纸										专业工长	

主控项目	规范规定（设计要求）	施工单位检查评定记录										监理（建设）单位验收记录
		1	2	3	4	5	6	7	8	9	10	
1 PS 溶液浓度	设计要求											
2 砌筑泥浆配比	设计要求											
3 土坯材质	设计要求											

一般项目	规范规定（设计要求）	施工单位检查评定记录										监理（建设）单位验收记录
		1	2	3	4	5	6	7	8	9	10	
1 土坯砌筑方法	设计要求											
2 泥浆饱满度	设计要求											
3 木锚杆位置、间距	设计要求											

施工单位检查评定结果	项目专业质量检查员： 年　月　日
监理（建设）单位验收结论	监理工程师： （业主单位项目专业技术负责人） 年　月　日

土块（土坯）砌补隐蔽工程检验记录

编号：C5-02-06-04

工程名称				业主单位	
施工单位				监理单位	
验收部位		验收日期		图号	

隐蔽检查内容	

施工单位检查结果	

项目专业质量检查员：

年　月　日

项目专业技术负责人		专业工长（施工员）	

监理（建设）单位结论	

监理工程师：
（业主单位项目专业技术负责人）

年　月　日

_____钢筋混凝土结构支顶分项工程质量验收记录

编号：C5-02-07-01

工程名称			结构类型	土遗址	检验批次	
施工单位		项目经理		项目技术负责人		
分包单位		分包单位负责人		分包项目经理		

序号	检验批部位、区段	施工单位检查评定结果	监理（建设）单位验收结论
1			
2			
3			
4			
5			
6			
7			
8			
9			
10			
11			
12			
13			
14			

说明：

检查结论	项目专业技术负责人： 年 月 日	验收结论	监理工程师： （业主单位项目专业技术负责人） 年 月 日

_____钢筋砼结构支顶工程报验申请表

工程名称：　　　　　　　　　　　　　　　　　　　　　　　　　编号：C5-02-07-02

致：_____（监理单位） 　　我单位已完成了_____工作，现报上该工程报验申请表，请予以审查和验收。 　　附件：1.钢筋砼结构支顶工程检验批质量验收记录 　　　　　2.钢筋砼结构支顶隐蔽工程验收记录 　　　　　3.钢筋砼结构支顶前后照片   　　　　　　　　　　　　　　　　　　　承包单位（章）_____ 　　　　　　　　　　　　　　　　　　　项 目 经 理_____ 　　　　　　　　　　　　　　　　　　　日　　　　期_____
审查意见：   　　　　　　　　　　　　　　　　　　　项目监理机构_____ 　　　　　　　　　　　　　　　　　　　专业监理工程师_____ 　　　　　　　　　　　　　　　　　　　日　　　　期_____

钢筋砼结构支顶工程检验批质量验收记录

编号：C5-02-07-03

工程名称												验收部位	
施工单位												项目经理	
施工执行标准名称及编号		设计图纸										专业工长	

主控项目		规范规定（设计要求）	施工单位检查评定记录										监理（建设）单位验收记录
			1	2	3	4	5	6	7	8	9	10	
1	砼强度	规范规定、设计要求											
2	砼配合比	设计要求											
3	钢筋间距	设计要求											
4	截面内部尺寸（mm）	（+10，−5）											

一般项目		规范规定（设计要求）	施工单位检查评定记录										监理（建设）单位验收记录
			1	2	3	4	5	6	7	8	9	10	
1	钢筋搭接长度	设计要求											
2	保护层厚度	设计要求											
3	砼塌落度	规范规定、设计要求											

施工单位检查评定结果	项目专业质量检查员： 年　月　日
监理（建设）单位验收结论	监理工程师： （业主单位项目专业技术负责人） 年　月　日

钢筋砼结构支顶工程隐蔽工程检验记录

编号：C5-02-07-04

工程名称		业主单位	
施工单位		监理单位	
验收部位		验收日期		图号	

隐蔽检查内容	

施工单位检查结果	

项目专业质量检查员：

年　月　日

项目专业技术负责人		专业工长（施工员）	

监理（建设）单位结论	

监理工程师：
（业主单位项目专业技术负责人）

年　月　日

_____钢结构支顶分项工程质量验收记录

编号：C5-02-08-01

工程名称			结构类型	土遗址	检验批次	
施工单位		项目经理		项目技术负责人		
分包单位		分包单位负责人		分包项目经理		

序号	检验批部位、区段	施工单位检查评定结果	监理（建设）单位验收结论
1			
2			
3			
4			
5			
6			
7			
8			
9			
10			
11			
12			
13			
14			

说明：

检查结论	验收结论	
项目专业技术负责人： 年 月 日	验收结论	监理工程师： （业主单位项目专业技术负责人） 年 月 日

＿＿＿＿＿＿＿＿钢结构支顶工程报验申请表

工程名称：　　　　　　　　　　　　　　　　　　　　编号：C5-02-08-02

致：＿＿＿＿＿＿＿＿＿＿＿＿＿＿＿＿＿＿＿＿（监理单位）

　　我单位已完成了＿＿＿＿＿＿＿＿＿＿工作，现报上该工程报验申请表，请予以审查和验收。

　　附件：1. 钢结构支顶工程检验批质量验收记录

　　　　　2. 钢结构支顶隐蔽工程质量验收记录

　　　　　3. 钢结构支顶前后照片

承包单位（章）＿＿＿＿＿＿＿

项 目 经 理＿＿＿＿＿＿＿

日　　　期＿＿＿＿＿＿＿

审查意见：

项目监理机构＿＿＿＿＿＿＿

专业监理工程师＿＿＿＿＿＿＿

日　　　期＿＿＿＿＿＿＿

钢结构支顶工程检验批质量验收记录

编号：C5-02-08-03

工程名称												验收部位	
施工单位												项目经理	
施工执行标准名称及编号		设计图纸										专业工长	

主控项目		规范规定（设计要求）	施工单位检查评定记录										监理（建设）单位验收记录
			1	2	3	4	5	6	7	8	9	10	
1	钢结构强度	设计要求												
2	接触面处理	设计要求												
3	结构防腐及隐蔽	设计要求												
4	基础埋深	设计要求												

一般项目		规范规定（设计要求）	施工单位检查评定记录										监理（建设）单位验收记录
			1	2	3	4	5	6	7	8	9	10	
1	结构外形影响	设计要求												
2	焊接（螺栓）强度	设计要求												
3	表面修整	设计要求												

施工单位检查评定结果	项目专业质量检查员： 年　月　日
监理（建设）单位验收结论	监理工程师： （业主单位项目专业技术负责人） 年　月　日

钢结构支顶隐蔽工程检验记录

编号：C5-02-08-04

工程名称				业主单位	
施工单位				监理单位	
验收部位		验收日期		图号	
隐蔽检查内容					
施工单位检查结果	项目专业质量检查员： 年 月 日				
	项目专业技术负责人		专业工长（施工员）		
监理（建设）单位结论	监理工程师： （业主单位项目专业技术负责人） 年 月 日				

＿＿＿＿＿＿＿＿裂隙加固分部（子分部）工程验收记录

编号：C5-03-00

工程名称				结构类型	土遗址
施工单位		技术部门负责人		质量部门负责人	
分包单位		分包单位负责人		分包技术负责人	

序号	分项工程名称	检验批次	施工单位检查评定	验收意见
1	裂隙注浆			
2	裂隙充填注浆			
3				
4				
5				
6				
7				
8				
质量控制资料				
安全和功能检验（检测）报告				
观感质量验收				

验收单位	分包单位	项目经理	年 月 日
	施工单位	项目经理	年 月 日
	勘察单位	项目负责人	年 月 日
	设计单位	项目负责人	年 月 日
	监理（建设）单位	总监理工程师 （业主单位项目专业负责人） 年 月 日	

_____裂隙注浆分项工程质量验收记录

编号：C5-03-01-01

工程名称			结构类型	土遗址	检验批次	
施工单位		项目经理		项目技术负责人		
分包单位		分包单位负责人		分包项目经理		

序号	检验批部位、区段	施工单位检查评定结果	监理（建设）单位验收结论
1			
2			
3			
4			
5			
6			
7			
8			
9			
10			
11			
12			
13			
14			

说明：

检查结论	项目专业技术负责人： 年　月　日	验收结论	监理工程师： （业主单位项目专业技术负责人） 年　月　日

＿＿＿＿＿＿＿报验申请表

工程名称：　　　　　　　　　　　　　　　　　　　　　　　　编号：C5-03-01-02

致：　　　　　　　　　　　　　　　　　　　　　（监理单位） 　我单位已完成了＿＿＿＿＿＿＿＿工作，现报上该工程报验申请表，请予以审查和验收。 　附件：1. 裂隙注浆工程质量检验批验收记录 　　　　2. 加固前后照片   承包单位（章）＿＿＿＿＿＿＿ 项　目　经　理＿＿＿＿＿＿＿ 日　　　期＿＿＿＿＿＿＿
审查意见：   项目监理机构＿＿＿＿＿＿＿ 专业监理工程师＿＿＿＿＿＿＿ 日　　　期＿＿＿＿＿＿＿

裂隙注浆工程检验批质量验收记录

编号：C5-03-01-03

工程名称											验收部位	
施工单位											项目经理	
施工执行标准 名称及编号											专业工长	

主控项目	规范规定 （设计要求）	施工单位检查评定记录										监理（建设） 单位验收记录
		1	2	3	4	5	6	7	8	9	10	
1	PS 溶液浓度	设计要求											
2	PS-C 浆液配比	设计要求											
3	水灰比	设计要求											
4	粉土材质	设计要求											

一般项目	规范规定 （设计要求）	施工单位检查评定记录										监理（建设） 单位验收记录
		1	2	3	4	5	6	7	8	9	10	
1	裂缝口 PS 溶液喷洒	设计要求											
2	PS-C 浆液 封闭裂隙	设计要求											
3	预埋塑胶灌浆管	设计要求											
4	裂隙灌浆	设计要求											

施工单位检查 评定结果	项目专业质量检查员： 　　　　　　　　　　　　　　　年　月　日
监理（建设）单位 验收结论	监理工程师： （业主单位项目专业技术负责人） 　　　　　　　　　　　　　　　年　月　日

＿＿＿＿＿＿＿＿裂隙充填注浆分项工程质量验收记录

工程名称				结构类型	土遗址	检验批次	
施工单位		项目经理			项目技术负责人		
分包单位		分包单位负责人			分包项目经理		

序号	检验批部位、区段	施工单位检查评定结果	监理（建设）单位验收结论
1			
2			
3			
4			
5			
6			
7			
8			
9			
10			
11			
12			
13			
14			

说明：

检查结论	项目专业 技术负责人： 年　月　日	验收结论	监理工程师： （业主单位项目专业技术负责人） 年　月　日

＿＿＿＿＿＿＿裂隙充填注浆报验申请表

工程名称：　　　　　　　　　　　　　　　　　　编号：C5-03-02-02

致：＿＿＿＿＿＿＿＿＿＿＿＿＿＿＿＿＿＿＿（监理单位）
我单位已完成了＿＿＿＿＿＿＿＿＿＿工作，现报上该工程报验申请表，请予以审查和验收。 附件：1. 裂隙充填注浆工程质量检验批验收记录 　　　2. 加固前后照片   承包单位（章）＿＿＿＿＿＿＿＿＿＿ 项 目 经 理＿＿＿＿＿＿＿＿＿＿ 日　　　期＿＿＿＿＿＿＿＿＿＿
审查意见：   项目监理机构＿＿＿＿＿＿＿＿＿＿ 专业监理工程师＿＿＿＿＿＿＿＿＿＿ 日　　　期＿＿＿＿＿＿＿＿＿＿

裂隙充填注浆工程检验批质量验收记录

编号：C5-03-02-03

工程名称												验收部位	
施工单位												项目经理	
施工执行标准名称及编号												专业工长	

	主控项目	规范规定（设计要求）	施工单位检查评定记录										监理（建设）单位验收记录
			1	2	3	4	5	6	7	8	9	10	
1	PS 溶液浓度	设计要求											
2	PS-C 浆液配比	设计要求											
3	土块大小	设计要求											
4	粉土材质	设计要求											

	一般项目	规范规定（设计要求）	施工单位检查评定记录										监理（建设）单位验收记录
			1	2	3	4	5	6	7	8	9	10	
1	裂缝口 PS 溶液喷洒	设计要求											
2	PS-C 浆液封闭裂隙	设计要求											
3	预埋塑胶灌浆管	设计要求											
4	裂隙灌浆	设计要求											

施工单位检查评定结果	项目专业质量检查员： 年 月 日
监理（建设）单位验收结论	监理工程师： （业主单位项目专业技术负责人） 年 月 日

防水整治分部（子分部）工程验收记录

编号：C5-04-00

工程名称				结构类型	土遗址
施工单位		技术部门负责人		质量部门负责人	
分包单位		分包单位负责人		分包技术负责人	

序号	分项工程名称	检验批次	施工单位检查评定	验收意见
1	冲沟整治			
2	顶部排水处理			
3	边坡排水			
4				
5				
6				
8				
9				
质量控制资料				
安全和功能检验（检测）报告				
观感质量验收				

验收单位	分包单位	项目经理	年　月　日
	施工单位	项目经理	年　月　日
	勘察单位	项目负责人	年　月　日
	设计单位	项目负责人	年　月　日
	监理（建设）单位	总监理工程师 （业主单位项目专业负责人） 年　月　日	

＿＿＿＿＿＿＿＿冲沟整治分项工程质量验收记录

编号：C5-04-01-01

工程名称			结构类型	土遗址	检验批次	
施工单位		项目经理		项目技术负责人		
分包单位		分包单位负责人		分包项目经理		
序号	检验批部位、区段	施工单位检查评定结果		监理（建设）单位验收结论		
1						
2						
3						
4						
5						
6						
7						
8						
9						
10						
11						
12						
13						
14						

说明：

检查结论	项目专业 技术负责人： 年　月　日	验收结论	监理工程师： （业主单位项目专业技术负责人） 年　月　日

＿＿＿＿＿＿＿＿＿＿＿冲沟整治工程报验申请表

工程名称：　　　　　　　　　　　　　　　　　　　　　　　　编号：C5-04-01-02

致：＿＿＿＿＿＿＿＿＿＿＿＿＿＿＿＿＿＿＿＿（监理单位）

　　我单位已完成了＿＿＿＿＿＿＿＿＿工作，现报上该工程报验申请表，请予以审查和验收。

　　附件：1. 冲沟整治工程检验批质量验收记录

　　　　　2. 冲沟整治前后照片

承包单位（章）＿＿＿＿＿＿＿＿＿

项 目 经 理＿＿＿＿＿＿＿＿＿

日　　　期＿＿＿＿＿＿＿＿＿

审查意见：

项目监理机构＿＿＿＿＿＿＿＿＿

专业监理工程师＿＿＿＿＿＿＿＿＿

日　　　期＿＿＿＿＿＿＿＿＿

冲沟整治工程检验批质量验收记录

编号：C5-04-01-03

工程名称												验收部位	
施工单位												项目经理	
施工执行标准名称及编号		设计图纸										专业工长	

主控项目		规范规定（设计要求）	施工单位检查评定记录										监理（建设）单位验收记录
			1	2	3	4	5	6	7	8	9	10	
1	夯填土最优含水	设计要求												
2	夯填土配合比	设计要求												
3	夯层厚度	设计要求												

一般项目		规范规定（设计要求）	施工单位检查评定记录										监理（建设）单位验收记录
			1	2	3	4	5	6	7	8	9	10	
1	夯填方法	设计要求												
2	夯填深度	设计要求												
3	表面修整	设计要求												

施工单位检查评定结果	项目专业质量检查员： 年 月 日
监理（建设）单位验收结论	监理工程师： （业主单位项目专业技术负责人） 年 月 日

_____顶部排水处理分项工程质量验收记录

编号：C5-04-02-01

工程名称			结构类型	土遗址	检验批次	
施工单位		项目经理		项目技术负责人		
分包单位		分包单位负责人		分包项目经理		
序号	检验批部位、区段		施工单位检查评定结果		监理（建设）单位验收结论	
1						
2						
3						
4						
5						
6						
7						
8						
9						
10						
11						
12						
13						
14						

说明：

检查结论	项目专业技术负责人： 　　　　年　月　日	验收结论	监理工程师： （业主单位项目专业技术负责人） 　　　　年　月　日

＿＿＿＿＿＿＿＿顶部排水处理工程报验申请表

工程名称：　　　　　　　　　　　　　　　　　　　　　　编号：C5-04-02-02

<table>
<tr><td colspan="2">
致：＿＿＿＿＿＿＿＿＿＿＿＿＿＿＿＿＿＿＿＿＿（监理单位）
　　我单位已完成了＿＿＿＿＿＿＿＿＿＿工作，现报上该工程报验申请表，请予以审查和验收。
　　附件：1. 顶部排水处理工程检验批质量验收记录
　　　　　2. 顶部排水处理前后照片

承包单位（章）＿＿＿＿＿＿＿＿＿
项 目 经 理＿＿＿＿＿＿＿＿＿
日　　　期＿＿＿＿＿＿＿＿＿
</td></tr>
<tr><td colspan="2">
审查意见：

项目监理机构＿＿＿＿＿＿＿＿＿
专业监理工程师＿＿＿＿＿＿＿＿＿
日　　　期＿＿＿＿＿＿＿＿＿
</td></tr>
</table>

顶部排水处理工程检验批质量验收记录

编号：C5-04-02-03

工程名称												验收部位	
施工单位												项目经理	
施工执行标准 名称及编号		设计图纸										专业工长	

主控项目		规范规定 （设计要求）	施工单位检查评定记录										监理（建设） 单位验收记录
			1	2	3	4	5	6	7	8	9	10	
1	夯填土最优含水	设计要求											
2	墙顶坡度	设计要求											
3	夯土配比	设计要求											

一般项目		规范规定 （设计要求）	施工单位检查评定记录										监理（建设） 单位验收记录
			1	2	3	4	5	6	7	8	9	10	
1	夯筑方法	设计要求											
2	区域夯填深度	设计要求											
3	表面修整	设计要求											

施工单位检查 评定结果	项目专业质量检查员： 　　　　　年　　月　　日
监理（建设）单位 验收结论	监理工程师： （业主单位项目专业技术负责人） 　　　　　年　　月　　日

_____边坡坡脚排水分项工程质量验收记录

编号：C5-04-03-01

工程名称			结构类型	土遗址	检验批次	
施工单位		项目经理		项目技术负责人		
分包单位		分包单位负责人		分包项目经理		

序号	检验批部位、区段	施工单位检查评定结果	监理（建设）单位验收结论
1			
2			
3			
4			
5			
6			
7			
8			
9			
10			
11			
12			
13			
14			

说明：

检查结论	项目专业技术负责人： 年 月 日	验收结论	监理工程师： （业主单位项目专业技术负责人） 年 月 日

边坡坡脚排水工程报验申请表

工程名称：　　　　　　　　　　　　　　　　　　　　　　　　　编号：C5-04-03-02

致：　　　　　　　　　　　　　　　　　　　（监理单位）
　　我单位已完成了　　　　　　　　　　工作，现报上该工程报验申请表，请予以审查和验收。
　　附件：1.边坡排水工程检验批质量验收记录
　　　　　2.边坡排水前后照片

承包单位（章）　　　　　　　　

项 目 经 理　　　　　　　　

日　　　期　　　　　　　　

审查意见：

项目监理机构　　　　　　　　

专业监理工程师　　　　　　　　

日　　　期　　　　　　　　

边坡坡脚排水工程检验批质量验收记录

编号：C5-04-03-03

工程名称												验收部位	
施工单位												项目经理	
施工执行标准名称及编号		设计图纸										专业工长	

主控项目		规范规定（设计要求）	施工单位检查评定记录										监理（建设）单位验收记录
			1	2	3	4	5	6	7	8	9	10	
1	夯填土最优含水	设计要求												
2	边坡排水坡度	设计要求												
3	夯土配比	设计要求												

一般项目		规范规定（设计要求）	施工单位检查评定记录										监理（建设）单位验收记录
			1	2	3	4	5	6	7	8	9	10	
1	夯筑方法	设计要求												
2	区域夯填深度	设计要求												
3	表面修整	设计要求												

施工单位检查评定结果	项目专业质量检查员： 年 月 日
监理（建设）单位验收结论	监理工程师： （业主单位项目专业技术负责人） 年 月 日

_____预警保护分部（子分部）工程验收记录

编号：C5-05-00

工程名称				结构类型	土遗址
施工单位		技术部门负责人		质量部门负责人	
分包单位		分包单位负责人		分包技术负责人	

序号	分项工程名称	检验批次	施工单位检查评定	验收意见	
1	变形监测预警				
2					
3					
4					
5					
6					
8					
9					
	质量控制资料				
安全和功能检验（检测）报告					
	观感质量验收				

验收单位	分包单位	项目经理	年　月　日
	施工单位	项目经理	年　月　日
	勘察单位	项目负责人	年　月　日
	设计单位	项目负责人	年　月　日
	监理（建设）单位	总监理工程师： （业主单位项目专业负责人） 年　月　日	

_____变形监测预警分项工程质量验收记录

编号：C5-05-01-01

工程名称				结构类型	土遗址	检验批次	
施工单位			项目经理			项目技术负责人	
分包单位			分包单位负责人			分包项目经理	
序号	检验批部位、区段		施工单位检查评定结果		监理（建设）单位验收结论		
1							
2							
3							
4							
5							
6							
7							
8							
9							
10							
11							
12							
13							
14							

说明：

检查结论	项目专业技术负责人： 年 月 日	验收结论	监理工程师： （业主单位项目专业技术负责人） 年 月 日

＿＿＿＿＿＿＿＿变形监测预警工程报验申请表

工程名称：　　　　　　　　　　　　　　　　　　　　　编号：C5-05-01-02

致：＿＿＿＿＿＿＿＿＿＿＿＿＿＿＿＿＿（监理单位） 　我单位已完成了＿＿＿＿＿＿＿＿工作，现报上该工程报验申请表，请予以审查和验收。 　附件：1. 变形监测预警工程检验批质量验收记录 　　　　2. 变形监测设备平面布置图   承包单位（章）＿＿＿＿＿＿＿ 项 目 经 理＿＿＿＿＿＿＿ 日　　　期＿＿＿＿＿＿＿
审查意见：   项目监理机构＿＿＿＿＿＿＿ 专业监理工程师＿＿＿＿＿＿＿ 日　　　期＿＿＿＿＿＿＿

变形监测预警工程检验批质量验收记录

编号：C5-05-01-03

工程名称												验收部位	
施工单位												项目经理	
施工执行标准 名称及编号												专业工长	

主控项目		规范规定 （设计要求）	施工单位检查评定记录										监理（建设） 单位验收记录
			1	2	3	4	5	6	7	8	9	10	
1	变形监测设备精度	设计要求											
2	监测密度	设计要求											
3	监测阈值	设计要求											
4	设备环境影响评估	设计要求											

一般项目		规范规定 （设计要求）	施工单位检查评定记录										监理（建设） 单位验收记录
			1	2	3	4	5	6	7	8	9	10	
1	设备安设密度	设计要求											
2	预警信息传达通道	设计要求											
3	安全预案	设计要求											

施工单位检查 评定结果	项目专业质量检查员： 　　　　　　　　　　　　　　年　月　日
监理（建设）单位 验收结论	监理工程师： （业主单位项目专业技术负责人） 　　　　　　　　　　　　　　年　月　日

＿＿＿＿＿＿＿＿周边环境整治固分部（子分部）工程验收记录

编号：C5-06-00

工程名称				结构类型	土遗址
施工单位		技术部门 负责人		质量部门 负责人	
分包单位		分包单位 负责人		分包技术 负责人	

序号	分项工程名称	检验批次	施工单位检查评定	验收意见
1	场地平整			
2				
3				
4				
5				
6				
7				
8				
质量控制资料				
安全和功能检验（检测）报告				
观感质量验收				

验收单位	分包单位	项目经理	年　月　日
	施工单位	项目经理	年　月　日
	勘察单位	项目负责人	年　月　日
	设计单位	项目负责人	年　月　日
	监理（建设）单位		总监理工程师： （业主单位项目专业负责人） 年　月　日

＿＿＿＿＿＿＿场地平整分项工程质量验收记录

编号：C5-06-03-01

工程名称			结构类型	土遗址	检验批次	
施工单位		项目经理		项目技术负责人		
分包单位		分包单位负责人		分包项目经理		

序号	检验批部位、区段	施工单位检查评定结果	监理（建设）单位验收结论
1			
2			
3			
4			
5			
6			
7			
8			
9			
10			
11			
12			
13			
14			

说明：

检查结论	项目专业技术负责人： 年 月 日	验收结论	监理工程师： （业主单位项目专业技术负责人） 年 月 日

_____场地平整工程报验申请表

工程名称：　　　　　　　　　　　　　　　　　　　　　　编号：C5-06-03-02

致：_____（监理单位）
　　我单位已完成了_____工作，现报上该工程报验申请表，请予以审查和验收。
　　附件：1. 场地平整工程检验批质量验收记录
　　　　　2. 场地平整前后对比照片

承包单位（章）_____
项 目 经 理 _____
日　　期 _____

审查意见：

项目监理机构 _____
专业监理工程师 _____
日　　期 _____

场地平整工程检验批质量验收记录

编号：C5-06-03-03

工程名称												验收部位	
施工单位												项目经理	
施工执行标准名称及编号												专业工长	
主控项目		规范规定（设计要求）	施工单位检查评定记录										监理（建设）单位验收记录
			1	2	3	4	5	6	7	8	9	10	
1	场地平整度	设计要求											
2	场地排水坡度	设计要求											
3	与遗址协调性	设计要求											
一般项目		规范规定（设计要求）	施工单位检查评定记录										监理（建设）单位验收记录
			1	2	3	4	5	6	7	8	9	10	
1	场地平整影响面积	设计要求											
2	环境干预整治程度	设计要求											
3	周边环境	设计要求											
施工单位检查评定结果		项目专业质量检查员： 年 月 日											
监理（建设）单位验收结论		监理工程师： （业主单位项目专业技术负责人） 年 月 日											

×××工程

（单位工程）初步验收记录

（单位名称）（公章）

年　月　日

×××工程

（单位工程名称）质量初步验收申请表

编号：C0-01

工程名称			工程地址	
施工类型				
开工日期			完工日期	
工程验收条件具备情况	项目内容	施工单位自检情况		
	完成工程设计和合同约定的情况			
	施工安全评价书			
	工程款支付情况			
	监理部指令整改问题的执行情况			
		施工单位项目部： 项 目 经 理： 项目现场负责人： 项目技术负责人： 　　　　　　　年　月　日		
项目监理机构意见： 　　　　　　　　　项目监理机构： 　　　　　　　　　总监理工程师： 　　　　　　　　　　　　年　月　日				

×××单位工程初步验收记录

编号：C0-02

工程名称				施工类型	
施工单位		技术负责人		开工日期	
项目经理		项目技术负责人		完工日期	

序号	项目	验收记录	验收意见
1	分部工程	共 分部，经查 分部符合标准及设计要求 分部	经对各专业分部验收，工程质量满足设计要求及有关规范，同意验收
2	质量控制资料核查	共 项，经审查符合要求 项，经核定符合规范要求 项	质量控制资料经核查共 项，均符合有关规范要求，同意验收
3	观感质量验收	共抽查 项，符合要求 项，不符合要求 项	观感质量验收为：
4	综合验收意见	经对本单体工程综合验收，验收各项均满足有关规范、标准和设计要求，同意单体工程完工初步验收。综合验收意见：＿＿＿＿＿	

参加验收人员	业主单位	监理单位	施工单位
	甲方代表： 年 月 日	项目监理机构： 总监理工程师： 专业监理工程师： 年 月 日	施工单位项目部： 项目经理： 项目现场负责人： 项目技术负责人： 年 月 日

×××单位工程施工现场质量管理检查记录

编号：C0-03

工程名称		施工许可证号	
施工单位	敦煌研究院文物保护技术服务中心	项目技术负责	
序号	项　目	内　容	
1	现场质量管理制度	①质量例会制度；②质量与经济挂钩；③质量验收制度；④标准管理制度	
2	质量责任制	①岗位责任制；②设计交底制度；③技术交底制度；④挂牌制度；⑤原材料、构配件、设备采购制度	
3	主要专业工种操作上岗证书	测量工、电焊工、架子工、瓦工、电工	
4	地质勘察资源资料	地质报告书、工程编号、勘察证书号	
5	施工组织设计、施工方案及审批	施工组织设计、专项施工方案，报批、审批、手续齐全	
6	施工技术标准	①文物保护准则及相关规范；②设计要求	
7	工程质量检验制度	①原材料构配件、设备检验制度；②见证取样送样制度；③施工过程试验制度；④随机检测制度	
8	现场材料、设备存放与管理	①原材料仓库管理制度；②现场堆放及领用制度；③原材料进场检验、检测制度	

检查结论：

总监理工程师：

年　月　日

×××单位工程质量控制资料核查记录

编号：C0-04

单体工程名称		施工单位	敦煌研究院文物保护技术服务中心	
序号	资料名称	份数	核查意见	核查人
1	原材料出厂合格证及进场试验报告			
2	施工试验报告及见证检测报告			
3	隐蔽工程验收记录			
4	施工现场记录			
5	分项工程验收记录			
6	分部工程验收记录			
7	单位工程验收记录			
8				
9				

检查结论：

施工单位项目部：

项目经理：

年 月 日

项目监理机构：

总监理工程师：

年 月 日

×××单位工程观感质量检查记录

编号：C0-05

单体工程名称				施工单位						
序号	项目	抽查质量状况						质量评估		
								好	一般	差
1	墙体悬空区加固									
2	裂缝加固									
3	防水整治									
4	表面防风化加固									
5	预警保护									
6	周边环境整治									
7										
8										
9										

检查结论：

参加验收人员	业主单位	监理单位	施工单位
	甲方代表： 年　月　日	项目监理机构： 总监理工程师： 专业监理工程师： 年　月　日	施工单位项目部： 项　目　经　理： 项目现场负责人： 项目技术负责人： 年　月　日

注："△"好，"○"一般，"×"差

×××单位工程项目安全评估报告

编号：C0-06

单位名称		工程名称	
评估阶段		评估日期	
评估人员			
重大危险源与 不利环境因素	1. 本工程的最大危险源临近于参观路线，脚手架、危险块体的临时支护、锚杆安装等均按专项方案要求落实各项安全防护措施，危险部位已得到有效控制。 2. 本工程不利环境因素主要是噪声粉尘，已通过合理安排作业时间及局部封闭施工得到有效控制。 3. 本工程的施工面较窄，道路堆放的材料，设备和机具等，考虑到对文物的影响，严格按照相关规范进行现场布置，有效控制整个施工过程		
自我完善 运行机制	我项目部施工现场实行安保体系以来，通过合理的资源配置、各部门的职责分工，以及对各体系要素的有计划、不间断的检查审核和持续改进，有序地、协调一致地处理体系的安全事务，从而螺旋上升，保持体系不断提高		
遵章守纪 安全意识	通过贯彻安保体系，自项目经理、各技术管理人员到班组长及工人均能不同程度明白各自的安全生产职责，以使所有有关人员能够按照规定职责、权限开展工作和及时有效地采取纠正和预防措施。工人违纪现象有所减少，现场安全隐患能及时发现并整改		
经验及做法	1. 及时做好对危险源和不利环境因素的不断识别、评价、更新，并将识别的危险源及时通知各班组，并做好相应的交底及监控工作。 2. 每天上班前15分钟，由班组长召集本班工人进行安全讲评，总结昨日不足，指出本日工作的危险源及注意事项。本活动由现场负责人组织各管理人员到班组进行监督检查		
改进要求 和措施	1. 个别管理人员、班组长对安保体系认识不足，未能更好地履行安全职责，应加强管理人员、班组长对体系的学习和认识。 2. 对违章处理不应仅是罚款，应以教育为主，同时奖罚要公平，多与职工沟通，防止出现对立情绪。 3. 对职工的安全教育流于形式，部分尚停留在纸上未认真开展。应加强对职工的安全教育，特别要教育职工了解本职工作中存在的危险源及不利环境因素，以及违章作业可能产生的不良影响和后果。 4. 应加强对分包班组的安全管理，不能以包代管。各分包班组应设安全管理人员，项目部应对各分包班组的安全教育、交底等工作加强监督和指导		

项目负责人：　　　　　　　　　　　　　　　　　　　填表人：

　　年　月　日　　　　　　　　　　　　　　　　　　　年　月　日

5.3.6　工程安全及评估

_____安全预案实施报验申请表

工程名称：　　　　　　　　　　　　　　　　　　　　　　　　　编号：C6-01

致：_____（监理单位）
　　我单位已完成了_____工作，现报上该工程报验申请表，请予以审查和验收。
　　附件：1. 安全预案实施验收记录
　　　　　2. 安全施工预案
　　　　　3. 主要措施照片

承包单位（章）_____
项 目 经 理 _____
日　　　期 _____

审查意见：

项目监理机构 _____
专业监理工程师 _____
日　　　期 _____

安全施工预案实施验收记录

编号：C6-02

工程名称												单位工程	
施工单位												项目经理	

主控项目		规范规定（设计要求）	施工单位检查评定记录										监理（建设）单位验收记录
			1	2	3	4	5	6	7	8	9	10	
1	安全保护措施	设计要求											
2	安全通道	设计要求											
3	安保人员配置及演练	设计要求											

一般项目		规范规定（设计要求）	施工单位检查评定记录										监理（建设）单位验收记录
			1	2	3	4	5	6	7	8	9	10	
1	安全教育	设计要求											
2	安全检查及制度	设计要求											
3	安全巡视	设计要求											

施工单位检查评定结果	项目专业质量检查员： 年　月　日
监理（建设）单位验收结论	监理工程师： （业主单位项目专业技术负责人） 年　月　日

×××工程

（单位工程名称）安全施工预案

编写：

审核：

审批：

编写单位名称（签章）

编写日期

监理单位审批意见：
总监理工程师签字：　　　　　年　月　日

5.3.7　工程投资控制记录

工程预付款申请表

工程名称：　　　　　　　　　　　　　　　　　　　　　　　　　编号：C7-01-01

致：＿＿＿＿＿＿＿＿＿＿＿＿＿＿＿＿＿＿＿（监理单位） 　　我方已完成了＿＿＿＿＿＿＿＿工作，按施工合同的规定，业主单位应在＿＿年＿＿月＿＿日前支付该工程预付款共（大写）＿＿＿＿＿＿＿＿（小写：＿＿＿＿＿＿＿＿），现报上＿＿＿＿＿＿＿＿工程预付款申请表，请予以审查并开具工程款支付证书。 　　附件：1. 工程预付款申请   　　　　　　　　　　　　　　　　　　　　　　　　　承包单位（章）＿＿＿＿＿＿＿＿ 　　　　　　　　　　　　　　　　　　　　　　　　　项　目　经　理＿＿＿＿＿＿＿＿ 　　　　　　　　　　　　　　　　　　　　　　　　　日　　　　期＿＿＿＿＿＿＿＿

×××工程

预付款申请

　　由我单位承担施工的_____工程，于___年___月___日签订合同，计划于___年___月___日正式开工。依据_____工程施工合同规定，现申请支付本工程预付款：（小写）_____（大写：_____）。

单位名称（盖章）

年　月　日

工程计量报验申请表

工程名称：   编号：C7-02-01

致：_____（监理单位）

　　现申报该工程合同约定工程款，___年___月___日至___年___月___日完成的工程量如附件。请予核验计量，你部的核定结果，将作为我项目申请支付本体期工程款的依据。

计算表序号	单位工程	申报数（元）	本期核定数（元）	累计已付工程款（元）
1				
2				
3				
4				
5				
6				
7				
8				
合　计				

总计已付工程款（元）	（大、小写）		

序号	附件名称		
1			
2			

项目经理（签章）		项目经理部（章）	年　月　日	
合同约定应扣款	预付款		保留金	
	其他应扣款		合计	

核定本期应付款为：（大、小写）

监理单位意见：

　　　　　　　　　　　　总监理工程师：　　　　　　　项目监理部（章）　年　月　日

意见：

　　　　　　　　　　　　　　　　　　　　　代表：　　　　（章）　年　月　日

收件日期：　　　　　监理返件：　　　　施工收件及日期：

工程款支付证书

工程名称：　　　　　　　　　　　　　　　　　　　　　　　　　　编号：C7-02-02

致：＿＿＿＿＿＿＿＿＿＿＿＿＿＿＿＿＿＿＿＿（业主单位）
　　　根据施工合同的规定，经审核承包单位的付款申请和报表，并扣除有关款项，同意本期支付该工程款共（大写：＿＿＿＿＿＿＿＿＿）（小写：＿＿＿＿＿＿＿＿　）。请按合同规定及时付款。

　　　其中：
　　　1. 承包单位申请拨款：＿＿＿＿＿＿＿＿＿元；
　　　2. 审核承包单位应得款为：＿＿＿＿＿＿＿＿＿元；
　　　3. 应扣款为：＿＿＿＿＿＿＿＿＿元；
　　　4. 应付款为：＿＿＿＿＿＿＿＿＿元；
　　　5. 计算方法：

　　　附件：1. 承包单位的工程付款申请表及附件
　　　　　　2. 项目监理机构审查记录

　　　　　　　　　　　　　　　　　　　　　项目监理机构＿＿＿＿＿＿＿＿＿
　　　　　　　　　　　　　　　　　　　　　总监理工程师＿＿＿＿＿＿＿＿＿
　　　　　　　　　　　　　　　　　　　　　日　　期＿＿＿＿＿＿＿＿＿

工程进度款申请表

工程名称：   编号：C7-02-03

致：＿＿＿＿＿＿＿＿＿＿＿＿＿＿＿＿＿＿＿＿＿＿＿（监理单位） 　　我方已完成了＿＿＿＿＿＿＿＿＿＿工作，按施工合同的规定，业主单位应在＿＿年＿＿月＿＿日前支付该工程预付款款共（大写：＿＿＿＿＿＿＿＿＿＿）（小写：＿＿＿＿＿＿＿＿＿＿），现报上＿＿＿＿＿＿＿＿＿＿工程预付款申请表，请予以审查并开具工程款支付证书。 　　　附件：1. 工程量清单 　　　　　　2. 计算方法   　　　　　　　　　　　　　　　　　　　　　　承包单位（章）＿＿＿＿＿＿＿＿ 　　　　　　　　　　　　　　　　　　　　　　项 目 经 理＿＿＿＿＿＿＿＿ 　　　　　　　　　　　　　　　　　　　　　　日　　　期＿＿＿＿＿＿＿＿

已完成工程费用汇总表

工程名称：　　　　　　　　　　　　　　　　　　　　　　编号：C7-02-04

序号	单位工程名称	金额（元）
1		
2		
3		
4		
5		
6		
7		
8		
9		
10		
11		
12		
13		
14		
15		
16		
17		
18		
19		
合计		

单位工程费汇总表

工程名称： 编号：C7-02-05

序号	项目名称	金额（元）
1	分部分项工程量清单计价合计	
2	措施项目清单计价合计	
3	其他项目清单计价合计	
4	规费	
	合计	

分部分项工程量清单计价表

工程名称：　　　　　　　　　　　　　　　　　　　　　　　　　编号：C7-02-06

序号	项目编码	项目名称	计量单位	工程数量	金额（元）	
					综合单价	合价

措施项目清单计价表

工程名称：　　　　　　　　　　　　　　　　　　　　　　　　编号：C7-02-07

序号	项目名称	费率	金额（元）
1	环境保护		
2	文明施工		
3	安全施工		
4	临时设施		
5	冬雨季施工		
6	多次搬运		
7	专用设备、专利产品进出场费		
8	已完工程保护		
9	垂直运输机械		
10	生产工具用具使用费		
11	临时措施费		
12	特殊工程培训费		
13	特殊地区补贴费		
14	现场施工围栏		
15	档案建设费		
16	检验试验费		
17	放线定位费		
	合计		

规费、税金计价表

工程名称：　　　　　　　　　　　　　　　　　　　　　　　　编号：C7-02-08

序号	名称	费率（%）	基价（元）	合价（元）
1	规费			
2	税金			
合计				

×××工程

×××月工程进度计量报告

（单位名称）（公章）

年　月　日

工程签证／索赔报验申请表

工程名称：　　　　　　　　　　　　　　　　　　　　　　　　　　编号：C7-03-01

致：＿＿＿＿＿＿＿＿＿＿＿＿＿＿＿＿＿＿＿＿（监理单位） 　　因＿＿＿＿＿＿＿＿＿＿＿＿＿＿＿＿＿＿原因，根据合同规定及相关文物保护相关法律法规要 求，索赔金额＿＿＿＿＿＿＿＿＿元。
索赔／签证类型：
索赔／签证项目：
索赔／签证申请所依据的合同条款及相关法律法规条款：
附件：索赔／签证证据及相关资料
承包人递交日期：
监理单位审核意见：（签章）   　　　　　　　　　　　　　　　　　专业监理工程师：　　年　月　日 　　　　　　　　　　　　　　　　　总 监 理 工 程：　　年　月　日
意见：（签章）   　　　　　　　　　　　　　　　　　业 主 代 表：　　年　月　日 　　　　　　　　　　　　　　　　　项 目 负 责 人：　　年　月　日

×××工程竣工决算

×××工程

竣工决算

编　制：
审　核：
审　定：

（单位名称）（公章）

年　月　日

目　　录

一、决算书
二、编制说明
三、工程量清单决算
四、实际完成工程量清单
五、施工合同
六、经济标文件（报价清单）

×××工程
竣工决算报价

编号：C7-04-01

工程名称	
总价（小写）	
（大写）	

编号：C7-04-02

×××工程造价审核定案通知书

工程名称		
业主单位		
施工单位		送审价
施工内容		审定价
施工时间	年 月 日至 年 月 日	核减额
审核时间	年 月 日至 年 月 日	
审定工程造价（大写、资质章）：		

业主单位：（公章）
负责人签字：
代表签字：

施工单位：（公章）
负责人签字：
代表签字：

咨询单位：（公章）
负责人签字：

注：现将本工程结算审核结果送达你们，接到通知书后如有异议，请于收到之日起十日内来复议，逾期则按本通知书办理。

5.3.8　会议纪要及往来函件

×××工程第一次工地会议纪要

编号：C8-01

×××工程第一次工地会议纪要

时间：

地点：

参会人员：

主持人：（业主项目负责人或代表）

纪要如下：

参加会议人员签字表

勘察单位	
设计单位	
监理单位	
施工单位	

×××工程图纸会审会议纪要

×××工程图纸会审会议纪要	
时间： 地点： 参会人员： 主持人：（业主项目负责人或代表） 纪要如下： 　　施工单位：提出问题 　　监理单位：提出问题 　　勘察设计单位：回答问题 参加会议人员签字表	
勘察单位	
设计单位	
监理单位	
施工单位	

×××工程第　次工地监理例会会议纪要

×××工程第　次工地监理例会会议纪要
时间： 地点： 主持人：（监理工程师或监理单位代表）   设计单位： 监理单位： 施工单位：   内容： 　　监理单位：总结陈述前一阶段工程进展，指出不足。 　　设计单位：总结陈述前一阶段工程进展，指出不足。 　　施工单位：总结陈述前一阶段工程进展，计划安排下一阶段工作，并通过管理措施改进不足。   参加会议人员签字表

勘察单位	
设计单位	
监理单位	

监理工程师通知

工程名称：   编号：C8-04

致：_____（施工单位）

事由：

内容：

监理工程师通知回复单

工程名称：　　　　　　　　　　　　　　　　　　　　　　　　编号：C8-05

致：_____（施工单位）

　　我方接到编号为_____监理工程师通知单后，已按照通知单要求完成了

_____各项工作任务，现报上，请予以逐条复查。

详细内容：

承包单位（章）_____

项 目 经 理_____

日　　期_____

复查意见：

项目监理机构_____

专业监理工程师_____

日　　期_____

不合格工程监理通知单

工程名称：　　　　　　　　　　　　　　　　　　　　　　　　　　　编号：C8-06

致：　　　　　　　　　　　　　　　　　　（施工单位）

不合格工程范围及事由：

附件：示意图及结构图

详细内容：

项目监理机构　　　　　　　　　
专业监理工程师　　　　　　　　　
日　　期

监理联系单

工程名称：　　　　　　　　　　　　　　　　　　　　　　　　　编号：C8-07

致：＿＿＿＿＿＿＿＿＿＿＿＿＿＿＿＿＿＿＿（施工单位）

事由：

内容：

请于＿＿＿＿＿＿＿＿前以书面形式回复。

工程变更/洽商通知单

工程名称： 编号：C8-08

致：_____（施工单位） 　　按照_____设计变更文件要求，其技术处理措施按照设计变更执行。请予以核查后执行。	

变更 原由	
变更 内容	
	项目监理机构_____ 专业监理工程师_____ 日　　期_____

5.3.9　竣工验收文件

竣工验收申请表

工程名称：　　　　　　　　　　　　　　　　　　　　　　　　　编号：D1-01

致：_____（　　）
　　我单位已完成了_____的全部施工任务，现报上该工程报验申请表，请予以审查和
验收。
　　附件：1.完工验收记录
　　　　　2.质量控制资料核查记录
　　　　　3.观感质量检查记录
　　　　　4.质量初步验收申请表
　　　　　5.施工现场质量管理检查记录
　　　　　6.工程项目安全评估报告

承包单位（章）_____
项 目 经 理_____
日　　　期_____

审查意见：

项目监理机构_____
总＼专业监理工程师_____
日　　　期_____

×××工程

竣工验收申请

（单位名称）（公章）

年　月　日

×××工程完工验收记录

编号：D1-02

工程名称			施工类型		
施工单位			技术负责人		开工日期
项目经理			项目技术负责人		完工日期

序号	项目	验收记录	验收意见
1	分部工程	共　分部，经查　分部符合标准及设计要求　分部	经对各专业分部验收，工程质量满足设计要求及有关规范，同意验收
2	质量控制资料核查	共　项，经审查符合要求　项，经核定符合规范要求　项	质量控制资料经核查共　项，均符合有关规范要求，同意验收
3	观感质量验收	共抽查　项，符合要求　项，不符合要求　项	观感质量验收为：
4	综合验收意见	经对本单体工程综合验收，验收各项均满足有关规范、标准和设计要求，同意单体工程完工初步验收。综合验收意见：＿＿＿＿＿＿	

参加验收人员	监理单位	施工单位
	项目监理机构： 总监理工程师： 专业监理工程师： 　　　　年　月　日	施工单位项目部： 　项目经理： 项目现场负责人： 项目技术负责人： 　　　　年　月　日

×××工程质量控制资料核查记录

编号：D1-03

工程名称		施工单位	敦煌研究院文物保护技术服务中心	
序号	资料名称	份数	核查意见	核查人
1	原材料出厂合格证及进场试验报告			
2	施工试验报告及见证检测报告			
3	隐蔽工程验收记录			
4	施工现场记录			
5	分项工程验收记录			
6	分部工程验收记录			
7	单位工程验收记录			
8	预警监测报告			
9	竣工图			
10	竣工图册			
11	竣工报告			
12				

检查结论：

施工单位项目部：　　　　　　　　　　　　　　项目监理机构：

　　项 目 经 理：　　　　　　　　　　　　　　总监理工程师：

　　　　年 月 日　　　　　　　　　　　　　　　　年 月 日

×××工程观感质量检查记录

编号：D1-04

工程名称			施工单位		敦煌研究院文物保护技术服务中心		
序号	项目	抽查质量状况			质量评估		
					好	一般	差
1	墙体悬空区加固						
2	裂缝加固						
3	防水整治						
4	表面防风化加固						
5	预警保护						
6	周边环境整治						
7							
8							
9							
检查结论：							
参加验收人员	监理单位			施工单位			
	项目监理机构： 总监理工程师： 专业监理工程师： 　　　　　　　年　月　日			施工单位项目部： 　　项目经理： 项目现场负责人： 项目技术负责人： 　　　　　　　年　月　日			

注："△"好，"○"一般，"×"差

×××工程质量验收记录

编号：D1-05

工程名称			工程地址	
施工类型				
开工日期			完工日期	

工程验收条件具备情况	项目内容	施工单位自检情况
	完成工程设计和合同约定的情况	
	施工安全评价书	
	工程款支付情况	
	监理部指令整改问题的执行情况	

施工单位项目部：
项 目 经 理：
项目现场负责人：
项目技术负责人：
年 月 日

项目监理机构意见：

项目监理机构：
总监理工程师：
年 月 日

×××工程施工现场质量管理检查记录

编号：D1-06

工程名称		施工许可证号	
施工单位	敦煌研究院文物保护技术服务中心	项目技术负责人	

序号	项目	内容
1	现场质量管理制度	①质量例会制度；②质量与经济挂钩；③质量验收制度；④标准管理制度
2	质量责任制	①岗位责任制；②设计交底制度；③技术交底制度；④挂牌制度；⑤原材料、构配件、设备采购制度
3	主要专业工种操作上岗证书	测量工、电焊工、架子工、瓦工、电工
4	地质勘察资源资料	地质报告书、工程编号、勘察证书号
5	施工组织设计、施工方案及审批	施工组织设计、专项施工方案，报批、审批、手续齐全
6	施工技术标准	①文物保护准则及相关规范；②设计要求
7	工程质量检验制度	①原材料构配件、设备检验制度；②见证取样送样制度；③施工过程试验制度；④随机检测制度
8	现场材料、设备存放与管理	①原材料仓库管理制度；②现场堆放及领用制度；③原材料进场检验、检测制度

检查结论：

总监理工程师：

年 月 日

×××工程项目安全评估报告

编号：D1-07

单位名称		工程名称	
评估阶段	初步竣工验收阶段	评估日期	
评估人员			
重大危险源与不利环境因素	1. 本工程的重大危险源临于当地农民的行走道路、脚手架、危险崖体的临时支护、锚杆吊装等均能按专项方案要求落实各项安全防护措施，危险部位、过程已得到有效控制。 2. 本工程不利环境因素主要是噪声及粉尘，已通过合理安排作业时间及局部封闭施工得到有效控制。 3. 本工程施工面虽然较窄，但考虑到材料的堆放、设备和机具等对农民行走的影响，严格按照相关规范现场布置，有效控制整个施工过程		
自我完善运行机制	我项目部施工现场实行安保体系以来，通过合理的资源配置、各部门的职责分工，以及对各体系要素的有计划、不间断的检查审核和持续改进，有序地、协调一致地处理体系的安全事务，从而螺旋上升，保持体系不断提高		
遵章守纪安全意识	通过贯彻安保体系，自项目经理、各技术管理人员到班组长及工人均能不同程度明白各自的安全生产职责，以使所有有关人员能够按照规定职责、权限开展工作和及时有效地采取纠正和预防措施。工人违纪现象有所减少，现场安全隐患能及时发现并整改		
经验及做法	1. 及时做好对危险源和不利环境因素的不断识别、评价、更新，并将识别的危险源及时通知各班组，并做好相应的交底及监控工作。 2. 每天上班前15分钟，由班组长召集本班工人进行安全讲评，总结昨日不足，指出本日工作的危险源及注意事项。本活动由现场负责人组织各管理人员到班组进行监督检查		
改进要求和措施	1. 个别管理人员、班组长对安保体系认识不足，未能更好地履行安全职责，应加强管理人员、班组长对体系的学习和认识。 2. 对违章处理不应仅是罚款，应以教育为主，同时奖罚要公平，多与职工沟通，防止出现对立情绪。 3. 对职工的安全教育流于形式，部分尚停留在纸上未认真开展。应加强对职工的安全教育，特别要教育职工了解本职工作中存在的危险源及不利环境因素，以及违章作业可能产生的不良影响和后果。 4. 应加强对分包班组的安全管理，不能以包代管。各分包班组应设安全管理人员，项目部应对各分包班组的安全教育、交底等工作加强监督和指导		

项目负责人：　　　　　　　　　　　　　　　　　　　　　　填表人：

　　年　月　日　　　　　　　　　　　　　　　　　　　　年　月　日

×××工程竣工施工质量验收表

工程名称：　　　　　　　　　　　　　　　　　　　　　　　　　　　编号：D2-01

项目	序号	检查项目		标准及要求	审查方法	检查结果		
		分部工程	分项工程			优良	合格	不合格
遗址本体保护	1	悬空区加固	木锚杆锚固	牢固、协调	现场观察、感触、对照设计图纸及竣工档案询问抽查			
	2		玻璃纤维锚杆锚固	牢固、协调				
	3		夯筑砌补支顶	牢固、协调				
	4		土坯砌补支顶	牢固、协调				
	5		钢结构支顶	牢固、协调				
	6	裂隙加固	裂隙注浆	密实、协调				
	7		裂隙充填注浆	密实、协调				
	8	洞顶加固	洞顶加固	可靠、有效、协调、美观				
	9	防水整治	冲沟整治	密实、协调				
	10		墙顶排水处理	有效、协调				
	11		墙基排水处理	有效、协调				
	12	表面方分化	PS溶液喷洒渗透	有效、协调				
	13		PS溶液滴渗加固	有效、协调				
	14	周边环境整治	场地平整	平整、美观				
	15	预警保护	防护围栏	协调、有效				
	16		界碑安装	协调、有效				
	17		界桩安装	协调、有效				
	18		警示宣传牌	协调、有效				
审查结果（统计平均数 $K=$ ）					技术验收结论（优良、合格、不合格）			
审查组人员签名：					检查验收日期			

注：检查结果栏分为三个等级，可根据实际情况在符合实际情况的空格内打"√"，审查结果统计合格率 $K=$ （优良数＋合格数 ×0.6+ 不合格数 ×0）/项目审查数，$K \geqslant 0.8$ 为优良，$0.6 \leqslant K < 0.8$ 为合格，$K < 0.6$ 为不合格。

×××工程竣工技术工艺验收表

工程名称：　　　　　　　　　　　　　　　　　　　　　　　　　编号：D2-02

项目	序号	检查项目		标准及要求	审查方法	检查结果		
		分部工程	分项工程			优良	合格	不合格
遗址本体保护	1	悬空区加固	木锚杆锚固	牢固、协调	现场观察、感触、对照设计图纸及竣工档案询问抽查是够按照图纸要求施工			
	2		玻璃纤维锚杆锚固	牢固、协调				
	3		夯筑砌补支顶	牢固、协调				
	4		土坯砌补支顶	牢固、协调				
	5		钢结构支顶	牢固、协调				
	6	裂隙加固	裂隙注浆	密实、协调				
	7		裂隙充填注浆	密实、协调				
	8	洞顶加固	洞顶加固	可靠、有效、协调、美观				
	9	防水整治	冲沟整治	密实、协调				
	10		墙顶排水处理	有效、协调				
	11		墙基排水处理	有效、协调				
	12	表面方分化	PS溶液喷洒渗透	有效、协调				
	13		PS溶液滴渗加固	有效、协调				
	14	周边环境整治	场地平整	平整、美观				
	15	预警保护	防护围栏	协调、有效				
	16		界碑安装	协调、有效				
	17		界桩安装	协调、有效				
	18		警示宣传牌	协调、有效				
审查结果（统计平均数 $K=$ ）				技术验收结论（优良、合格、不合格）				
审查组人员签名：					检查验收日期			

注：检查结果栏分为三个等级，可根据实际情况在符合实际情况的空格内打"√"，审查结果统计合格率 $K=$（优良数＋合格数 ×0.6＋不合格数 ×0）/ 项目审查数，$K \geqslant 0.8$ 为优良，$0.6 \leqslant K < 0.8$ 为合格，$K < 0.6$ 为不合格。

×××工程竣工档案资料审查表

工程名称：   编号：D2-03

施工单位								
单位	序号	审查内容	标准及要求	审查方法	检查结果			
					优良	合格	不合格	
业主单位	1	工程项目立项文件	完整、有效	随机抽查				
	2	考古、勘察设计及批复文件	完整、有效					
	3	勘察、设计、监理、施工招投标文件	完整、有效					
	4	勘察设计、监理、施工合同	完整、有效					
	5	开工审批文件	完整、有效					
施工单位	6	图纸会审、深化设计、设计变更	完整、有效					
	7	施工日志及现场记录	完整、有效					
	8	原材料出厂证明和进场实验报告	完整、有效					
	9	实验报告	完整、有效					
	10	检验批质量验收记录	完整、有效					
	11	分项工程质量验收记录	完整、有效					
	12	分部工程质量验收记录	完整、有效					
	13	单位工程质量初步验收记录	完整、有效					
	14	竣工图	完整、有效					
	15	竣工报告	完整、有效					
	16	工程验收申请报告	完整、有效					
监理单位	17	监理规划及实施细则	完整、有效					
	18	监理日志	完整、有效					
	19	监理旁站记录	完整、有效					
	20	监理月报	完整、有效					
	21	监理总结	完整、有效					
审查结果（统计平均数 $K=$ ）				技术验收结论（优良、合格、不合格）				
审查组人员签名：					检查验收日期			

注：检查结果栏分为三个等级，可根据实际情况在符合实际情况的空格内打"√"，审查结果统计合格率 $K=$ （优良数＋合格数 ×0.6+ 不合格数 ×0）/ 项目审查数，$K \geqslant 0.8$ 为优良，$0.6 \leqslant K < 0.8$ 为合格，$K < 0.6$ 为不合格。

×××工程竣工保护理念综合评估审查表

工程名称：　　　　　　　　　　　　　　　　　　　　　　　编号：D2-04

施工单位						
序号	审查内容	标准及要求	审查方法	检查结果		
				优良	合格	不合格
1	是否遵循"保护现存实物原状及历史信息"	准则				
2	是否遵循"最小干预原则"	准则				
3	是否遵循"一切保护措施先试验后实施"	准则				
4	是否遵循"采取措施部位与遗址原状相协调，游客识别"	准则				
5	是否遵循"按照设计要求及相关规范采取相应的技术工艺"	准则				
6	是否遵循"所有的保护措施均有相应的档案记录，并有永久性的年代标志"	准则				
7	是否遵循"新材料、新工艺先试验后实施，且评价周期不低于一年"	准则	现场审查、感触、查阅抽检相关资料和内容			
8	是否遵循"保存文物的真实性和历史信息，不因为追求完美而改变文物原状"	准则				
9	是否遵循"所有措施都不得对原有实物造成损伤，并尽可能地保持原有的环境风貌"	准则				
10	是否遵循"对结构稳定评价隐患区域，采取长期观测、并计入档案"	准则				
11	是否遵循"传统工艺信息必须保留"	准则				
12	是否遵循"所有技术措施都应采计入档案，并永久保存"	准则				
13	是否遵循"全面排除和减轻安全隐患，保证较长时间不在维修"	准则				
14	是否遵循"主要技术措施必须委托第三方检验评价"	准则				
15	是否遵循"保护文物保存环境"	准则				
审查结果（统计平均数 $K=$ ）		技术验收结论（优良、合格、不合格）				
审查组人员签名：				检查验收日期		

注：检查结果栏分为三个等级，可根据实际情况在符合实际情况的空格内打"√"，审查结果统计合格率 $K=$ （优良数 + 合格数 ×0.6+ 不合格数 ×0）/ 项目审查数，$K \geqslant 0.8$ 为优良，$0.6 \leqslant K < 0.8$ 为合格，$K < 0.6$ 为不合格。

第六章 岩土类遗址保护工程档案内容及要求

6.1 技术档案管理及要求

岩土类遗址保护工程档案的管理实质是作为信息载体的材料进行有序的收集、加工、分解、编目、整理、存档，并为项目各参加者提供专用的和常用信息的过程。那么，对于代表各自利益的保护工程参与方来说，拟定的格式和内在要求就显得尤为重要，只有将拟定格式资料中反应的内容和具体的要求进一步的明确和细化，才能真正实现工程资料信息的畅通传达和有效利用。

6.1.1 岩土类遗址保护工程档案资料管理的现状

工程资料是指导和控制施工现场的重要依据，是施工单位和监理单位自检的重要工作内容，是未来再次进行保护工程的重要基础资料，更是为后续工作的开展提供了丰富准确的档案考证材料。在保护工程档案收集和管理中，目前最首要的问题是材料的报送和归档不规范。保护工程材料不报送或不按时报送、报送的材料不齐全等；保护工程规划文件的收集不齐全，在材料方面留下严重隐患，尤其是保护工程工期长、规模大、涉及单位多的保护工程项目，往往不能及时地将前期文件材料进行认真收集，妥善保管，造成不可弥补的损失；施工过程中记录的各项内容不全面、不准确或者存在漏项、缺项、签章手续不齐等现象；上报的原始材料，还存在用复印件代替原件、使用圆珠笔进行多份复写、纸张质量不符合要求、上报的材料污损严重、装订的次序颠倒等问题，都给档案的收集、整理、保管、利用工作带来很多的困难。

6.1.2 档案资料管理的程序

岩土类遗址保护工程项目资料的收集整理，已经越来越重要。主要是随着保护工程不断的规范化，各参与方协同工作和互相监督作用逐渐凸显，工程档案资料是工程实践信息的主要来源，受互相监督其资料信息可信度比较高。另外，工程档案资料又是岩土类遗址珍贵的历史文化信息的载体，岩土类遗址受地形地貌的限制，往往借助工程才能够更加全面地了解遗址本体的真实情况。通过工程实践搜集记录的遗址本体的信息，能够全面地反映遗址本体的现状。因此，岩土类遗址保护工程档案记录应按照既定的程序，详细全面地记录和搜集遗址本体的基本信息和历史信息，更应该结合工程实践，翔实地记录保护干预过程（图 6-1）。

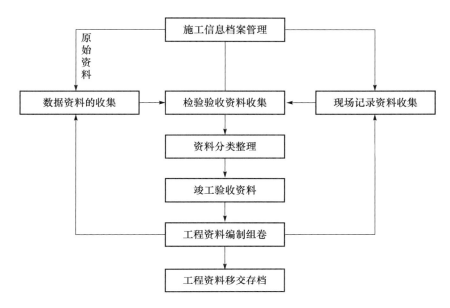

图 6-1　项目档案资料信息管理程序

6.1.3　档案资料管理的方法

岩土类遗址保护工程施工资料一般主要由施工单位完成，施工单位通过自身经历详细记录保护加固过程的每一个环节和工序，承载和传递干预及非干预信息，通过诸多工程实践的检验和信息反馈，记录方式方法、形式、格式及内容上不断的提高和完善，逐渐在工程实践中规范有效地记录保护工程各个方面的实施资料。通过保护工程实践，岩土类遗址保护工程应重视以下四个方面。

1）强调施工单位的施工记录

施工单位是工程项目组织开展和实施的主体，同时也是工程项目实施及工程档案形成和整理的主体。主要表现为：①实现施工技术第一人；②工程实际的操作者；③从原来的信息表达到新的信息表达无一不是施工单位亲身所经历的。这一点任何方（包括甲方等管理单位）都无法做到。

2）强调记录的形式

岩土类遗址保护工程的记录方式应结合遗址本体特点，多式样记录，发挥每一种记录方式的突出作用和优势，对于一些量化要求较高的实施工艺，尽量采用表格形式记录，对一些陈述性比较强的如会议、技术交底、组织设计等尽量采用文本叙述的方式记录，对于一些难以描述、工艺较为复杂的如隐蔽工程、设计变更等尽量多采用图纸矢量表示，对一些需要体现保护工程规模、特点的尽量采用照片、录像等记录方式。

总之，现场记录需要从多方面、多角度、多层次出发，采用多种方式记录工程实践的过程。一般情况现场记录多采用文本、表格、照片、影像等综合记录方式，有效地记录保护工程实施过程。另外，还有一条不能忽视，但往往被忽视的，就是实物资料的收集和保管。在工程的实施过程中，这些实物资料都应得到收存。

3）强调记录的内容

对于规模较大的遗址保护工程档案记录往往要持续很长的时间，档案记录形成主体相对较多。不同类型的工程资料有其固有的特点，我们必须抓住保护工程档案资料形成内容要求，按照既定的格式和内容要求及时完成档案记录，是保护工程档案完整、准确形成的前提和基础。对于一个保护工程来说，档案记录的内容复杂，形式多样，按照工程档案记录管理方式方法和内容，主要包括以下八个方面：①施工日志；②解决问题的过程；③重大技术问题方案的形成应有详细记录；④主要材料使用记录；⑤发现问题，进一步深入探查及取得结果的记录；⑥主要工艺现场操作的记录；⑦保护修复项目检验验收记录；⑧竣工验收记录等。重点要记录和说明实施过程中与勘察设计要求不一致的内容，必要时图文结合。

4）强调记录人员的素质和连贯性

一直以来，由于岩土类遗址保护工程起步较晚，保护工程档案资料不规范，除了管理方面的问题外，更多的是对施工单位的认识和人员素质问题。从事遗址保护工程的档案管理人员，不但要求有遗址保护工程的实践经验，熟悉保护工程的操作程序和流程，同时也要具有一定的档案管理知识，而往往在目前文物保护工程施工单位具备以上素质的人员相对较少。档案记录人员在工程实践中的不固定也是工程档案容易丢失和缺少的主要原因。因此，遗址保护工程档案从业人员必须要经过遗址保护工程实践锻炼和档案管理专业知识的培训，至少在遗址保护工程专业档案管理人员的带领下全程参与完成两个项目的工程档案管理工作，通过一定的专业考核，有较强的职业素质和能力后，才可独立完成项目档案管理工作。按照岩土类遗址保护工程实践经验，岩土类遗址保护工程档案管理人员必须从项目开始至项目完成始终作为项目管理的专业人员常驻现场，才能确保保护工程档案的连贯性和完整性。必须从项目开始至项目完成，始终作为该项目档案管理的专业人员。

6.1.4 档案资料管理的内容

建立完整系统的工程施工资料分类体系，对长时间、多工种的工程来说，有利于资料管理和后期资料的查阅，一般工程资料的归类方式有：①按施工时间；②按施工工序；③按工程工种；④按施工部位；⑤按单位工程等多种方式。五种不同的归类方式取决于工程的施工阶段，如在施工准备阶段资料主要以种类归类为主；施工过程阶段以施工工种为主；而在施工验收阶段以分项分部和单位工程归类为主，其中施工部位归类和施工工序归类主要应用于施工过程的单位和单项工程中。

6.2　施工技术资料的具体内容及要求

6.2.1　施工管理资料

施工管理资料是采取组织、技术、质量控制等管理手段，针对参与各方实施过程控制，以提高工程项目实施效率为目的，形成的组织、管理、监督和检查等方面的工程档案资料集合，主要包括工程开工报告、施工组织设计、技术交底等管理指导性文件。该类文件均有共同特点，必须借助工程经验在采取组织管理措施前完成，作为项目实施过程的指导性文件和主要依据。

1. 工程开工报告

一般工程项目在完成施工合同的基础上，就已经进入了施工准备阶段，一般在人员组织、物资投入、现场查看和完成施工组织设计等基础上，提出开工申请，监理或业主单位结合工程质量要求，审查各项组织准备工作开展情况，并根据实际情况下发开工令。开工必须具备条件主要包括以下六个方面。

（1）施工场地内交通、水、电等满足施工需求，并有足够的场地作为工程项目开展的主要操作空间。

（2）施工单位和监理单位分别成立项目部，并按照投标文件组织配备管理和技术人员。

（3）工程施工图纸已经过施工单位现场查看，并通过组织的图纸会审，修改图纸中存在的问题和错误，完善和优化了图纸中的不足之处。

（4）施工组织设计，安全施工组织设计，脚手架搭设及临时用电专项施工组织设计均结合工程实际，精心策划，并已完成组织方案。

（5）专用材料、专利设备和产品等已进场，满足连续施工一定工期的需求。

（6）开工报告中各项内容均应填写真实、齐全、准确，按要求项目负责人签字，并加盖单位公章。

2. 施工组织设计

施工组织设计是项目实施组织的全面指导性策划，必须贯穿于项目始终。应全面统筹规划、科学地组织施工，建立正常的岩土类遗址保护工程措施实施程序，充分利用时间和空间，争取通过现场试验研究，采用先进的施工技术工艺，用最少的人力和财力，达到优良的保护目的。

1）施工组织设计编写的原则

（1）施工组织设计编制必须贯彻《准则》和《关于〈中国文物古迹保护准则〉若干问题的阐述》的基本要求和原则，严格执行文物古迹保护工作程序，贯彻执行岩土类遗址保护工程固有的施工技术工艺规范和标准。

（2）施工组织设计应由项目技术负责人编制，编制过程中应正确理解项目合同的约束和要求，结合岩土类遗址保护工程特点，综合考虑安全、质量、成本和进度之间的关系，充分发挥组织、计划、控制和激励机制的作用，力求寻找积极向上的组织推动作用，达到项目预期目标。

（3）合理紧凑布设施工平面，充分发挥团队经验和优势，不断探索和提高项目管理水平，加强文物保护和环境保护意识。

2）施工组织设计编写的依据

（1）以《准则》为基础的国家各项政策、法规及标准。

（2）已经过国家文物局、省文物局批准的施工图设计及图纸会审纪要。

（3）经验材料、专利产品和设备单位时间消耗、保护加固单位遗址本体需要人力资源及项目工程数量。

（4）工程项目实际投入劳动力、材料、专利产品和设备数量。

3）施工组织设计内容

（1）工程概况。涵盖工程项目实施的主要内容，概括性说明工程项目的性质、规模、遗址保存现状、病害程度、主要采取措施，环境特征。

（2）工程任务。一般以工程数量表的形式明确该项目的具体工作任务，明确需要保护的对象和采取措施的范围。

（3）施工方法与技术措施。施工工艺和有效措施是施工组织设计技术措施的核心，必须在完全理解设计文件意图的基础上，结合现场实际情况，采取容易实现且能确保保护加固效果的施工工艺及方法，并结合设计方案设定必要的现场研究试验，建立有效的技术处理措施应急预案。

（4）施工部署。施工部署是施工组织设计的核心内容，主要包括人力资源需求及管理机构的设置，任务分工及安排、材料的供给与管理，施工机具的选择与调试，施工平面布置，临时用地的规划与管理，安全管理与控制，进度管理计划与控制，质量管理与控制，档案资料管理等，全方面地阐述具体的管理方法和模式。

3. 技术交底

岩土类遗址保护工程技术交底应以现行《文物保护工程管理办法》及相关法律法规和行业内标准及研究成果为主要依据。一般均以书面形式进行，交底人和接受交底班组或员工必须签字认可，所有工程质量技术交底资料均应列入保护工程技术档案。按照交底人及承接人属性的不同一般技术交底分为：设计交底和分部分项工程质量技术交底。

1）设计交底

通常情况下，设计交底和图纸会审同时进行，主要通过设计人员在前期勘察、病害调查研究、室内试验的基础上，将完成的施工图设计意图和关键技术工艺，通过技术交底的形式，使得参与此项目实施的人员充分理解设计意图，工程特点和重要部位的保护方法和技术工艺，主要控制指标和施工应注意的事项等。同时回答施工单位、监理单位、对设计图纸的疑问，解决图纸中存在的问题。

　　2）分部分项工程质量技术交底

　　岩土类遗址保护工程施工技术通过近20年的基础研究和工程实践，已经形成相对成熟的研究成果和技术工艺，以《交河故城加固技术研究》《土遗址保护关键技术研究》为代表的专业书籍及相关研究成果，总结和凝练了岩土类遗址保护工程悬空区锚杆锚固、夯筑砌补、土坯砌补、钢结构支顶、裂隙加固、防水整治、表面防风化、周边环境整治等多项关键技术工艺，为岩土类遗址保护工程实践提供了重要依据和理论指导。分部分项工程质量技术交底已按照不同分项围绕工程施工安全、关键环节、工序和注意事项等系统阐述。本书在此不具体说明各分项工程技术交底的内容和要求，详见5.3.1 施工管理——技术交底中的主要内容和要求。

　　4. 工程质量事故报告、停（复）工通知及事故处理报告

　　（1）工程质量事故是保护工程实施措施质量超出施工质量验收、评估的允许范围，并需返工处理。

　　（2）工程质量事故主要由勘察设计、施工等过失造成。

　　（3）工程质量文件上报时间。事故发生单位必须以最快的方式，将事故上报上级主管部门。

　　（4）工程质量事故报告的编写。①质量事故发生的时间、地点、工程项目、施工单位名称；②事故发生的简要经过、事故性质以及直接损失；③事故发生原因判断；④事故发生后采取的技术措施及事故控制情况。

　　（5）当现场存在重大质量隐患，可能造成质量事故或已经造成质量事故时，由监理单位及有关部门下达工程质量事故停工通知。施工单位整改完成后经有关部门复核，符合规定要求，下达复工通知后才可施工。

　　（6）一般质量事故发生后，由组织设计、监理、施工单位及有关部门进行事故调查、分析和论证。然后由设计单位提出处理方案，并上报上级主管部门审批。接到批复后施工单位按批复处理方案进行处理。应经勘察设计、监理等单位验收，并完成工程质量事故处理报告。各参与方负责人签字盖章后，作为工程技术资料存档。

6.2.2　工程实施图纸

　　岩土类遗址保护工程同其他工程一样，需要经过项目立项、可行性研究、方案设计、技术设计和施工图设计，是保护项目逐渐细化深入的过程。往往随着对遗址本体价值、历史信息、保存现状、病害特征的深入了解，形成不同阶段的设计图纸文件。在通常情况下，图纸随着工程实践的逐渐深入而细化。然而，岩土类遗址自身的特点和复杂程度决定了施工图设计的局限性，一般施工图设计基本可以指导保护工程项目的实施，特殊区段受遗址价值、环境、高程、遗址破坏程度等多重因素的影响，保护维修措施往往不太能够达到拿来就用的要求，需要根据现场情况结合工程实践经验，通过现场试验研究分析，形成更加符合遗址保护的实施工艺。因此，在岩土类遗址保护工程实施过程中，受多重不可见因素的影响，所谓的"变更设计和洽商"频繁发生。长期以来，在工程实践中，逐渐形成以"动态设计、信息化实施"的动态设计理念，为岩土类遗址保护工程项目管理模式探索了新的思路，逐渐形成了深化设计的动态设计管理理念，并再次明确了岩土类遗址保护工程变更设计、洽商与深化设计的本质区别。变更设计主要是指因为经济条件、不可抗拒因素、新技术新工艺影响等引起的保护工程项目保护范围的变化，或特殊原因引起的区间大范围保护技术措施工艺的变化。深化设计则是设计意图和思路的深入与细化，决定于对遗址本体区间病害程度、材质及原工艺措施的充分了解和把握程度。

1）设计变更与洽商

岩土类遗址保护工程设计变更与洽商受多重因素影响。如果是由于经济条件等多重因素影响的范围变更与洽商，主要明确其变更范围和主要内容，并已设计图纸的形式补充增加区域的施工图设计，对于不可抗拒因素或新工艺新技术改进引起的大范围技术工艺措施的变更，必须明确新技术新工艺的操作步骤、材料配比和注意事项等，并按照变更设计的内容以结构图的形式补充完善施工图设计。

2）深化设计

岩土类遗址保护加固工程实践过程中逐渐形成的"动态设计""信息化施工"的动态设计理念，决定了项目实施过程中保护措施的频繁变动。因此，针对此类现象，均以深化设计的方式对保护措施的区间位置移动，工艺措施的改动、实施方法和评估方法的变化，以书面文字说明结合准确定位的全面记录和阐述，进一步完善施工图，作为竣工图的主要依据。

6.2.3　试验研究

试验研究是岩土类遗址保护工程的重要环节和基础，是科学、有效采取保护措施的有力保障。岩土类遗址保护工程中材料、设备构配件及技术工艺的检测试验涉及工程项目的参与各方，试验实施方案应由勘察设计单位、监理单位及施工单位共同协商确定。为确保岩土类遗址保护工程质量，现场试验主要包括进场材料、设备及构配件的检验和现场模拟试验研究，其所有的研究内容按照其类型应坚持如下原则。

1. 见证记录

（1）见证取样和送检制度是在监理单位的监督下，专职材料员对进场的材料按照监理要求随机取样或制作试件后，送至符合资质资格管理要求的试验室进行复试的过程记录。

（2）见证人应由监理人员担任，或由相应专业人员担任。

（3）见证人员须有一定的文物保护经验和工作经历。

2. 材料检验

（1）进场材料应采取随机抽样和重点检查相结合的方式，按照不同批次、代表批量和使用部位相结合的方式抽样检查。

（2）对于进场的土样、锚杆、锚索等必须实行 100% 的见证取样，检验报告必须包含见证取样记录，见证人必须在见证取样记录文件中签字，加盖单位公章。按照相关要求送至有资质和计量认证的检测单位进行检测。

（3）材料进场时，供货单位必须提供产品合格证、物理性能检验报告，其质量必须符合现行国家标准，产品合格证必须填写齐全，不得漏项或随意涂改，尽量使用原件。专利产品等均应提供专利产品证书和相应的物理、化学性能指标。

（4）检验报告内各项内容填写准确、完整，结论明确且不得随意涂改，签名、盖章齐全，尽量使用原件。

3. 现场试验研究

现场试验必须在材料检验合格的基础上进行，并由参与保护各方对试验研究方案讨论通过后执行，以最小干预遗址本体为基本原则，明确试验目的和步骤，现场试验研究必须在充分了解该工艺措施研究现状和保护对象科学认知的基础上展开，试验程序和工艺可根据保护研究对象的物相反应分析做适当的调整和改变，尽量量化分析保护措施的科学性与可靠性，检测评估可以借助相关设备和岩土类遗址专用设备评价，实验报告必须完整的记录试验的整个过程，凝练和总结明确的试验结论。

（1）根据相关规定，应委托相关单位或邀请专家在项目试验完成后对实施效果进行评估，并形成评估意见。

（2）根据相关规定，应委托相关单位或邀请专家在项目实施中期对实施效果进行评估，并形成评估意见。

（3）根据相关规定，应委托相关单位或邀请专家在项目完成后对实施效果进行评估，并形成评估意见，最终完成评估报告。

6.2.4　现场记录

现场记录是项目正常运行过程中最真实记录实施过程的第一手资料，是传递干预和非干预信息的桥梁，是不断完善和规范档案资料记录的方式方法、形式、格式及内容的最主要途径，是岩土类遗址保护工程档案资料的核心。此类资料内容庞杂，格式多样，主要有如施工日志的文字描述、图纸标示、图片影像，以及量化的现场记录表格等。

1. 施工日志

施工日志是从保护工程开始至竣工的流水账记录模式，主要翔实地记录保护工程项目实施当日气候环境、进度、主要施工部位、参加人员、重要的保护工作和技术活动和安全质量事故和处理措施等。其主要包括：

（1）施工区域或部位深化设计、设计变更及施工图修改的内容。

（2）施工当日进度、参与工程技术人员及工程技术工艺和质量。

（3）施工采用的专利材料、设备的使用情况。

（4）材料进场的规格、数量及抽检送样情况。

（5）质量、安全事故的分析预处理情况。

（6）施工中采取的重要技术措施的实施情况，采取新技术、新材料、新工艺的情况。

（7）施工单位与各参与单位的协商。

（8）上级主管部门的指示和批复。

（9）分部分项工程、检验批质量验收情况。

（10）现场试验的送检情况。

2. 文字记录

现场记录的形式多样，文字记述或表格记录是比较常见的记录方式，通常情况下此记录方式与图纸标示、图片记录相配合，形成较直观、准确和全面的现场记录档案文件。现场记录是文物保护工程最基础的记录方式，也是保护工程档案资料的根本。系统、全面、科学的现场记录资料格式和管理模式是推进岩土类遗址保护工程档案资料的关键，是全面实现保护干预措施和历史信息科学记录和保存的最主要途径和前提。在加固过程中，遗址本体裂隙灌浆的记录相对比较复杂。通过图纸记录裂隙走势和形状，裂隙编号记录裂隙的不同位置和形态，采用现场标示的方法在图纸中准确标明注浆管位置，现场记录表格和说明直观地记录各注浆管的注浆量，注浆过程中所出现的难题，处理方式等，以裂隙封闭前后的照片展示施工前后裂隙变化的情况，以及对整个墙体观感和审美艺术的干预情况，同时也为以后遗址加固研究留下相对详细、准确的资料（图 6-2；表 6-1）。

3. 图像记录

图片记录是借助摄影技术的一种高科技的影像记录手段和视觉思维决策，通过图像记录传达行为活动的过程和细节，是岩土类遗址保护工程档案记录的又一特点，尤其遗址本体加固前后的对比照片、施工工艺流程，是岩土类遗址保护工程主要图像记录内容。

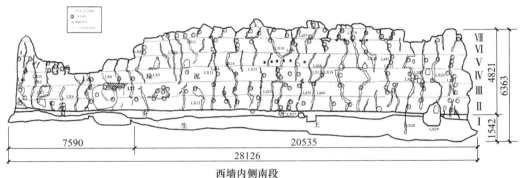

西墙内侧南段

图 6-2 现场记录图纸

表 6-1 东北佛寺裂隙灌浆记录

工程名称：交河故城抢险加固工程（一期）　　　　　　　　　　　　　　编号：C4-03-00-00

灌浆日期	灌浆用时（分）	渗透量（mL）	砌补量（cm³）	砌补部位	注浆孔	注浆量（mL）	裂隙长度（m）	裂隙张开度（cm）	灌浆材料 PS 模数	灌浆材料 PS 浓度	水灰比	备注
7.23	18	100	24.4	V 1	28	11712	0.90	12	3.8	12%	0.6	
7.23	13	100	18.3	V 2	13	7564	0.58	7	3.8	12%	0.6	
7.24	4	100	3.05	V 2	14	2440	0.06	2	3.8	12%	0.6	
7.24	6	100	54.9	V 2	15	6100	1.75	3	3.8	12%	0.6	
7.24	5	100	24.4	V 2	16	3660	0.70	3	3.8	12%	0.6	
7.24	1	100	36.6	V 2	17	1220	1.81	4	3.8	12%	0.6	
7.24	10	100	54.9	V 3	1	7320	2.34	4	3.8	12%	0.6	

古遗址是古代建筑遗存，虽经历沧桑，风蚀雨侵，残存不整但仍具有较高的文物价值，摄影主题决定了其摄影图像构思、角度和内容。一般岩土类遗址本体图像记录主要包括：建筑遗址自然风貌及历史价值、保存现状及病害特征，试验研究过程记录，施工工艺流程，加固前后比，保护工程重大活动记录和其他特殊类型照片等。

摄影是一门造型艺术，特定的时空、光影的结合、营造的真实是它的特征。建筑遗址自然风貌及历史价值的照片就尽量应该体现和认识它的历史作用和审美价值，追溯其往日辉煌，必须整体构思，启发想象，天地合一，烘托气氛，寻找一个既能表现主题，被摄景物的形状、结构等最具代表性的一面，又能充分反映它所处的典型环境和空旷神圣的大自然氛围，使人文历史沧桑感和自然高度统一。保存现状及病害特征就应通过掌握自然光的规律、特征或调节人造光的方向和强度，体现病害的质感和肌理，使照片上能直观、准确地反映病害的特征，为遗址保护专家提供准确的参考依据。试验研究过程及施工工艺流程应从光的角度出发，主要包括正面光、侧面光、逆光、顶光、脚光等。具体拍摄时灵活应用，加强画面的空间感和立体感，创造氛围，烘托操作实施的主题。加固前后的对比照片应尽量使用同样的焦距、摄距和相同的角度、光线拍摄，以免造成视觉的偏差。因此需要图片记录人员具备一定的素养，才能更好地捕捉遗址保护工程的瞬间和记录保护从始至终的流线。具体主要有：

（1）能够根据现场实际情况对必要部位、必要的工序进行施工过程和施工前后对比照片的影响记录和瞬间信息的捕捉，并采用简练的文字表述。

（2）了解一定的图片处理的方法及相关知识要点。

（3）了解相关照相机的基础知识。

（4）能够对照相机进行必要的保养和维护。

（5）能够根据实际情况和相关要求对图片进行整理和删减。

（6）对图纸和图片、文字等形式的资料进行平行对比，尽量做到不遗漏、不重复、不误写、不误报（图6-3～图6-10）。

图 6-3　木锚杆锚固

图 6-4　裂隙灌浆

图 6-5 脚手架搭设

图 6-6　楠竹加筋复合锚杆安装

图 6-7　交河故城 NO.7 西段加固前

图 6-8　交河故城 NO.7 西段加固后

图 6-9　交河故城西崖 2 区加固前

图 6-10　交河故城西崖 2 区加固后

6.2.5　工程质量控制和验收记录

　　岩土类遗址保护工程同样也需要第三方参与有效的控制和监督遗址本体保护工程的实施过程，一般第三方或监理单位按照国家文物局审批意见、设计文件要求及合同约定，依据行业内相关规范、标准对工程质量和技术工艺措施进行的专项评估和验收，并对其作出明确评价。工程质量的验收，一般从进厂材料、设备和构配件开始，严格控制保护工程技术工艺的每一个细节，按照检验批、分项工程、分部工程和单位工程逐层扩大，并最终形成单位工程质量控制和验收技术档案，其中最小单元为检验批。各阶段的验收因验收对象和出发的不同，评估验收的方法和要求有所不同。主要表现为以下四个方面。

　　1. 检验批质量验收

　　检验批是工程质量验收的最基本单元，检验批可依照单位工程，单位工程中遗址单元构筑物（东墙、西墙）中采取不同措施划分，一般情况锚杆锚固以单根锚杆作为批量基础，土坯砌补、夯筑砌补应以单个砌补区域作为批量单元，裂隙加固应以单个发育裂隙作为批量单元，表面防风化一般是以单位工程遗址单元构筑物（东墙、西墙）面积作为批量单元，墙顶排水、墙基排水一般均以遗址单元构筑物（东墙、西墙）两侧延长米作为批量单元。

（1）检验批验收一般先由专业质量检查人员组织现场负责人、班组长等，技术负责人参加，并按照相关质量要求及规范进行检查，评定并签字后，交监理单位或验收。

（2）监理单位按照检验批质量验收记录主控项目和一般项目，逐项检查验收，同意项目在验收记录栏填写"合格或符合要求"，不同意的标记，待处理后在做验收。

（3）主控项目是保护措施检验批的主要性能和控制参数，必须全部达到要求，一般项目基本达到，对不影响遗址本体结构稳定和整体协调性的可以适当放宽。

（4）监理单位的专业监理工程师逐条审查后，检验批代表批量、质量等达到质量要求和规范要求的，在验收结论栏填写"同意验收"并签字盖章。

2. 分项工程质量验

分项工程质量验收是单位工程措施项目分类检验批全部完成后的验收记录，覆盖单位工程该分项的所有内容。一般由监理工程师组织项目专业技术负责人等进行验收。由施工单位专业质量检查员填写，由施工单位专业技术负责人检查后作出评价并签字，交监理单位验收。专业监理工程师逐条审查后，符合质量要求和规范要求的，在验收结论栏填写"合格或符合要求"并签字盖章。不同意的标记，待处理后再验收。分项工程质量验收必须在检验批验收合格的基础上进行，分项工程质量验收是检验批的归纳和统计，检查检验批是否覆盖整个工程。

3. 分部工程验收

分部工程质量验收是对分项工程质量验收的汇总和检查，统计分析该分部工程所采取的各分项措施的数量和质量，分部工程质量验收必须在分项工程质量验收合格的基础上，并由监理单位组织，邀请、勘察设计单位、施工单位，对分部工程质量评价和验收。

4. 单位工程质量验收

单位工程质量验收是对单位工程采取措施有效性、可靠性、可观赏性及工程技术档案整理等的综合检查与评价。一般由施工单位自行检查并整改后，提出工程质量申请，并送监理单位组织检查验收。

1）工程完工初步验收记录

完工初验必须在施工单位自检的基础上，明确其分部分项工程数目，工程资料抽检完成情况、观感结论和综合评价的基础上，报监理单位核查，核查结果达到要求的，经总监理工程师签字及签署意见，并加盖单位公章，报审查。

2）施工现场质量管理检查记录

施工现场质量管理检查记录是对施工单位从质量管理制度、质量责任分工、专业工种人力资源配置、施工组织设计方案的编写、审批程序及执行情况，施工技术标准及控制，工程质量检查制度与方法和材料的管理与存放等多方面的项目管理的综合评价。经总监理工程师签字及签署意见，并加盖单位公章，报审查。

3）工程质量控制资料核查记录

工程质量控制资料的核查必须在施工单位自检并统计核查的基础上。一般情况下，技术资料要求项目齐全、完整，实验数据准确、文字清晰、填写签章完整。抽检见证取样材料验收记录齐全、结论明确，抽检次数能够代表材料检查批量。结构性支顶部位验收记录涵盖图纸、表格及相应图片记录，报审查。

4）观感质量检查记录

主要针对遗址本体保护措施区域范围，通过人为观察、远近视觉效果对比，感触等方式方法，综合评价采取措施后遗址本体外形特征、色调，明显的历史信息保留和遗址本体艺术等的变化情况。按照分部工程综合评价保护工程的干预效果，分为"好""一般""差"三个等级，此项验收不允许出现视觉效果"差"的结论，如果某项评价为"差"，应结合实际情况整改修补，直至视觉效果在允许的范围。一般情况下，该项验收需在施工单位检查评价的基础上，报监理单位核查，核查结果达到要求的，经总监理工程师签字及签署意见，并加盖单位公章，报审查。

5）项目安全评估报告

施工单位专业安全人员组织技术负责人、项目负责人等相关人员对保护工程中大危险源与不利环境因素、自我完善运行机制、遵章守纪安全意识、经验及做法、改进要求和措施等多方面的综合评价，主要围绕施工人员安全、游人安全、文物安全和财产安全等几个方面逐条核查，并请按其陈述保护工程安全评估结论。

6.2.6　工程安全及评估

工程安全是保护工程顺利实施的前提和保障，因此一般情况下岩土类遗址保护工程需根据工程实际完成项目安全预案，系统筹划工程项目有重大危险源区域若出现安全事故，应该如何实现人员迅速撤离，并能迅速反应对现场人员和文物采取必要的急救措施，以此减轻更大损失。一般情况由施工单位专业安全员协助及技术负责人完成项目工程预案，并报送监理单位审查，审查批准后，并按照预案采取必要的防护和保护措施，并通过教育和演练的方式提高参与项目工作人员的安全意识，监理单位可根据施工单位在工程项目实施过程中采取安全防护、保护及预防预警、教育和演练等技术措施和活动，综合评价并明确结论。

6.2.7　工程投资控制记录

工程投资控制记录是工程顺利进行的经济保障，一般情况下工程投资主要有三种类型，即工程预付款、工程进度款和工程竣工结算。工程预付款是在双方签署合同后，工程开工的启动资金，一般占工程总费用的 20%；工程进度款是项目实施过程中按照工程进度支付的工程款；竣工决算是项目竣工验收阶段，结合工程实际工程量核算工程项目实际发生的工程费用。

1）工程预付款

工程预付款是工程项目启动的资金保证，一般是施工单位按照双方签署合同预付款的比例和支付时间，提出书面申请，并报监理方审核，监理方按照合同要求审查后，符合相关条款和具体要求，签署盖章后送审查并支付预付款。

2）工程进度款

工程进度款是项目实施措施过程中所需人、材、机和综合费用，一般按照工程招投标工程量清单和综合单价计取，以实际发生工程量计算进度工程造价，并提出申请报送监理单位审查。经济标中已经明确的分项工程，均按照投标综合单价计量，与投标分项工程措施有差异，但可根据差异情况组价的分项工程，按照组价后的综合单价计量，对于投标书中没有，实际又工程发生的分项工程，可根据其他分项工程按照其难易程度乘以难度系数计算综合单价计量，所有工程量均为实际发生工程数量。

3）工程决算

工程决算是对项目实际造价的准确衡量和评估，应依据经济标、工程预付款、进度款、工程变更、洽商、竣工图和施工合同等在与经济有关的工程文件，综合评价和计算工程的实际费用。工程数量出现不一致的，应以基础数据评价和计算，综合单价应尽量以投标单价和施工图设计预算综合单价为主要依据，有差异的分项措施可根据实际情况重新组价。完成的竣工决算书，应报业主单位审查，业主单位可以邀请第三方造价咨询机构审查。审查评估单价应尽量以设计单位施工图预算和投标报价为准，审计单位根据工程实际和施工合同约定的计算方法进行，根据不同的合同类型，应采取不同的审查方法，对于采用工程量清单计价方式签订的单价合同，应以审查施工图以内的各个分部分项工程量为主，依据合同约定方式审查分部分项工程价格，并对深化设计、设计变更、工程洽商和索赔等调整内容进行审查。审查完成《工程造价审核定案通知书》，并由、施工单位和咨询单位签字盖章确认。可根据工程造价审核定案通知书结算保护工程尾款。

6.2.8 会议纪要及往来函件

会议纪要是参与保护工程各方沟通和协商主要内容和实施方案的记录，会议纪要一定要明确其会议性质（如第一工地会议、图纸会审、监理例会）和会议主题，确切的会议时间、地点和参与人员，并如实记录参会人员就相关主题的发言和最后的结论。一般情况下，参会人员需明确单位（设计单位、监理单位和施工单位）和在项目职务，并在整理好的会议纪要上签字确认。

6.2.9　竣工验收

施工单位在完成由监理单位组织和自检验收后，提出竣工验收申请，报送监理单位审查后递交给，根据实际情况，对符合验收要求的的工程项目组织相关专家进行竣工验收。其主要包括：工程施工质量、技术工艺、档案资料、保护理念综合评估等四个方面，一般按照其特点划分为优良、合格和不合格三个等级。

1）工程施工质量验收

一般情况下，主要通过现场观察、询问、感触和查阅档案资料等方式，以施工图设计和主要控制参数和相关岩土类遗址保护工程关键技术工艺规范要求为依据，针对岩土类遗址保护工程分部分项工程逐条审查和评价，检查结果栏分为三个等级，可根据实际情况在符合要求的空格内打"√"，审查结果统计合格率 $K=($ 优良数 + 合格数 $×0.6+$ 不合格数 $×0)/$ 项目审查数，$K \geqslant 0.8$ 为优良，$0.6 \leqslant K < 0.8$ 为合格，$K < 0.6$ 为不合格。

2）工程技术工艺验收

一般情况下，工程技术工艺验收主要通过现场观察、询问、感触和查阅档案资料等方式，以施工图设计技术工艺、材料配比、注意事项及岩土类遗址保护工程相关键技术工艺规范要求为依据，针对岩土类遗址保护工程分部分项工程逐条评价，检查结果栏分为三个等级，可根据实际情况在符合要求的空格内打"√"，审查结果统计合格率 $K=($ 优良数 + 合格数 $×0.6+$ 不合格数 $×0)/$ 项目审查数，$K \geqslant 0.8$ 为优良，$0.6 \leqslant K < 0.8$ 为合格，$K < 0.6$ 为不合格。

3）工程档案资料验收

对于一个完整的工程项目来说，工程档案资料的验收应该从项目立项开始，直至项目完工结束的所有资料，均应真实、完整、手续齐全。应在竣工验收阶段按照施工单位和监理单位完成工程档案资料目录，依据目录全面审查工程项目实施过程细节记录的真实性和可靠性，保护工程实施程序的合法性，档案资料归类的正确性，施工技术档案、竣工图和竣工报告的质量和深度等多方面综合评价。检查结果栏分为三个等级，可根据实际情况在符合要求的空格内打"√"，审查结果统计合格率 $K=($ 优良数 + 合格数 $×0.6+$ 不合格数 $×0)/$ 项目审查数，$K \geqslant 0.8$ 为优良，$0.6 \leqslant K < 0.8$ 为合格，$K < 0.6$ 为不合格。

4）保护理念综合评估

综合评估应以前三项审查和评价为基础，综合评价岩土类遗址保护工程是否按照《准则》及相应的法律法规，主要的保护理念、原则和程序开展保护工作。检查结果栏分为三个等级，可根据实际情况在符合要求的空格内打"√"，审查结果统计合格率 $K=($ 优良数 + 合格数 $×0.6+$ 不合格数 $×0)/$ 项目审查数，$K \geqslant 0.8$ 为优良，$0.6 \leqslant K < 0.8$ 为合格，$K < 0.6$ 为不合格。

第七章 岩土类遗址保护工程
档案组卷及要求

岩土类遗址保护工程档案必然是多学科、多专业、多层次、多主体共同形成的工程档案资料的综合体，是项目实施的过程记录和技术成果的真实再现，是岩土类遗址工程从属关系的系统构成。岩土类遗址保护工程档案资料的搜集与组卷应遵循工程文件自然形成规律，保持卷内内容之间的系统联系，以方便档案的保管和利用。档案资料应该以"单项工程—单位工程—分部工程—分项工程"为主线系统整理、按照内容和内容数量组卷，结合工程资料的类型，将丰富、庞杂的工程资料搜集排序、编目、装订，形成保护工程项目的信息技术主体和技术成果。在工程实践中，所有行程的保护工程资料的内容必须真实、准确、签章齐全，书写材料必须耐久、清晰，尽量字迹清楚、牢固、能长期保存。

7.1　组　卷　原　则

岩土类遗址保护工程档案组卷应遵循工程文件材料自然形成规律，保持卷内文件内容之间的系统联系，便于档案的保管和利用。综合性管理文件涉及整个项目的所有筹划和控制管理［施工管理资料（C1）、工程安全及评估文件（C6）、工程投资控制文件（C7）、工程项目会议纪要文件及往来函件（C8）］，一般单独成卷。剩余部分施工技术文件一般按照单位工程组卷［工程图纸文件（C2），测量定位放线、深化设计、变更设计；施工试验记录（C3）；施工现场记录（C4）；工程质量控制和验收文件（C5）］，组卷厚度超过档案装订的最厚要求，应按照分部分项工程分卷装订。

7.2　组　卷　顺　序

（1）卷内文件材料的排列顺序，一般为封面、目录、主要材料、工程项目照片、图纸及封底。

（2）工程实施主要案卷的排列顺序为：总目录，法定必备文件，综合管理资料，工程实施记录资料，工程质量控制资料（包括验收资料、施工技术管理资料、产品质量证明文件、检验报告，施工过程记录及检测报告），工程安全及评估报告，检验批质量验收记录，施工日志，变更图纸、竣工图，竣工验收资料，移交手续。

（3）项目案卷依据准备立项阶段、研究试验阶段、设计阶段、项目实施阶段、总结鉴定阶段和成果申报奖励等顺序排列。

7.3　组　卷　要　求

（1）案卷内所有文件内容必须准确反映项目实施及管理的真实情况。

（2）归档文件的内容必须真实、准确、签章齐全，书写材料必须耐久、清晰、不得使用铅笔、红色和纯蓝墨水、圆珠笔等易褪色材料书写，尽量字迹清楚、牢固、能长期保存。

7.4　案卷编号与编目

7.4.1　案卷材料编号

（1）以独立卷为单位编写页码。对有书写内容的页面编写页号，从阿拉伯数字"1"开始逐张编写。案卷封面、卷内目录、备考表不编写页号，卷与卷之间的页号不得连续。

（2）单面书写的案卷材料在其右下角编写页号，双面书写的案卷材料，正面在其右下角编写页号，背面在其左下角编写页号，图样页号编写在标题栏外。

（3）单独成册的打印文件或图纸文件，自成一卷的，不必要重新编写页号，与其他材料组成一卷的，可根据位置总体排序编写页码。

7.4.2　案卷编目

以独立卷为单位编写案卷号，用项目代号及阿拉伯数字组成案卷编号，如从"JHGC-001"开始逐卷编写。

7.5　组　卷　格　式

7.5.1　封面

（1）案卷封面采用有一定强度的专用牛皮纸，采用内封面格式，如A1。

（2）档号应填写全宗号、分类号（项目代号或目录号）、案卷号。全宗号有单位依据本单位法人的变更情况自行设定，需向国家档案馆移交的档案，其全宗号另订。分类号使之按同一分类规则划分本单位全部档案后所给定的类别号，项目代号是指项目代号。案卷号是指项目档案按一定顺序排列后的流水号。

（3）案卷题名应简明、准确地说明卷内材料的所有内容，主要包括项目名称、代号等。

（4）编制单位应填写负责组卷的法人单位和项目负责责任单位。

（5）起止日期应填写案卷内文件材料成形的起止日期。

（6）保管期限应根据保密规定填写组卷时划定的保管期限，一般文物保护档案作为文物信息的载体均应永久保存档案。密级应根据保密规定填写卷内文件材料的最高密级，一般的文物保护档案的保密级别均为秘密。

7.5.2　卷内封面

（1）卷内封面采用直接打印或打印后填写的方式，采用内封面格式，如A1。

（2）其他与案卷封面一致。

7.5.3　卷内目录

（1）卷内目录应搁置在案卷文件材料的首页之前。

（2）卷内目录采用直接打印或打印后填写方式，卷内目录采用格式，如A2。

（3）序号应用阿拉伯数字从"1"起一次标注卷内文件材料的顺序。

（4）文件编号应填写文件材料的文号或土样的图号及相关代号与编号。

（5）责任者应填写文件材料主要的形成单位、部门或者主要责任人。

（6）文件题名应填写文件材料的全称。

（7）日期应填写文件材料的形成日期。

（8）页次应填写文件首页上标注的页号。

7.5.4　卷内备考表

（1）卷内备考表应搁置在案卷文件材料的最后一页之后。

（2）卷内目录采用直接打印或打印后填写方式，卷内目录采用格式，如A3。

（3）本案卷所有材料数量应准确在备考表中统计说明，并对文字材料、图纸图样、照片等分别统计说明。

（4）案卷说明主要阐述安全包括的材料内容、数量、页数及组卷和案卷使用过程中需要说明的注意事项和要求。

（5）立卷人应该由责任立卷人签名。审核人应由案卷质量审核者签名。

（6）立卷日期应填写完成案卷的日期。

7.6　档 案 移 交

保护工程档案的移交应在初步验收后移交给业主单位，一般移交给业主单位的保护工程档案资料均为原件，移交份数依据合同约定，合同没有约定的按照档案管理的要求，至少移交业主方完整的工程档案资料两份。移交过程移交人和接受人之间按照保护工程档案目录册所包含的内容清点工程档案，并抽检查看档案装订质量，接收人应按照档案管理要求翻阅查看档案内容质量和内容的完整性。对不完整或者质量不达标的工程资料业主方可不接受，经验收档案资料按照要求完成的，可在工程档案移交清单上签字并加盖单位公章，如 A4。

A1

档　　　　号_____

档 案 馆 代 号_____

案 卷 题 名_____

_____

_____

_____

编 制 单 位_____

编 制 日 期_____

密　　　　级_____

保 管 期 限_____

共_____卷　　　　第_____卷

A2

卷 内 目 录

序号	文件编号	责任者	文件材料题名	日期	页次	备注

A3

卷内备考表

本案卷共有文件材料_____页，其中： 文字材料_____页，图样材料_____页， 照片_____张。   说明： 本卷资料涉及内容包括：   　　　　　　　　　　　　　　　　　立卷人 _____ 　　　　　　　　　　　　　　　　　　　　　年　月　日   　　　　　　　　　　　　　　　　　审核人 _____ 　　　　　　　　　　　　　　　　　　　　　年　月　日

A4

×××工程档案资料移交清单

工程名称：　　　　　　　　　　　　　　　　　　　　　　　　编号：

业主单位	
施工单位	
资料移交清单	（1）×××工程施工资料×××套（每套共×××卷，其中第一卷×××页，第二卷×××页，……第×××卷×××页）； （2）×××工程目录册×××套（每套共×××页）； （3）×××工程工程竣工图×××套（每套共×××卷，其中第一卷×××张，第二卷×××张，……第×××卷×××张）
资料移交要求	（1）按照相关规定办理资料移交手续。 （2）移交资料经检查完整有效，无残缺，无遗漏等现象。 （3）双方仔细认真检查并互相确认，对需要说明的按照有关规定进行详细说明
检查结论	
移交负责人签（章）	施工单位资料负责人签（章）：　　　　　　　资料负责人签（章）： 施工单位项目经理签（章）：　　　　　　　　负责人签（章）：

注：本文件一式四份，签字盖章后生效，其中两份和资料一起归档，另外两份甲乙双方各持一份。

第八章　岩土类遗址保护工程竣工图纸编写

岩土类遗址保护工程竣工图纸是基于工程施工图设计、变更设计、深化设计等内容的矢量标识的总结性文件，是项目实施责任工程师采取措施的最直观、最准确的语言总结，需要永久保存，从某种意义讲它已成为遗址本体无形文化遗产的一部分，至少可以作为干预史料永久的保存。因此，竣工图纸作为最直观、最准确的矢量图示，能够全面反映不同时期保护措施的干预程度和范围，是后续实施保护措施最主要查阅审视的文件之一，更是采取措施量化指标的集中标示，是保护工程最有效、最全面的记录总结方式。

8.1　图纸格式要求

8.1.1　竣工图格式

岩土类遗址保护工程竣工图纸必须依据原有设计单位完成的施工图设计，在施工图设计的基础上修改完善形成，一般情况下以竣工图中不附加照片的形式做直观说明注解，尽量采用文字、表格、图示的形式综合体现对遗址本体的干预措施。所有竣工图均以实际尺寸按比例矢量表示。具体要求如下。

（1）岩土类遗址保护工程竣工图幅面尺寸一般为 420mm×297mm，长边可根据实际情况…3，2，1，1/2，1/4，1/8，1/16…自由加长，也可采用 594mm×420mm、840mm×594mm 图幅等标准图纸，此图幅往往用于平面图标示中。但装订是一律按照 420mm×297mm 图幅成册。

（2）图纸统一折叠成 A4 大小（297mm×210mm），横向按手风琴式折叠，竖向按顺时针方向向内折叠，折叠后图标露在右下角。具体图幅较大图纸严格按照《GB/T 10609.3-2009 技术制图复制图的折叠方法》折叠后按顺序成册。

（3）每册竣工图的组卷顺序为：档案封面＋案卷内封面＋卷内目录＋本册图纸封面＋本册图纸目录＋竣工图纸（竣工图说明＋工程量汇总表＋图例＋单位工程平面图＋单位工程顺时针方向立面图＋单位工程顺时针方向剖面图＋结构详图）＋卷内拷贝表＋档案封底。

（4）竣工图图幅采用 420mm×297mm 的，其上、下和右侧均留 5mm 裁切线，左侧留 25mm 的装订线，形成图纸图框，图框右下角为标题栏，标题栏大小为 140mm×40mm，编制单位栏为 40mm×9mm，项目名称栏为 70mm×6mm，其他均为 35mm×5mm，一般最外面的裁切线为 0.05，图框线为最粗线 0.53，标题栏外框线 0.30，其他内部制图线条可根据实际情况按层次布线（图 8-1）。

（5）竣工图说明应包括工程概况、施工依据与原则、主要工程措施技术工艺、任务完成情况四部分。其中，工程概况主要概括性地说明工程项目属性、主要病害特征及保护工程实施情况和取得的成果；施工依据和原则，明确工程项目实施过程中的主要指导思想和原则，以及保护工程实施设计文件和依据。工程措施部分主要总结和凝练在该保护工程项目中所采取的主要保护技术工艺，从材料特性和使用应注意的事项、实施步骤、结构特征和加固效果等多方面综合性阐述。任务完成情况主要基于该保护工程设计文件涵盖的内容，一一对比性评价保护工程项目设计任务的实际完成情况，一般采用表格的形式汇总并结合文字说明。

（6）图纸内容尽量以真实、全面地记录表面、内部结构的保护工程实施的真实情况，是工程验收、结算、使用、维护、维修的重要依据和重要的技术档案。要求竣工图必须达到一定的深度，并按照既定形式编制成册（图 8-2、图 8-3）。

在保护工程实施过程中，凡是基本按照施工图采取措施，施工过程中永久性措施没有发生变动的区间工程，施工图内容基本不做改动，细化保护工程实施工艺，明确具体配比和实施步骤，加盖竣工图章即可。

凡是在施工过程中，对于单位工程区间范围内深化设计和一般性的变动，仅在原施工图中作位置调整，补充反映施工图中未发现实施技术工艺，一般不重绘图纸，由施工单位负责在原施工图中修改，并将深化设计的内容及相关遗漏内容补充完善，最终加盖竣工图章。

因为施工范围增加，由具体措施改变而引起的改动较大的变更设计或工程洽商内容，应重新绘制增加施工范围的保护工程范围内容，对于措施改动较大的区段，在施工图的基础上修改，并注明变更通知单的日期和相关重要变动内容条款，加盖竣工图章。

对于因保护工程现场试验结论，保护措施有本质上的改变，或因不可抗力因素引起的其他重大改变，不宜在原施工图上修改、补充的，应重新绘制施工图。一般情况由设计原因造成的，由设计单位重新绘图并指导施工，施工方原因造成的，由施工单位重新绘制，最终的竣工图应有施工单位统一汇总装订成册，并加盖竣工图章。

会签栏中单位应在竣工图中统一修改为施工单位名称，并由施工单位审查装订成册，施工单位对施工竣工图内容负责。再按照项目参与人员情况，分别在项目负责人、审核人、校对人、核算人和制图人对应签字，图纸的实施阶段为竣工阶段，并按照图纸内容在图名、图号、比例尺和日期中填写相应内容。最后按照图纸目录编排页次。

（7）保护工程实施中，如有再次加固补强或发生质量事故已经处理的，除应绘制竣工图外，还必须注明相应的事故原因，事故处理技术资料及相应的鉴定评价资料。

（8）所有图纸均印加盖竣工图章，竣工图章中的所有字体均为"仿宋 GB2312"，竣工图为 5 号字，其他均为 2.5 号字。竣工图章大小为 70mm×45mm，外边宽度为 1mm，其他分割线均为 0.3mm，竣工图章栏为 68mm×9mm，施工单位和监理单位栏均为 17mm×5.5mm，施工单位和监理单位名称栏均为 50.7mm×5.5mm，人员签字栏均为 16.5 mm×5.5mm（图 8-4）。

竣工图章中"施工单位"是指招投标中标单位并受业主委托并与业主签订合同约的单位；"监理单位"是指监理招投标中标单位并受业主委托并与业主签订合同约的单位。一般施工单位和监理单位全称均需要刻在图章上。

竣工图章中的"编制人"是指该工程项目档案的负责人，也往往是工程档案的组卷人。

竣工图章中的"责任工程师"是指该项目的技术负责人，并按照国家文物局的有关规定，技术负责人应已取得文物保护工程责任工程师资格，也是该工程项目实施的总责任工程师。该条不强制执行，可根据国家文物局颁布的相关法律法规执行。

竣工图章中的"项目负责人"为该工程项目的总负责人。

竣工图章中的"责任监理工程师"为该项目监理单位的驻地总监理工程师，并按照国家文物局的有关规定，责任监理工程师应已取得文物保护工程监理工程师资格，也是该工程项目实施的总责任工程师。该条不强制执行，可根据国家文物局相关法律法规执行。

竣工图章中的"现场监理"为该项目监理单位的驻地旁站监理。

竣工图章中的"编制日期"为该工程项目责任工程师的签字日期，一般用八位数字表示，如 20140801。

一个竣工图章仅用于一个岩土类遗址保护工程项目，不得借用涂改，竣工图章所有签字均为本人亲自填写，并对竣工图内容负责。

竣工图章应盖在竣工图的正面右下方，图框标题栏上方的空白处，用红色印泥盖章。

8.1.2　质量要求

（1）字迹清楚、图样清晰、图表整洁、签人手续齐全。

（2）不得用容易褪色的书写材料（红色墨水、纯蓝墨水、圆珠笔、复写纸、铅笔等）书写、绘制。

（3）凡归档的竣工图必须为归档原件，并签盖竣工图章。

（4）所有竣工图纸均必须在右下角盖专用竣工图章，责任人签字，包括竣工图封面及说明部分。

（5）图纸上的图名、图号与目录上的图名、图号应该完全一致、图纸的数量与目录上的数量应该完全一致。

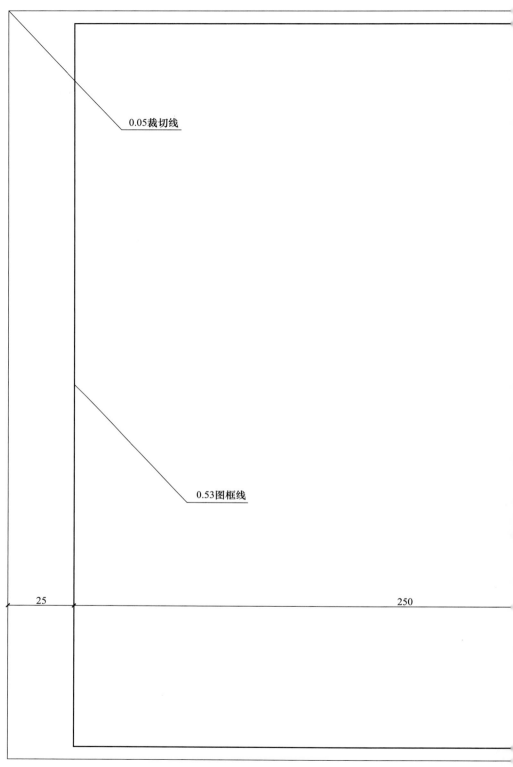

图8

0.05裁切线

0.53图框线

25

250

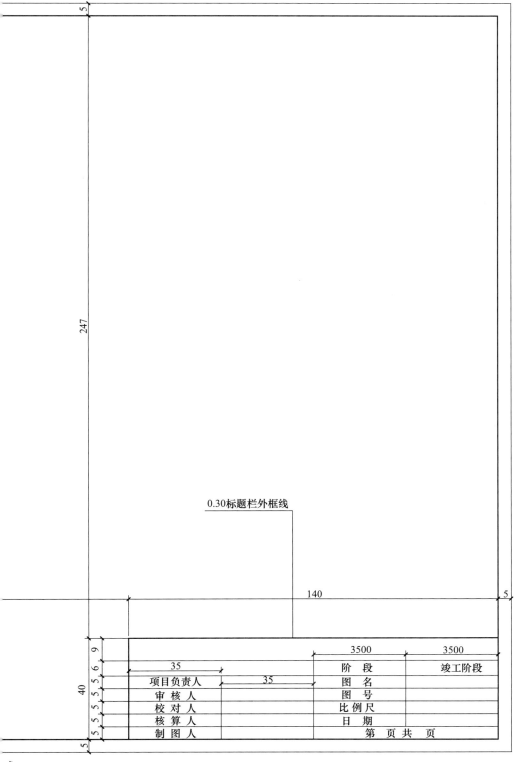

0.30标题栏外框线

阶　段	竣工阶段
图　名	
图　号	
比例尺	
日　期	
第　页　共　页	

项目负责人	
审　核　人	
校　对　人	
核　算　人	
制　图　人	

式

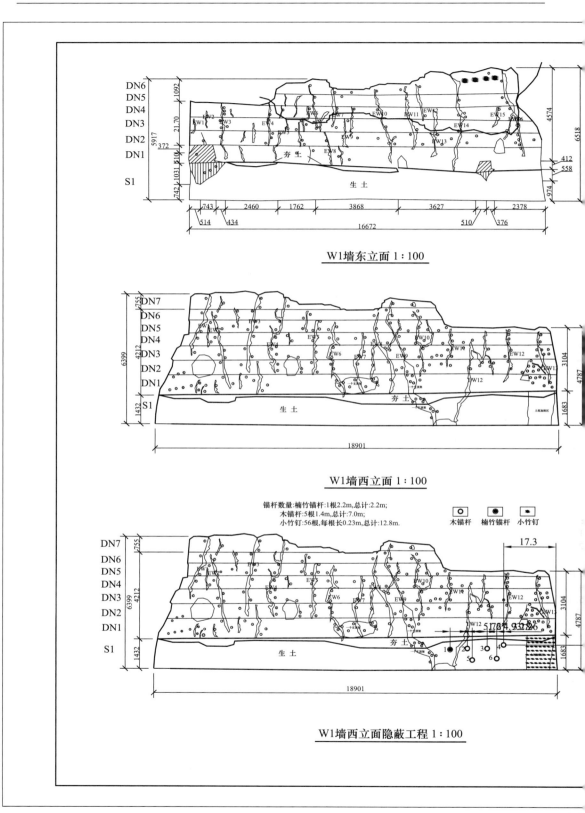

W1墙东立面 1∶100

W1墙西立面 1∶100

锚杆数量:楠竹锚杆:1根2.2m,总计:2.2m;
木锚杆:5根1.4m,总计:7.0m;
小竹钉:56根,每根长0.23m,总计:12.8m.

木锚杆　楠竹锚杆　小竹钉

W1墙西立面隐蔽工程 1∶100

图

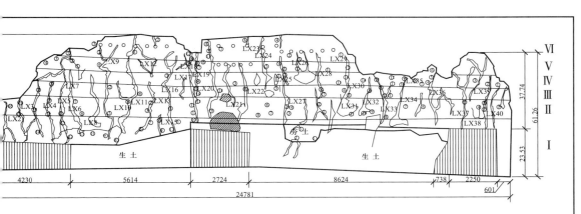

W2墙东立面 1:100

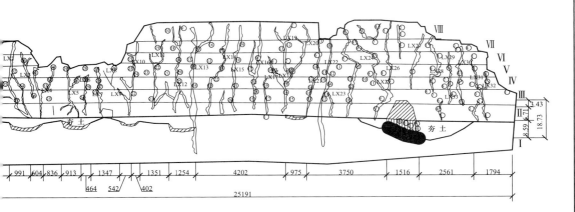

W2墙西立面 1:100

：
1.墙体所有裂隙均应封闭注浆，裂缝注浆后，做勾缝处理。
2.坍塌部位采用土坯砌补或垛泥砌补加固，每层土坯或垛
　泥应喷洒PS材料并使之密实,并应加筋连接。
3.所有工程措施完工后，均应作旧处理。
4.图纸未注参数，见设计说明书。
5.本图尺寸单位均以mm计。

工程数量表

项目名称	单 位	W₁墙	W₂墙
PS渗透	m²	203.80	315.40
裂隙灌浆	m	266.31	469.30
土坯砌补	m³	1.50	17.80
土坯拆除	m³	18.01	3.86
垛泥砌补	m³	1.30	1.00
脚手架	m³	221.08	292.30
作旧	m³	198.25	306.81
楠竹锚杆/木锚杆	m	9.9	
小竹钉	m	12.8	

敦煌研究院文物保护技术服务中心			
交河故城遗址二期抢险加固工程		竣工阶段	竣工图
项目负责人	李最雄	图名	大佛寺
审 核 人	张 鲁	图号	JH-1-07
校 对 人	裴强强	比例尺	1:100
核 算 人	裴强强	日期	2008.8.31
制 图 人	李吉让	第7张 共28张	

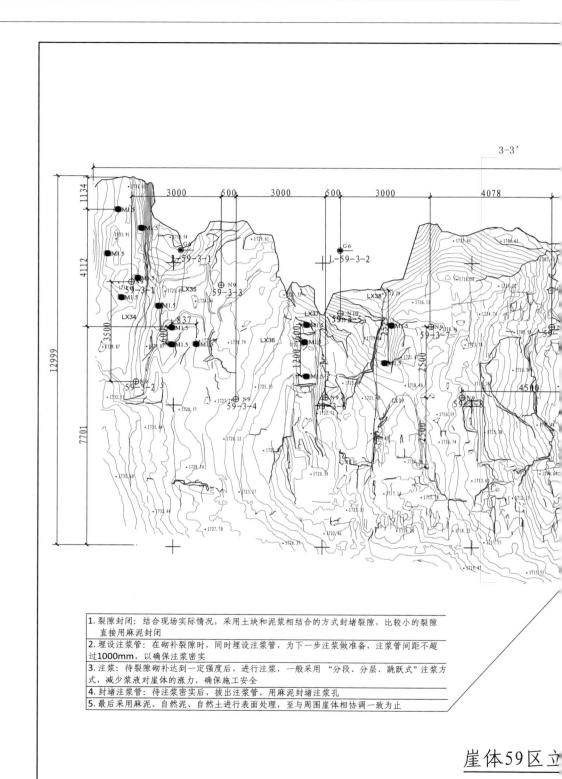

1. 裂隙封闭：结合现场实际情况，采用土块和泥浆相结合的方式封堵裂隙，比较小的裂隙
直接用麻泥封闭
2. 埋设注浆管：在砌补裂隙时，同时埋设注浆管，为下一步注浆做准备，注浆管间距不超
过1000mm，以确保注浆密实
3. 注浆：待裂隙砌补达到一定强度后，进行注浆，一般采用"分段、分层、跳跃式"注浆方
式，减少浆液对崖体的涨力，确保施工安全
4. 封堵注浆管：待注浆密实后，拔出注浆管，用麻泥封堵注浆孔
5. 最后采用麻泥、自然泥、自然土进行表面处理，至与周围崖体相协调一致为止

崖体59区立

图8

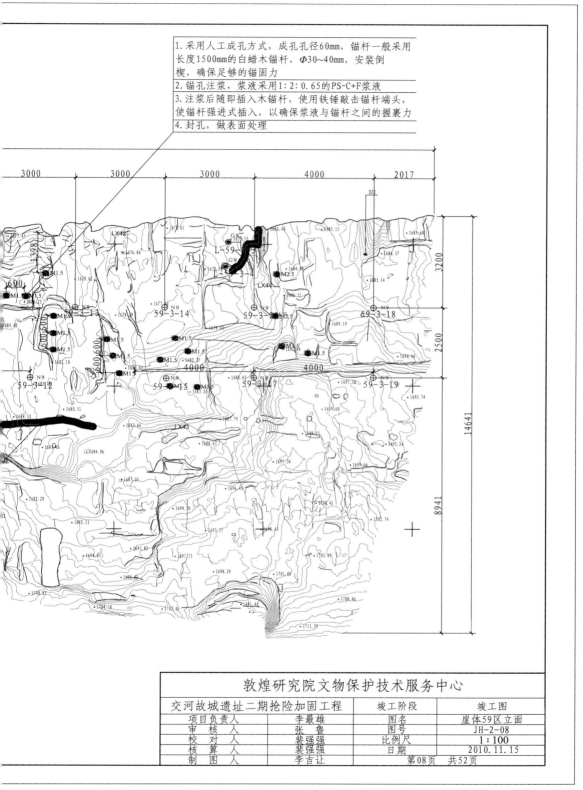

1. 采用人工成孔方式，成孔孔径60mm，锚杆一般采用长度1500mm的白蜡木锚杆，Φ30~40mm，安装倒楔，确保足够的锚固力
2. 锚孔注浆，浆液采用1：2：0.65的PS-C+F浆液
3. 注浆后随即插入木锚杆，使用铁锤敲击锚杆端头，使锚杆强进式插入，以确保浆液与锚杆之间的握裹力
4. 封孔，做表面处理

敦煌研究院文物保护技术服务中心			
交河故城遗址二期抢险加固工程		竣工阶段	竣工图
项目负责人	李最雄	图名	崖体59区立面
审核人	张鲁	图号	JH-2-08
校对人	裴强强	比例尺	1：100
核算人	裴强强	日期	2010.11.15
制图人	李吉让	第08页 共52页	

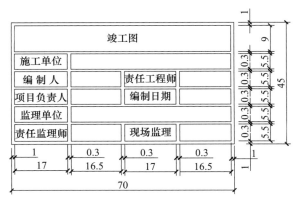

图 8-4　竣工图章图样

8.2　编写的主要内容

竣工图应按单位工程并按照采取技术措施专业要求分类整理。

（1）竣工图说明，是保护工程所有采取保护措施技术工艺的记录和总结，通过工程实践不断优化实施工艺步骤和程序，竣工图说明是其实施工艺最真实的文字记录和系统总结性资料，因此实施工艺措施应按照实际情况分类陈述，为再次开展保护工程实践提供可靠的实践经验和理论依据。

（2）工程量汇总表，为了确切地计算保护工程实施所发生的实际工程量，按照施工图设计的分部分项工程列项，现场实际测量汇总，并形成最终可依据决算的实际工程数量表，原施工图设计中未列项的分项工程，需要重新列项计量。

（3）图例。岩土类遗址保护工程目前还没有形成国家行业标准，但图例对土遗址保护工程识图非常重要。长期以来，已在项目实施过程中形成一套相对方便实用的岩土类遗址专用图例，并应用于岩土类遗址保护工程勘察设计、施工和竣工图编制中（图 8-5）。

（4）总平面图是保护工程项目总体位置布置、区位关系，地形地貌等的总体展示和标示，一般比例相对较大，仅需明确标示保护加固土遗址单位工程位置关系。

（5）单位工程平面图，是单体建筑形制，保存遗址墙体等布局和现状的整体展示，并需要按照施工过程对遗址编号，并能够明确指代，是立面图、剖面图和结构详图的统领。

（6）单位工程立面图，是保护工程所有措施和技术工艺的综合展示和确切记录，图纸中必须明确采取措施的范围、位置和技术工艺。部分措施立面图无法展示的，可借助剖面及结构详图另行标示，进一步说明和图示采取措施结构形制和其他实际情况。

（7）剖面和结构图是土遗址保护工程立面措施在立面图无法图示，另行采取放大展示和剖面标示的的基础元素图示方式。

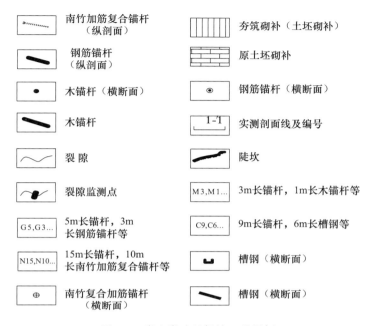

图 8-5　岩土类遗址保护工程图例

8.3　竣工图组卷顺序

（1）卷内文件材料的排列顺序，一般为封面、目录、主要材料、卷内拷贝表及封底。

（2）竣工图尽量采用先本体后载体、先平面后立面、线结构后表面得组卷顺序合理排序组卷成册。

（3）一般情况下，尽量按照施工图设计图纸顺序组卷，与第二条有冲突是按照第二条执行，尤其是单位工程或单体建筑遗址单体之间的排序，更加应该按照东南西北遗址位置顺时针组卷成册。

（4）竣工图一般包括竣工图说明＋工程量汇总表＋图例＋总平面图＋单位工程平面图＋单位工程顺时针方向立面图＋单位工程顺时针方向剖面图＋结构详图等内容，单位工程内成卷次序应尽量按照平面、立面、剖面、结构及详图顺序排列组卷。

第九章 岩土类遗址保护工程竣工报告编写

9.1 竣工报告编写的目的和意义

9.1.1 竣工报告编写目的

竣工报告的编写是进一步总结和凝练项目实施过程、程序，工程技术工艺和管理模式的最主要技术性文件。竣工报告必须在完成实际工程任务和技术工艺记录的基础上做概括性的总结，如果说，岩土类遗址保护工程施工图设计文件是告诉我们保护对象应该"用什么、如何用"及"做什么、如何做"的话，那么竣工报告恰恰总结和凝练了保护对象是"用什么、怎样用"及"做了什么、怎样做"，因此，竣工报告必须真实地记录工程项目实施的主要技术工艺及方法，系统总结项目实施过程中的技术进步和管理经验。其主要表现为：①是对保护项目全过程的记述、概括和总结；②是对保护加固工程技术措施和管理、档案记录方式方法、文明施工、安全保护以及投资控制等多方面工程实践经验的归纳和总结；③对本项目的延续性开展有非常可贵的参考和实践意义，对同类岩土类遗址的保护加固具有借鉴意义和指导作用。

9.1.2 竣工报告编写的意义

通过岩土类遗址保护维修工程报告的编写，在全面总结工程实施过程的前提下，对项目取得的成果科学准确地予以肯定，对存在的问题特别是遇到的技术难题进行深入的总结和剖析，为同类岩土类遗址的保护积累经验和提供技术支撑，对行业的发展具有重要的指导和借鉴意义。

9.2 竣工报告编写的依据

（1）国家法律法规及行业规范、标准，如《中华人民共和国文物保护法》（2002），《中华人民共和国文物保护法实施条例》（2003），《准则》（2004年修订），《文物保护工程管理办法》（2003）等。

（2）批准的保护加固方案设计及概算，相关批复意见。

（3）批准的保护加固施工图设计及预算，相关批复意见

（4）施工组织设计、安全施工组织设计、专项施工组织设计。

（5）档案目录册和施工档案资料。

（6）前期试验研究报告和过程检测报告。

（7）竣工图。

（8）过程投资控制文件及竣工决算。

9.3　竣工报告编写程序及框架

竣工报告的编写必须建立在工程完工、其他工程资料和信息全面搜集和整理的基础上，按照岩土类遗址保护工程竣工报告编写的内容要求，结合岩土类遗址保护工程特点，岩土类遗址保护工程竣工报告编写一般都需要经过资料搜集、项目试验成果的总结，基于工程实践的真实记录，针对保护工程特点总结和凝练实施措施，以及项目安全管理、质量控制、进度控制和投资控制的经验总结，最终按照竣工保护编写的内容逐章节完成保护工程项目的的竣工报告（图9-1）。

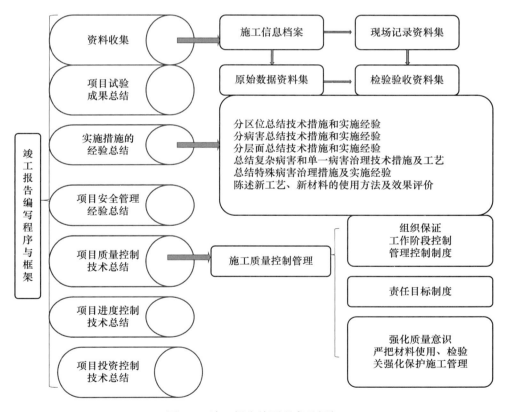

图 9-1　竣工报告编写程序及框架

9.4　竣工报告编写的内容及要求

竣工报告是保护工程项目实施技术和管理的经验总结，一般由保护工程技术负责人主持编写，编写的内容不但要基于工程技术档案，也要对该项目的工程技术实践经验精髓进行提炼和优化，尤其对工程项目实施过程中特殊的保护技术工艺和管理手段，应作为同类工程项目保护措施开展的基础和借鉴经验，重点总结和阐述。一般情况下，竣工报告内容主要包括前言、项目背景、工程概况、价值评估、现状调查、前期研究、施工组织设计与管理、保护维修技术工艺、保护加固效果评价、工程项目实施典型案例、任务完成情况、工程技术及经验总结、项目实施大事记和附件等。

1）前言

一般作为工程竣工报告编写内容的总体概况，主要阐述工程项目实施的意义和必要性，以及完成该保护工程项目竣工报告的作用和现实意义。

2）项目背景

项目背景是一个项目立项和实施主要原因，该部分可根据实际情况主要阐述说明项目立项的依据，指导思想和精神，项目来源、主要的技术支撑和项目目标任务等。

3）工程概况（参加单位、工期、投资、目标及任务完成情况）

概括性说明该项目实施保护措施对象的地理位置、保存现状和病害类型，主要参与单位、实施工期、投资情况及项目实施效果目标和工程项目实际完成情况等。

4）价值评估

岩土类遗址保护工程对象的价值往往是指遗址本体的历史价值、科学价值和艺术价值三部分。一般情况下，保护对象因保护工程项目实施，在人为感触交流和再认知的过程中发掘保护对象的新价值，应补充完善保护对象价值评估的内容。

5）保存现状和主要病害

该部分主要按照岩土类遗址建筑特征、建筑形制和建筑传统工艺、材料和构造手法，系统阐述遗址本体保存现状，遗址本体现状所反映的建筑历史信息和传统技术工艺，分类型地介绍遗址本体不同区域、位置、层面的病害类型和主要表现特征。

6）前期研究

岩土类遗址保护工程实践证明，一个好的工程项目必须要研究作为工程实践的源动力，应贯穿于整个保护工程的始终，为更有效地采取保护措施，往往在项目的一开始，按照施工图设计的现场试验小范围的开展保护措施，目的是延续工程项目勘察设计单位在室内试验研究成果，准确判断遗址本体的病害机理、主要材质特性和工艺技术，为大规模开展保护加固措施提供有力的技术支撑。

7）施工组织设计和管理

目前，岩土类遗址保护工程还没有较成熟、系统的工程管理模式和理论研究成果，有效地指导岩土类遗址保护工程项目管理，各个保护工程项目管理各不相同，还处于探索阶段，需要更多的工程实践总结和凝练施工组织和管理经验。施工组织管理的内容主要包括合同任务分配与管理、施工组织方案、组织机构、质量管理、安全管理、工期安排、投资计划、施工档案管理、文明施工和环境保护等。

8）保护加固技术工艺

保护加固技术工艺的总结是竣工报告的核心，一般对岩土遗址保护工程所采取的技术工艺措施应该全部罗列，并作详细的介绍。岩土类遗址保护工程措施主要有悬空区锚杆锚固技术工艺、夯筑砌补技术工艺、土坯砌筑技术工艺、钢结构支顶技术工艺，裂隙加固技术工艺、裂隙充填注浆技术工艺、洞顶加固技术工艺、防水整治技术工艺、表面防风化技术工艺及周边环境整治技术工艺，特殊病害保护加固技术、新工艺、新材料的使用方法。尤其保护工程项目实施过程中的特殊案例，应作为后续工程的借鉴经验重点阐述和总结。

9）保护加固效果评价

保护加固效果的评估是对保护工程的综合评价，检验手段和方法的总结。目前，保护加固效果评价一般采用观察、触摸式感知和借助无损检测设备的综合评价三种基本方法。该部分应该说明采用那种方式和手段、如何评价，评价结论如何。

10）工程项目实施典型案例

典型案例是竣工报告工程实践的探索性经验的全面展示和总结，主要针对典型的遗址保护对象，采取的措施和技术工艺对后续同类遗址有借鉴和现实意义的典型工程实践过程的记述和总结，主要包括实施前准备、操作步骤、控制技术和评价方法等。

11）任务完成情况

工程设计、工程数量是任务完成情况对比的基础和依据，一般情况下该部分主要以工程量表的形式直观地介绍工程实际完成的工程数量，原设计中缺少的分项工程，可根据实际情况增加。

12）工程技术及经验总结

竣工报告工程技术及经验总结是基于整个工程技术措施实践的成功经验和项目管理的实践理论的升华，是对整个保护工程项目的宏观把握，重点介绍在工程实践中的成功实践经验。

13）项目实施大事记

保护工程实施大事记是项目实施过程中，保护工程项目技术处理和管理的重大事件，主要有专家和领导的视察和现场指导、技术难题的重大突破、事故处理等。

14）附件

岩土类遗址保护工程附件主要将工程实践过程和保护加固前后遗址本体照片，一一对应以彩版的形式附在竣工报告的后面，以方便广大读者能够通过竣工报告直接感受保护工程项目的加固效果和实施工艺。

第十章　岩土类遗址保护工程竣工决（结）算编写

竣工决算是所有项目竣工完成后，按照岩土类遗址保护工程行业标准和相关法律法规文件，在项目竣工验收阶段完成竣工决算书。竣工决算是综合反映保护工程项目从项目开始至项目完工后移交为止所发生的全部分费用，是保护研究成果和财务情况的总结性文件，是竣工验收报告的重要组成部分。通过竣工决算既能正确反映保护工程的实际造价和投资结果，又能通过竣工结算和概算、预算及投标报价作对比，考核投资控制的工作成效，为岩土类遗址保护工程提供重要的资金预算的基础资料和评价指标，有效地提高未来岩土类遗址保护工程的投资预算和控制，为岩土类遗址保护工程概预算定额及计费标准、岩土类遗址工程造价管理提供实践案例和理论参数。

10.1　竣工决算书编写程序

一般情况下，保护工程项目竣工后三个月内应该完成竣工决算的编制，并报业主部门审核。接到竣工决算后，业主单位应委托财政投资评审机构或经过财政部认可的有资质的咨询单位审核，严格执行"先审核、后审批"的财务审批办法。一般采取以下工作程序。

1）收集、整理和分析有关依据数据

编制竣工决算之前，应全面、系统地整理保护工程技术资料，深化设计、变更设计及洽商、竣工图和过程投资控制文件，并相互核对分析其数据的准确性，尤其保护工程实际工程数量的汇总，必须满足施工现场记录技术档案资料、竣工图及相关经济类文件数量的一致性。

2）清理各项账务、债务和结余物资

在搜集、整理和分析有关经济类文件时，必须明确工程从开始至竣工移交后的各项账务，做到工程完成后账目清晰，对结余物资有明确的清单，为编制竣工决算提供准确的数量和结果。

3）核实工程变动情况

重新核实各单位工程、单项工程造价，将竣工资料和原设计图纸查对、核实，确认实际变更和深化设计内容和工程数量，必要时可在现场实际丈量。

4）编制竣工决算说明

重点说明竣工决算编制的主要依据、原则和竣工决算的主要内容，根据编制依据和报表材料填写编制文字说明，说明要条理清晰，并明确因工程量增减和工程范围的变更引起的工程费用变化。

5）填写竣工决算报表

按照经济投标文件报价清单和相关约定，按照分部分项工程列项，计算各个项目的工程数量，并将其结果填写在工程费用计算表中，完成所有报表，并按照实际计算竣工决算价、预算价和合同价，对比分析工程造价增减的主要影响因素和影响程度，并最终确定竣工决算价格。

10.2　竣工结算书编写依据

（1）经批准的可行性研究报告投资估算书、设计方案概算和施工图预算。

（2）技术交底和图纸会审会议纪要。

（3）深化设计、设计变更和洽商记录、施工记录和其他施工发生的费用记录。

（4）投标文件、承包合同及有关协议。

（5）竣工图和竣工验收资料。

10.3　竣工决算书编写内容及要求

为了严格岩土类遗址保护工程项目竣工验收制度，应建立健全保护工程经济责任制度，所有保护工程项目竣工后，均应及时、完整、准确地编制竣工决算，积累和整理竣工资料，确保竣工决算的完整性，清理有关账目，保证竣工决算的正确性。竣工决算是由竣工决算造价、竣工决算编制说明、竣工决算计算、竣工图工程数量汇总表、竣工决算对比分析五部分组成。其中，竣工决算编制说明、竣工决算计算是竣工决算的核心内容。

（1）竣工决算造价。竣工决算造价是在全面分析施工图设计和预算、承包合同、深化设计、变更设计及洽商、竣工图及工程数量汇总表，通过竣工决算计算分析，最终确定的竣工决算造价。

（2）竣工决算编制说明主要陈述工程实际投资的计算方法和主要依据内容，是对竣工决算计算报表的分析与补充说明，是全面考核分析工程投资与造价的书面总结，主要包括工程概况、编制依据、计算方法、差异分析、各项经济技术指标分析和其他说明六部分。

（3）竣工决算计算方法。一般采用表格的形式，按照经济投标文件的综合单价和计算方法，将施工图设计文件中的工程数量替换为实际发生工程数量，对清单计价中没有的项目，实际采取措施与某保护措施项目相近，可按照难易程度乘以系数直接套用，对于清单计价中没有的项目，且与原有工程措施项目相差很远，可按照实际情况分解组价计算。

（4）工程数量汇总表。工程数量汇总表是对所有技术档案资料中有关工程数量的汇总和相关内容、施工图设计工程数量、竣工图工程数量，一一对应核查，以基础第一手资料为依据，形成的竣工验收实际发生的工程数量汇总。一般按照分部分项工程列项计算，并填写在工程数量汇总表中。

（5）竣工决算对比分析。竣工决算对比分析主要是指施工图预算、承包合同造价、投标报价及竣工决算造价之间的对比，通过对比分析工程造价增减的主要影响因素和原因，以确定各项指标是节约还是超支，总结先进经验。找出节约或超支的内容和原因，一般主要从三个方面寻找原因：①考核主要实物工程数量角度出发；②考核主要材料消耗量和人工消耗；③考核管理费用、措施费和间接费用的取费标准和实际情况的差别。

第十一章 岩土类遗址保护工程
档案竣工验收

11.1 竣工验收程序

工程竣工验收一般由业主单位组织、勘察设计单位、监理单位和施工单位参与，并由业主方邀请相关专家组成专家组，综合评价工程项目的完成情况。验收过程中，施工单位、勘察设计单位、监理单位均应形成书面报告，从不同角度出发说明和阐述工程项目实施过程中各参与方的主要工作任务及经验总结。专家组在察看现场保护工程效果后，通过质问、调查和查阅资料等多种方式，就该项目做全面评估验收，明确验收结论，不达标的部位和保护措施，需在竣工验收后针对局部区域采取必要的措施返工或修补，并再次组织专家进行评估论证（图 11-1）。

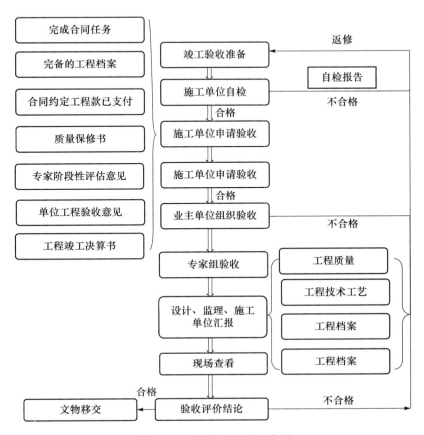

图 11-1　工程竣工验收示意图

1. 工程竣工验收准备

一般情况下，保护工程竣工验收前由监理工程组织进行预验收，主要针对保护工程施工质量验收、工程技术工艺、工程档案资料、保护理念综合评估保护工程质量，监理项目部就存在的问题提出书面意见，并签发监理通知书，施工单位按照整改意见和相关要求，整改完毕后，提出竣工验收申请，由监理单位总监理工程师检查验收并签署意见，提交组织竣工验收。

2. 工程竣工验收必备条件

（1）完成保护工程设计和合同约定的所有任务。

（2）有完整的工程技术资料和施工管理资料档案，主要包括工程项目立项报告、可行性研究报告、招投标文件、勘察设计、监理和施工合同、勘察报告、设计方案、施工图设计及预算、中标通知书、开工审批文件、实验研究报告、进场材料、设备和构配件检验报告、分部分项工程验收记录、现场记录和施工日志，第三方评估报告、竣工报告、竣工图和竣工决算、阶段性评估意见和单位工程验收记录等。

（3）已按照工程合同约定支付工程款。

（4）有施工单位签署的工程质量保修书。

（5）阶段性专家验收鉴定和评估意见。

（6）自检报告。

3. 竣工验收程序

验收会议一般由项目负责人主持。在验收会议上，将参与各方移交给的立项文件、招投标文件、勘察设计文件、施工技术档案、竣工图、竣工报告、竣工决算、监理规划和实施细则、监理日志、旁站记录，监理总结等各单位资料，按照、勘察设计单位、监理单位和施工单位的顺序，将资料摆放整体，以备竣工验收专家和相关人员查看，并按照入会单位情况组织做好登记。

（1）业主单位组织并主持竣工验收会议，并作简短的发言，主要围绕保护工程实施目的、预期要达到的效果，概括性说明工程实施情况。同时，介绍保护工程竣工验收程序，并作会后总结性发言。

（2）勘察设计单位、监理单位、施工单位分别汇报保护工程合同履行情况，主要完成的工作和经验总结。

（3）验收组审阅业主、勘察设计、监理和施工单位工程档案，并质询相关情况。

（4）专家组成员通过观察、触摸、质问及经验评价等实地检查保护工程质量。

（5）专家组成员发表意见，分别对勘察设计、监理、施工工质量和各管理环节等方面做全面评价，并形成竣工验收意见，并签字。

11.2　工程档案竣工验收的内容及要求

（1）岩土类遗址保护工程档案是按照工程建设程序形成的反映项目实施的真实记录。建立完整、准确、系统的档案资料是实现文物保护工程质量、进度、投资和安全目标的重要保证。

（2）岩土类遗址保护工程档案工作贯穿于保护工程的各个阶段。从保护工程建设前期就应进行文件材料的收集和整理工作；在签订有关合同、协议时，应对文物保护工程档案的收集、整理、移交提出明确要求；检查保护工程进度与施工质量时，要同时检查保护工程档案的收集、整理情况；在进行项目成果评审、鉴定和文物保护工程重要阶段验收与竣工验收时，应同时或提前审查、验收工程档案的内容与质量，并作出相应的鉴定评语。

（3）业主单位对保护工程档案工作负总责，须认真做好自身产生档案的收集、整理、保管工作，并应加强对各参建单位归档工作的监督、检查和指导。业主单位档案人员对各参建单位工程档案工作具有监督、检查和指导职责。

（4）勘察设计、施工、监理等参建单位应明确本单位相关部门和人员的归档责任，切实做好职责范围内文物保护工程档案的收集、整理、归档和保管工作；属于向业主单位等移交的应归档文件材料，在完成收集、整理、审核工作后，应及时提交业主单位。

（5）工程建设的专业技术人员和管理人员是归档工作的直接责任人，须按要求将工作中形成的应归档文件材料，进行收集、整理、归档，如遇工作变动，须先交清原岗位应归档的文件材料。

（6）保护工程技术资料应当与工程进度同步收集、整理，不得涂改、伪造。其内容有全过程的文件、图纸、照片、录像、签证、记录等，具体包括：①综合性文件，如重要会议记录、纪要、专家建议文件等，以及往来公文和合同、协议等法律文件；②立项报告；③招标投标资料；④勘察设计文件，如工程水文、地质勘探报告及地质图，初步设计及工程概算，施工图设计及工程预算；⑤施工文件，如施工预算，施工组织设计等质量计划文件，开工、竣工报告，工程质量事故报告及处理记录，重大工程事故责任人登记文件，施工单位工程质量保修书等；⑥施工材料质量保证文件，如原材料汇总及质量证明单、试验报告，施工试验汇总表及试验报告；⑦工程变更签证文件，如深化设计、设计变更通知书，业务联系单，技术核定单，工程师指令，工程会议纪要，工程签证；⑧验收文件及意见；⑨施工全过程的照片和录像资料等。

（7）归档文件材料的内容、形式和套数均应满足文物保护单位记录档案整理规范要求，内容完整、准确、系统，字迹清楚，图样清晰，图表整洁，竣工图及声像材料须标注的内容清楚、签字（章）手续完备。

（8）各参与单位技术负责人应对其提供档案的内容及质量负责。监理工程师对施工单位提交的归档材料应履行审核签字手续，监理单位应向业主单位提交对工程档案内容与整编质量情况的专题审核报告。

（9）岩土类遗址保护工程档案验收是保护工程竣工验收的重要内容，应提前或与工程竣工验收同步进行。凡档案内容与质量达不到要求的文物保护工程，不得通过档案验收；未通过档案验收或档案验收不合格的，不得进行或通过工程的竣工验收。

（10）岩土类遗址保护工程档案的归档与移交必须编制档案目录，并填写工程档案交接单。交接双方应认真核对目录与实物，并由经手人签字、加盖单位公章确认。

（11）保护工程档案的归档时间，可由业主单位根据实际情况确定。可分阶段在单位工程或单项工程完工后移交业主单位，也可在主体工程全部完工后移交业主单位。整个项目的归档工作和业主单位向保护单位记录档案管理单位或部室的移交工作，应在工程竣工验收后三个月内完成。

第十二章 工 程 实 例

　　岩土类遗址保护工程档案资料，从项目立项至项目竣工移交，参与单位也因项目的复杂程度而有所不同，内容及工程措施项目往往取决于遗址本体的整体保存状况。不同单位也有不同形式的工程资料，形式多样、内容庞杂，如何有效便捷地将岩土类遗址保护工程资料整理和归档。如前章节所述，必须要系统了解岩土类遗址保护工程实施程序和基本管理模式，熟悉岩土类遗址保护工程档案术语和定义，系统规范地使用本书第五章岩土类遗址保护工程档案记录类型和格式，以及第六章岩土类遗址保护工程档案内容和要求，形成统一、科学、全面的保护工程技术资料。

　　在保护工程项目实施期间，尽量按照第四章岩土类遗址保护工程档案的分类和编号，将过程中形成的档案资料，以类型为纵轴时间为横轴，将所有的资料归类整理，及时有效地整理和完善工程资料中的残缺内容，尤其对保护工程实施过程的图片记录，需每天坚持整理，及时删除因角度、光线、场景不太理想的照片，给保留照片命名等具体琐碎的工作。一般情况下，图片记录按照"单位工程——分部分项工程"形成文件夹存储。

　　单位工程完工后，尽量按照施工技术资料分部分项工程包括内容分类，并完成分部分项工程验收和单位工程初步验收记录，验收前要求单位工程范围内现场记录、施工日志、检验批、分项工程验收记录、分部工程验收记录、工程图件、工程安全及评估文件、会议纪要及往来函件、投资控制文件等完整、无误。一般情况下，单位工程验收，仅针对施工技术分部分项工程进行整理分类，其余涉及整个工程项目内容的工程管理文件，继续按照类别存放在不同文件夹中，待工程竣工验收阶段的统一整理和归档。

　　岩土类遗址保护工程档案一般在整个工程完工后，所有的单位工程完成初步验收后，实施技术档案的组卷装订。由熟悉工程资料的资料员编排整理归档，技术负责人负责审查并最终确定装订目录。岩土类遗址保护工程档案整理和装订必须在完成目录册的前提下进行，在工程档案资料整理分卷组册的过程中，不断完善和补充目录册内容，直至所有工程档案资料均列入保护工程目录册，并按照类别分类成册，装订必须按照第七章工程档案组卷和要求编排岩土类遗址保护工程档案目录册，按照单位工程、分部分项工程调整成卷档案的厚度和内容。按照第八章岩土类遗址保护工程竣工图编写、第九章岩土类遗址保护工程竣工报告编写和第十章岩土类遗址保护工程竣工决算编写程序和方法，完成保护工程的技术、质量、管理和经济的总结性文件内容。

　　本章节通过丝绸之路新疆段重点文物保护项目交河故城遗址二期抢险加固工程和

敦煌莫高窟保护利用工程——崖体抢险加固工程项目档案目录册，全面阐述了交河故城遗址二期抢险加固工程、敦煌莫高窟保护利用工程——崖体抢险加固工程所有工程档案资料，主要内容、编排顺序和目录册模板。其中，交河故城遗址二期抢险加固工程是土建筑遗址保护工程档案的典型案例，敦煌莫高窟保护利用工程——崖体抢险加固工程所有工程档案资料是石窟是围岩体加固工程档案记录的典型案例，其他因篇幅在此不做过多介绍，希望能通过这两册目录册给广大保护工程档案资料整理人员提供方便。

12.1 交河故城遗址二期抢险加固工程目录册

丝绸之路新疆段重点文物保护项目
交河故城遗址二期抢险加固工程目录册

敦煌研究院文物保护技术服务中心
二零一零年十一月

目　录

卷次	序号	文件题名	日期	页次	备注
	一	施工技术准备文件			
	（一）	2009 年度工程开工申请及报告	2009-3-25	1	
	（二）	中标通知书	2009-1-22	3	
	（三）	项目部技术人员配备情况及从业人员岗位资格证明		4	
	（四）	2009 年度施工组织设计文件			
第一卷	1	2009 年度施工组织设计	2009-3-25	11	
	2	2009 年度安全施工组织设计（方案）	2009-3-25	72	
	3	2009 年度脚手架搭设专项施工方案	2009-3-25	93	
	4	2009 年度临时用电方案	2009-3-25	104	
	5	2009 年度安全监控初步方案	2009-3-25	112	
	（五）	2009 年度工程停工申请	2009-10-26	122	
	（六）	2010 年度工程开工申请及报告	2010-3-26	1	
	（七）	项目部技术人员配备情况及从业人员岗位资格证明		2	
	（八）	2010 年度施工组织设计文件			
第二卷	1	2010 年度施工组织设计	2010-3-21	9	
	2	2010 年度安全施工组织设计（方案）	2010-3-21	60	
	3	2010 年度脚手架搭设专项施工方案	2010-3-21	92	
	4	2010 年度临时用电方案	2010-3-21	102	
	5	2010 年度安全监控初步方案	2010-3-21	110	

续表

卷次	序号	文件题名	日期	页次	备注
	（九）	技术交底文件			
	1	2009 年度技术交底记录			
	1）	脚手架搭设分项工程安全技术交底	2009-3-25	1	
	2）	临时用电分项工程安全技术交底	2009-3-25	2	
	3）	搅拌机使用分项工程技术交底	2009-3-25	3	
第三卷	4）	裂隙充填注浆分项工程安全技术交底	2009-3-25	4	
	5）	锚杆锚固分项工程安全技术交底	2009-3-25	5	
	2	2010 年度技术交底记录			
	1）	脚手架搭设分项工程安全技术交底	2010-3-26	6	
	2）	临时用电分项工程安全技术交底	2010-3-26	7	
	3）	搅拌机使用分项工程安全技术交底	2010-3-26	8	
	4）	裂隙充填注浆分项工程安全技术交底	2010-3-26	9	
	5）	锚杆锚固分项工程安全技术交底	2010-3-26	10	
	（十）	崖体施工定位放线图			
	1）	58 区抢险加固工程锚杆定位放线图	2007-4	11	
	2）	59 区抢险加固工程锚杆定位放线图	2007-4	12	
	3）	1 区抢险加固工程锚杆定位放线图	2009-4	17	
	4）	2 区抢险加固工程锚杆定位放线图	2009-5	19	
	5）	3 区抢险加固工程锚杆定位放线图	2009-10	20	
	6）	4 区抢险加固工程锚杆定位放线图	2010-4	21	
	7）	5 区抢险加固工程锚杆定位放线图	2010-4	22	
	8）	6 区抢险加固工程锚杆定位放线图	2010-6	23	
	9）	7 区抢险加固工程锚杆定位放线图	2010-8	24	
第四卷	10）	3-6 亚区抢险加固工程锚杆定位放线图	2010-9	25	
	11）	5-4 亚区抢险加固工程锚杆定位放线图	2010-10	26	
	二	深化设计（延伸设计）记录文件			
	（一）	2009 年度深化（延伸设计）设计记录			
	1	文物本体深化（延伸设计）设计			
	1）	南门西阙本体深化设计	2009-4-6	1	
	2）	官署本体深化设计	2009-3-31	5	
	3）	NO.1 本体深化设计	2009-4-9	12	
	4）	NO.2 本体深化设计	2009-5-8	21	
	5）	NO.5 本体深化设计	2009-5-22	26	
	6）	NO.7 本体深化设计	2009-5-22	37	

续表

卷次	序号	文件题名	日期	页次	备注
第五卷	2	崖体深化（延伸设计）设计			
	1）	1 区深化设计	2009-4-5	1	
	2）	2 区深化设计	2009-5-28	12	
	3）	3 区深化设计	2009-10-25	16	
第六卷	（二）	2010 年度深化（延伸设计）设计记录			
	1	文物本体深化（延伸设计）设计			
	1）	NO.3 本体深化设计	2010-4-2	1	
	2）	NO.4 本体深化设计	2010-4-10	5	
	3）	NO.6 本体深化设计	2010-5-10	7	
	4）	NO.8 本体（增加）深化设计	2010-10-25	12	
	5）	NO.9 本体（增加）深化设计	2010-10-25	12	
	6）	NO.10 本体（增加）深化设计	2010-10-25	12	
	7）	NO.11 本体（增加）深化设计	2010-10-25	13	
	8）	NO.12 本体（增加）深化设计	2010-10-25	13	
	9）	NO.13 本体（增加）深化设计	2010-10-25	13	
第七卷	2	崖体深化（延伸设计）设计			
	1）	崖体 4 区深化（延伸设计）设计	2010-4-21	1	
	2）	崖体 5 区深化（延伸设计）设计	2010-5-11	5	
	3）	崖体 6 区深化（延伸设计）设计	2010-7-1	28	
	4）	崖体 7 区深化（延伸设计）设计	2010-10-25	32	
	5）	崖体 3-6 亚区深化（延伸设计）设计	2010-10-25	34	
	6）	崖体 5-4 亚区深化（延伸设计）设计	2010-10-25	36	
第八卷	三	施工材料、构配件、设备质量证明文件及复试实验报告文件			
第九卷	（一）	2009 年度施工材料、构配件、设备质量证明文件及报审	2009-3-20	1	
	（二）	第三方资质证明文件		78	
	（三）	钢绞线、钢材等检验试验报告	2009-4-20	94	
	（四）	2009 年度 PS 溶液检测实验记录	2009-4-20	110	
	（五）	2010 年度施工材料、构配件、设备质量证明文件及报审	2010-3-20	1	
	（六）	第三方资质证明文件		55	
	（七）	钢绞线、钢材等检验试验报告	2010-4-19	71	
	（八）	2010 年度 PS 溶液检测实验记录	2010-4-20	81	

续表

卷次	序号	文件题名	日期	页次	备注
	四	单位工程施工记录			
	（一）	南门西阙本体单位工程施工记录			
	1	南门西阙本体施工设计补充建议	2009-4-4	1	
	2	南门西阙本体分部分项工程验收记录	2009-4-22	3	
	1）	南门西阙本体裂缝加固分部工程验收记录	2009-4-22	4	
	2）	南门西阙本体悬空区加固分部工程验收记录	2009-4-22		
第十卷	3）	南门西阙本体表面防风化分部工程验收记录	2009-4-22	21	
	3	南门西阙分部分项现场记录			
	1）	南门西阙本体裂缝加固分部工程现场记录	2009-4-13	25	
	2）	南门西阙本体悬空区加固分部工程现场记录	2009-4-9	30	
	3）	南门西阙本体表面防风化分部工程现场记录	2009-4-17	34	
	4	南门西阙本体初步验收记录	2009-4-22	38	
第十一卷	5	南门西阙本体施工日志	2009-3-27	1	
	（二）	官署本体单位工程施工记录			
	1	官署本体施工设计补充建议	2009-3-31	1	
	2	官署本体分部分项工程验收记录			
	1）	官署本体裂缝加固分部工程验收记录	2009-5-6	5	
	2）	官署本体悬空区加固分部工程验收记录	2009-5-6	47	
第十二卷	3）	官署本体表面防风化分部工程验收记录	2009-5-6	80	
	3	官署本体分部分项现场记录			
	1）	官署本体裂缝加固分部工程现场记录	2009-4-3	92	
	2）	官署本体悬空区加固分部工程现场记录	2009-4-10	103	
	3）	官署本体表面防风化分部工程现场记录	2009-4-24	104	
	4	官署本体初步验收记录	2009-5-8	106	
第十三卷	5	官署本体施工日志	2009-3-26	1	
	（三）	NO.1本体单位工程施工记录			
	1	NO.1本体施工设计补充建议	2009-4-8	1	
	2	NO.1本体分部分项工程验收记录	2009-5-20	5	
第十四卷	1）	NO.1本体裂缝加固分部工程验收记录	2009-5-20	6	
	2）	NO.1本体悬空区加固分部工程验收记录	2009-5-20	23	
	3）	NO.1本体表面防风化分部工程验收记录	2009-5-20	31	
	3	NO.1本体分部分项现场记录			

续表

卷次	序号	文件题名	日期	页次	备注
第十四卷	1）	NO.1 本体裂缝加固分部工程现场记录	2009-4-26	43	
	2）	NO.1 本体悬空区加固分部工程现场记录	2009-5-2	61	
	3）	NO.1 本体表面防风化分部工程现场记录	2009-5-15	62	
	4	NO.1 本体初步验收记录	2009-5-20	63	
第十五卷	5	NO.1 本体施工日志	2009-4-4	1	
第十六卷	（四）	NO.2 本体单位工程施工记录			
	1	NO.2 本体施工设计补充建议	2009-5-6	1	
	2	NO.2 本体分部分项工程验收记录	2009-6-2	3	
	1）	NO.2 本体裂缝加固分部工程验收记录	2009-6-2	4	
	2）	NO.2 本体悬空区加固分部工程验收记录	2009-6-2	30	
	3）	NO.2 本体表面防风化分部工程验收记录	2009-6-2	42	
	3	NO.2 本体分部分项现场记录			
	1）	NO.2 本体裂缝加固分部工程现场记录	2009-4-28	46	
	2）	NO.2 本体悬空区加固分部工程现场记录	2009-5-22	61	
	3）	NO.2 本体表面防风化分部工程现场记录	2009-5-30	62	
	4	NO.2 本体初步验收记录	2009-6-9	63	
第十七卷	5	NO.2 本体施工日志	2009-5-4	1	
第十八卷	（五）	NO.3 本体单位工程施工记录			
	1	NO.3 本体施工设计补充建议	2010-4-2	1	
	2	NO.3 本体分部分项工程验收记录	2010-5-9	3	
	1）	NO.3 本体裂缝加固分部工程验收记录	2010-5-9	4	
	2）	NO.3 本体悬空区加固分部工程验收记录	2010-5-9	44	
	3）	NO.3 本体表面防风化分部工程验收记录	2010-5-9	58	
	3	NO.3 本体分部分项现场记录			
	1）	NO.3 本体裂缝加固分部工程现场记录	2010-4-16	72	
	2）	NO.3 本体悬空区加固分部工程现场记录	2010-4-1	96	
	3）	NO.3 本体表面防风化分部工程现场记录	2010-5-7	97	
	4	NO.3 本体初步验收记录	2010-5-10	99	
第十九卷	5	NO.3 本体施工日志	2010-3-20	1	
第二十卷	（六）	NO.4 本体单位工程施工记录			
	1	NO.4 本体分部分项工程验收记录	2010-6-7	1	
	1）	NO.4 本体裂缝加固分部工程验收记录	2010-6-7	2	
	2）	NO.4 本体悬空区加固分部工程验收记录	2010-6-7	27	

续表

卷次	序号	文件题名	日期	页次	备注
	3）	NO.4 本体表面防风化分部工程验收记录	2010-6-7	33	
	2	NO. 本体4分部分项现场记录			
第二十卷	1）	NO.4 本体裂缝加固分部工程现场记录	2010-5-6	37	
	2）	NO.4 本体悬空区加固分部工程现场记录	2010-5-11	57	
	3）	NO.4 本体表面防风化分部工程现场记录	2010-5-29	59	
	3	NO.4 本体初步验收记录	2010-6-7	61	
第二十一卷	4	NO.4 本体施工日志	2010-3-25	1	
	（七）	NO.5 本体单位工程施工记录			
	1	NO.5 本体施工设计补充建议	2009-5-22	1	
	2	NO.5 本体分部分项工程验收记录	2009-7-3	9	
	1）	NO.5 本体裂缝加固分部工程验收记录	2009-7-3	10	
	2）	NO.5 本体悬空区加固分部工程验收记录	2009-7-3	34	
第二十二卷	3）	NO.5 本体表面防风化分部工程验收记录	2009-7-3	44	
	3	NO.5 本体分部分项现场记录			
	1）	NO.5 本体裂缝加固分部工程现场记录	2009-5-29	60	
	2）	NO.5 本体悬空区加固分部工程现场记录	2009-6-7	79	
	3）	NO.5 本体表面防风化分部工程现场记录	2009-6-3	80	
	4	NO.5 本体初步验收记录	2009-7-3	81	
第二十三卷	5	NO.5 本体施工日志	2009-5-18	1	
	（八）	NO.6 本体单位工程施工记录			
	1	NO.6 本体施工设计补充建议	2010-5-10	1	
	2	NO.6 本体分部分项工程验收记录	2010-8-15	3	
	1）	NO.6 本体裂缝加固分部工程验收记录	2010-8-15	4	
	2）	NO.6 本体悬空区加固分部工程验收记录	2010-8-15	26	
第二十四卷	3）	NO.6 本体表面防风化分部工程验收记录	2010-8-15	36	
	3	NO.6 本体分部分项现场记录			
	1）	NO.6 本体裂缝加固分部工程现场记录	2010-8-1	40	
	2）	NO.6 本体悬空区加固分部工程现场记录	2010-6-3	55	
	3）	NO.6 本体表面防风化分部工程现场记录	2010-8-9	57	

续表

卷次	序号	文件题名	日期	页次	备注
第二十四卷	4	NO.6 本体初步验收记录	2010-8-15	59	
第二十五卷	5	NO.6 本体施工日志	2010-3-22	1	
第二十六卷	（九）	NO.7 本体单位工程施工记录			
	1	NO.7 本体分部分项工程验收记录	2009-9-8	1	
	1）	NO.7 本体裂缝加固分部工程验收记录	2009-9-8	2	
	2）	NO.7 本体悬空区加固分部工程验收记录	2009-9-8	58	
	3）	NO.7 本体表面防风化分部工程验收记录	2009-9-8	72	
	2	NO.7 本体分部分项现场记录			
	1）	NO.7 本体裂缝加固分部工程现场记录	2009-7-28	86	
	2）	NO.7 本体悬空区加固分部工程现场记录	2009-7-19	164	
	3）	NO.7 本体表面防风化分部工程现场记录	2009-9-4	166	
	3	NO.7 本体初步验收记录	2009-9-8	169	
第二十七卷	4	NO.7 本体施工日志	2009-7-6	1	
第二十八卷	（十）	NO.8 本体（增加）单位工程施工记录			
	1	NO.8 本体（增加）分部分项工程验收记录	2010-9-20	1	
	1）	NO.8 本体（增加）裂缝加固分部工程验收记录	2010-9-20	2	
	2）	NO.8 本体（增加）悬空区加固分部工程验收记录	2010-9-20	12	
	2	NO.8 本体（增加）分部分项现场记录			
	1）	NO.8 本体（增加）裂缝加固分部工程现场记录	2010-6-28	22	
	2）	NO.8 本体（增加）悬空区加固分部工程现场记录	2010-6-28	23	
	3	NO.8 本体（增加）本体初步验收记录	2010-9-28	24	
第二十九卷	4	NO.8、NO.9、NO.10、NO.11、NO.12、NO.13 本体（增加）施工日志	2010-6-28	1	
第三十卷	（十一）	NO.9 本体（增加）单位工程施工记录			
	1	NO.9 本体（增加）分部分项工程验收记录	2010-9-20	1	
	1）	NO.9 本体（增加）裂缝加固分部工程验收记录	2010-9-20	2	
	2）	NO.9 本体（增加）悬空区加固分部工程验收记录	2010-9-20	10	
	2	NO.9 本体（增加）分部分项现场记录			
	1）	NO.9 本体（增加）裂缝加固分部工程现场记录	2010-7-16	20	
	2）	NO.9 本体（增加）悬空区加固分部工程现场记录	2010-7-8	21	

续表

卷次	序号	文件题名	日期	页次	备注
第三十卷	3	NO.9 本体（增加）本体初步验收记录	2010-9-28	22	
	4	NO.9 本体（增加）施工日志	详见第二十九卷		
第三十一卷	（十二）	NO.10 本体（增加）单位工程施工记录			
	1	NO.10 本体（增加）分部分项工程验收记录	2010-9-20	1	
	1）	NO.10 本体（增加）裂缝加固分部工程验收记录	2010-9-20	2	
	2）	NO.10 本体（增加）悬空区加固分部工程验收记录	2010-9-20	6	
	2	NO.10 本体（增加）分部分项现场记录			
	1）	NO.10 本体（增加）裂缝加固分部工程现场记录	2010-7-8		
	2）	NO.10 本体（增加）悬空区加固分部工程现场记录	2010-7-8	14	
	3	NO.10 本体（增加）本体初步验收记录	2010-9-28	15	
	4	NO.10 本体（增加）施工日志	详见第二十九卷		
第三十二卷	（十三）	NO.11 本体（增加）单位工程施工记录			
	1	NO.11 本体（增加）分部分项工程验收记录	2010-9-20	1	
	1）	NO.11 本体（增加）裂缝加固分部工程验收记录	2010-9-20	2	
	2）	NO.11 本体（增加）悬空区加固分部工程验收记录	2010-9-20	10	
	2	NO.11 本体（增加）分部分项现场记录			
	1）	NO.11 本体（增加）裂缝加固分部工程现场记录	2010-8-17	18	
	2）	NO.11 本体（增加）悬空区加固分部工程现场记录	2010-8-16	19	
	3	NO.11 本体（增加）本体初步验收记录	2010-9-28	20	
	4	NO.11 本体（增加）施工日志	详见第二十九卷		
第三十三卷	（十四）	NO.12 本体（增加）单位工程施工记录			
	1	NO.12 本体（增加）分部分项工程验收记录	2010-9-20	1	
	1）	NO.12 本体（增加）裂缝加固分部工程验收记录	2010-9-20	2	
	2）	NO.12 本体（增加）悬空区加固分部工程验收记录	2010-9-20	10	
	2	NO.12 本体（增加）分部分项现场记录			
	1）	NO.12 本体（增加）裂缝加固分部工程现场记录	2010-8-17	18	
	2）	NO.12 本体（增加）悬空区加固分部工程现场记录	2010-8-18	19	
	3	NO.12 本体（增加）初步验收记录	2010-9-20	21	
	4	NO.12 本体（增加）施工日志	详见第二十九卷		
第三十四卷	（十五）	NO.13 本体（增加）单位工程施工记录			

续表

卷次	序号	文件题名	日期	页次	备注
第三十四卷	1	NO.13 本体（增加）分部分项工程验收记录	2010-9-20	1	
	1）	NO.13 本体（增加）裂缝加固分部工程验收记录	2010-9-20	2	
	2）	NO.13 本体（增加）悬空区加固分部工程验收记录	2010-9-20	6	
	2	NO.13 本体（增加）分部分项现场记录			
	1）	NO.13 本体（增加）裂缝加固分部工程现场记录	2010-8-28		
	2）	NO.13 本体（增加）悬空区加固分部工程现场记录	2010-8-28	14	
	3	NO.13 本体（增加）初步验收记录	2010-9-28	15	
	4	NO.13 本体（增加）施工日志	详见第二十九卷		
第三十五卷	（十六）	变形监测施工记录			
	1	2009 年度崖体加固变形监测报告（1）（2）	2009-4-1	1	
第三十六卷	2	2009 年度崖体加固变形监测施工日志	2009-3-25	1	
第三十七卷	3	2010 年度崖体加固变形监测报告（1）（2）	2010-4-1	1	
第三十八卷	4	2010 年崖体变加固形监测施工日志	2010-3-17	1	
第三十九卷	（十七）	崖体 58 区单位工程施工记录			
	1	崖体 58 区临时支护方案	2007-4-5	1	
	2	崖体 58 区分部分项工程验收记录	2009-4-28	5	
	1）	崖体 58 区边坡加固分部工程验收记录	2009-4-28	6	
	2）	崖体 58 区表面防风化分部工程验收记录	2009-4-28	29	
	3	崖体 58 区分部分项现场记录			
	1）	崖体 58 区边坡加固分部工程现场记录	2007-3-25	33	
	2）	崖体 58 区表面防风化分部工程现场记录	2007-4-26	45	
	4	崖体 58 区检验试验收记录	2007-4-18	46	
	5	崖体 58 区初步验收记录	2009-4-28	48	
第四十卷	6	2007 年度崖体加固 58、59 区施工日志	2007-3-17	1	
第四十一卷	（十八）	崖体 59 区单位工程施工记录			
	1	崖体 59 区临时支护方案	2007-3-24	1	
	2	崖体 59 区分部分项工程验收记录	2009-4-22	10	
	1）	崖体 59 区边坡加固分部工程验收记录	2009-4-22	11	
	2）	崖体 59 区表面防风化分部工程验收记录	2009-4-22	51	

续表

卷次	序号	文件题名	日期	页次	备注
第四十一卷	3	崖体 59 区分部分项现场记录			
	1）	崖体 59 区边坡加固分部工程现场记录	2007-3-21	55	
	2）	崖体 59 区表面防风化分部工程现场记录	2007-4-4	119	
	4	崖体 59 区检验试验收记录	2007-4-8	120	
	5	崖体 59 区初步验收记录	2007-4-24	126	
	6	2007 年度崖体加固 59 区施工日志	详见第四十卷		
第四十二卷	（十九）	崖体 1 区单位工程施工记录			
	1	崖体 1 区施工设计补充建议	2009-4-5	1	
	2	崖体 1 区临时支护方案	2009-4-10	9	
	3	崖体 1 区分部分项工程验收记录	2009-5-31	22	
	1）	崖体 1 区边坡加固分部工程验收记录	2009-5-31	23	
	2）	崖体 1 区表面防风化分部工程验收记录	2009-5-31	101	
	4	崖体 1 区分部分项现场记录			
	1）	崖体 1 区边坡加固分部工程现场记录	2009-3-24	107	
	2）	崖体 1 区表面防风化分部工程现场记录	2009-4-23	204	
	5	崖体 1 区检验试验验收记录	2009-4-10	210	
	6	崖体 1 区初步验收记录	2009-5-3	220	
第四十三卷	7	2009 年度楠竹加筋复合锚杆加工施工日志	2009-3-24	1	
第四十四卷	8	2009 年度崖体加固 1 区施工日志			
第四十五卷	（二十）	崖体 2 区单位工程施工记录			
	1	崖体 2 区施工设计补充建议	2009-5-28	1	
	2	崖体 2 区临时支护方案	2009-6-2	3	
	3	崖体 2 区分部分项工程验收记录	2009-7-5	9	
	1）	崖体 2 区边坡加固分部工程验收记录	2009-7-5	10	
	2）	崖体 2 区表面防风化分部工程验收记录	2009-7-5	55	
	4	崖体 2 区分部分项现场记录			
	1）	崖体 2 区边坡加固分部工程现场记录	2009-4-9	59	
	2）	崖体 2 区表面防风化分部工程现场记录	2009-6-16	91	
	5	崖体 2 区检验试验记录	2009-6-8	94	

续表

卷次	序号	文件题名	日期	页次	备注
第四十五卷	6	崖体 2 区初步验收记录	2009-7-5	100	
第四十六卷	7	2009 年度崖体加固 2 区施工日志	2009-5-8	1	
第四十七卷	（二十一）	崖体 3 区单位工程施工记录			
	1	崖体 3 区临时支护方案	2009-7-1	1	
	2	崖体 3 区分部分项工程验收记录	2009-10-18	31	
	1）	崖体 3 区边坡加固分部工程验收记录	2009-10-18	32	
	2）	崖体 3 区表面防风化分部工程验收记录	2009-10-18	119	
	3	崖体 3 区分部分项现场记录			
	1）	崖体 3 区边坡加固分部工程现场记录	2009-4-10	127	
	2）	崖体 3 区表面防风化分部工程现场记录	2009-7-15	213	
	4	崖体 3 区检验试验验收记录	2009-7-8	218	
	5	崖体 3 区初步验收记录	2009-8-3	229	
第四十八卷	6	2009 年度崖体加固 3 区施工日志	2009-5-30	1	
第四十九卷	（二十二）	崖体 4 区单位工程施工记录			
	1	崖体 4 区施工设计补充建议	2010-4-21	1	
	2	崖体 4 区临时支护方案	2010-3-27	3	
	3	崖体 4 区分部分项工程验收记录	2010-5-11	15	
	1）	崖体 4 区边坡加固分部工程验收记录	2010-5-11	16	
	2）	崖体 4 区表面防风化分部工程验收记录	2010-5-11	90	
	4	崖体 4 区分部分项现场记录			
	1）	崖体 4 区边坡加固分部工程现场记录	2009-4-28	94	
	2）	崖体 4 区表面防风化分部工程现场记录	2010-4-14	144	
	5	崖体 4 区检验试验记录	2010-4-2	150	
	6	崖体 4 区初步验收记录	2010-5-12	162	
第五十卷	7	2010 年度楠竹加筋复合锚杆加工施工日志	2010-3-26	1	
第五十一卷	8	2010 年度崖体加固 4、5、6 区施工日志	2010-3-21	1	
第五十二卷	9	2010 年度崖体加固 6、7、3-6 亚区、5-4 亚区施工日志	2010-8-5	1	
第五十三卷	（二十三）	崖体 5 区单位工程施工记录			

续表

卷次	序号	文件题名	日期	页次	备注
第五十三卷	1	崖体5区施工设计补充建议	2010-5-11	1	
	2	崖体5区临时支护方案	2010-5-11	22	
	3	崖体5区分部分项工程验收记录	2010-7-16	35	
	1）	崖体5区边坡加固分部工程验收记录	2010-7-16	36	
	2）	崖体5区表面防风化分部工程验收记录	2010-7-16	113	
	4	崖体5区分部分项现场记录			
	1）	崖体5区边坡加固分部工程现场记录	2010-3-26	121	
	2）	崖体5区表面防风化分部工程现场记录	2010-5-18	186	
	5	崖体5区检验试验记录	2010-6-5	189	
	6	崖体5区初步验收记录	2010-6-14	199	
	7	2010年度崖体加固5区施工日志	见第五十卷、第五十一卷、第二卷		
第五十四卷	（二十四）	崖体6区单位工程施工记录			
	1	崖体6区施工设计补充建议	2010-7-1	1	
	2	崖体6区临时支护方案	2010-7-2	3	
	3	崖体6区分部分项工程验收记录	2010-8-29	15	
	1）	崖体6区边坡加固分部工程验收记录	2010-8-29	16	
	2）	崖体6区表面防风化分部工程验收记录	2010-8-29	73	
	4	崖体6区分部分项现场记录			
	1）	崖体6区边坡加固分部工程现场记录	2010-3-28	81	
	2）	崖体6区表面防风化分部工程现场记录	2010-7-16	140	
	5	崖体6区检验试验验收记录	2010-7-6	143	
	6	崖体6区初步验收记录	2010-9-23	153	
	7	2010年度崖体加固6区施工日志	见第五十卷、第五十一卷、第二卷		
第五十五卷	（二十五）	崖体7区单位工程施工记录			
	1	崖体7区临时支护方案	2010-8-29	1	
	2	崖体7区分部分项工程验收记录	2010-9-24	7	
	1）	崖体7区边坡加固分部工程验收记录	2010-9-24	8	
	2）	崖体7区表面防风化分部工程验收记录	2010-9-24	29	
	3	崖体7区分部分项现场记录			

续表

卷次	序号	文件题名	日期	页次	备注
第五十五卷	1）	崖体 7 区边坡加固分部工程现场记录	2010-4-13	33	
	2）	崖体 7 区表面防风化分部工程现场记录	2010-9-12	53	
	4	崖体 7 区检验试验验收记录	2010-9-4	54	
	5	崖体 7 区初步验收记录	2010-9-26	58	
	6	2010 年度崖体加固 7 区施工日志	见第五十卷、第五十一卷、第二卷		
第五十六卷	（二十六）	崖体 3-6 亚区单位工程施工记录			
	1	崖体 3-6 亚区临时支护方案	2010-8-28	1	
	2	崖体 3-6 亚区分部分项工程验收记录	2010-10-25	6	
	1）	崖体 3-6 亚区边坡加固分部工程验收记录	2010-10-25	7	
	2）	崖体 3-6 亚区表面防风化分部工程验收记录	2010-10-25	30	
	3	崖体 3-6 亚区分部分项现场记录			
	1）	崖体 3-6 亚区边坡加固分部工程现场记录	2010-9-12	34	
	2）	崖体 3-6 亚区表面防风化分部工程现场记录	2010-10-14	44	
	4	崖体 3-6 亚区检验试验验收记录	2010-10-12	45	
	5	崖体 3-6 亚区初步验收记录	2010-10-27	47	
	6	2010 年崖体加固 3-6 亚区施工日志	见第五十卷、第五十一卷、第二卷		
第五十七卷	（二十七）	崖体 5-4 亚区单位工程施工记录			
	1	崖体 5-4 亚区区临时支护方案	2010-9-27	1	
	2	崖体 5-4 亚区分部分项工程验收记录	2010-10-25	7	
	1）	崖体 5-4 亚区边坡加固分部工程验收记录	2010-10-25	8	
	2）	崖体 5-4 亚区表面防风化分部工程验收记录	2010-10-25	34	
	3	崖体 5-4 亚区分部分项现场记录			
	1）	崖体 5-4 亚区边坡加固分部工程现场记录	2010-9-27	38	
	2）	崖体 5-4 亚区表面防风化分部工程现场记录	2010-10-6	50	
	4	崖体 5-4 亚区检验试验验收记录	2010-10-2	51	
	5	崖体崖体 5-4 亚区初步验收记录	2010-10-27	53	
	6	崖体 2010 年崖体加固 5-4 亚区施工日志	见第五十卷、第五十一卷、第二卷		

卷次	序号	文件题名	日期	页次	备注
第五十八卷	（二十八）	崖体锚杆拔试验检测报告			
	1	第三方资质证明	2007-8-24	1	
	2	2009 年度拉拔试验报告	2009-10-21	10	
	3	2010 年度拉拔试验报告	2010-1013	34	
第五十九卷	五	会议纪要文件			
	（一）	丝绸之路新疆段重点文物保护项目——交河故城遗址二期抢险加工工程工地第一次会议（四方会议纪要）	2009-4-7	1	
	（二）	丝绸之路新疆段重点文物保护项目——交河故城遗址二期抢险加固工程 2009 年度监理例会会议纪要	2009-4-13	9	
	（三）	丝绸之路新疆段重点文物保护项目——交河故城遗址二期抢险加固工程 2010 年度监理例会会议纪要	2010-4-16	46	
第六十卷	六	往来函件			
	（一）	甲方文件			无
	（二）	监理联系文件	2009-3-27	1	
	（三）	报告文件	2009-3-25	12	
第六十一卷	七	工程款控制文件			
	（一）	2009 年度工程款控制文件			
	1	4 月份工程款进度控制	2009-4-28	1	
	2	5 月份工程款进度控制	2009-5-28	24	
	3	6 月份工程款进度控制	2009-6-28	49	
	4	7 月份工程款进度控制	2009-7-28	71	
	5	8 月份工程款进度控制	2009-8-28	94	
	6	9 月份工程款进度控制	2009-9-28	109	
	7	10 月份工程款进度控制	2009-10-28	131	
第六十二卷	（二）	2010 年度工程款控制文件			
	1	5 月份工程款进度控制	2010-5-23	1	
	2	6 月份工程款进度控制	2010-6-28	15	
	3	7 月份工程款进度控制	2010-7-28	39	
	4	8 月份工程款进度控制	2010-8-28	61	
	5	9 月份工程款进度控制	2010-9-28	76	
	6	10 月份工程款进度控制	2010-10-28	104	

12.2　敦煌莫高窟保护利用工程——崖体加固工程目录册

敦煌莫高窟保护利用工程——崖体加固工程目录册

敦煌研究院文物保护技术服务中心
二零一二年十月

目　录

卷次	序号	文件材料题名	日期	页次	备注
第一卷	一	施工技术准备文件		1	
	（一）	2010 年度工程开工申请及报告	2010 年 7 月	12	
	（二）	施工组织设计			
	1	施工组织设计	2010 年 7 月	44	
	2	安全施工组织设计（方案）	2010 年 7 月	16	
	3	脚手架搭设专项施工方案	2010 年 7 月	11	
	4	临时用电方案	2010 年 7 月	7	
	（三）	技术交底			
		2010 年度技术交底记录			
		2010 年度脚手架搭拆、高空作业技术交底记录	2010 年 7 月	6	
		2011 年度技术交底记录			
		2011 年度脚手架搭拆、高空作业技术交底记录	2011 年 3 月	6	
	（四）	2010 年度工程停工申请	2010 年 11 月	1	
	（五）	2011 年工程复工申请报告	2011 年 3 月	1	
	（六）	现场试验	2010 年 7 月	40	
第二卷	二	工程图纸深化设计文件	2007 年 5 月	1	
	（一）	2010 年度深化（延深）设计记录	2008 年 3 月	1	
	1	崖体 1 区深化设计	2010 年 7 月	6	
	2	崖体 2 区深化设计	2010 年 8 月	6	
	3	崖体 3 区深化设计	2010 年 9 月	4	
	4	崖体 4 区深化设计	2010 年 10 月	3	
第三卷	（二）	2011 年度深化（延深）设计记录		1	
	1	崖体 5 区深化设计	2011 年 4 月	7	
	2	崖体 6 区深化设计	2011 年 4 月	7	
	3	崖体 7 区深化设计	2011 年 5 月	3	
	4	崖体 8 区深化设计	2011 年 5 月	4	

续表

卷次	序号	文件材料题名	日期	页次	备注
第三卷	5	崖体9区深化设计	2011年6月	8	
	6	崖体10区深化设计	2011年6月	3	
	7	崖体11区深化设计	2011年7月	7	
	8	崖体12区深化设计	2011年7月	3	
第四卷	三	施工材料、构配件、设备质量证明文件及复试实验报告		1	
	（一）	2010年度材料、构配件、设备质量证明文件及复试实验报告	2010年7月	37	
第五卷	（二）	2011年度材料、构配件、设备质量证明文件及复试实验报告	2011年3月	79	
第六卷	四	单位工程施工记录		1	
	（一）	崖体1区单位工程施工记录		1	
	1	崖体1区工程质量检验记录		1	
	1）	岩体锚固分部分项工程验收记录	2010年8月	6	
	2）	洞窟加固分部分项验收记录	2010年8月	4	
	3）	裂隙注浆分部分项工程验收记录	2010年8月	8	
	4）	表面防风化加固分部分项工程验收记录	2010年8月	9	
	2	崖体1区现场施工记录		1	
	1）	崖体1区钢筋锚杆锚固施工记录	2010年7月	5	
	2）	崖体1区薄顶洞窟施工记录	2010年7月	1	
	3）	崖体1区裂隙加固施工记录	2010年7月	24	
	4）	崖体1区PS渗透加固施工记录	2010年8月	5	
	5）	崖体1区作旧施工记录	2010年8月	7	
第七卷	3	崖体1区施工日志	2010年8月	75	
第八卷	（二）	崖体2区单位工程施工记录		1	
	1	崖体2区工程质量检验记录		1	
	1）	岩体锚固分部分项工程验收记录	2011年4月	8	
	2）	短锚杆支挡、洞窟加固分部分项验收记录	2011年4月	4	
	3）	局部清除分部分项验收记录	2011年4月	4	
	4）	裂隙注浆分部分项工程验收记录	2011年4月	10	
	5）	表面防风化加固分部分项工程验收记录	2011年4月	8	
	2	崖体2区现场施工记录		1	
	1）	崖体2区钢筋锚杆锚固施工记录	2010年9月	4	
	2）	崖体2区缓坡地带清理施工记录	2010年9月	2	
	3）	崖体2区崖面及陡坎地带清理施工记录	2010年9月	4	
	4）	崖体2区裂隙加固施工记录	2011年3月	18	

续表

卷次	序号	文件材料题名	日期	页次	备注
第八卷	5）	崖体 2 区 PS 渗透加固施工记录	2011 年 3 月	9	
	6）	崖体 2 区作旧施工记录	2011 年 3 月	8	
第九卷	3	崖体 2 区施工日志	2011 年 3 月	52	
第十卷	（三）	崖体 3 区单位工程施工记录		1	
	1	崖体 3 区工程质量检验记录		1	
	1）	岩体锚固分部分项工程验收记录	2010 年 10 月	6	
	2）	短锚杆支挡、洞窟加固分部分项验收记录	2010 年 10 月	7	
	3）	局部清除分部分项验收记录	2010 年 10 月	4	
	4）	裂隙注浆分部分项工程验收记录	2010 年 10 月	8	
	5）	表面防风化加固分部分项工程验收记录	2010 年 10 月	8	
	2	崖体 3 区现场施工记录		1	
	1）	崖体 3 区钢筋锚杆锚固施工记录	2010 年 10 月	1	
	2）	崖体 3 区薄顶洞窟加固施工记录	2010 年 9 月	2	
	3）	崖体 3 区缓坡地带清理施工记录	2010 年 10 月	2	
	4）	崖体 3 区裂隙加固施工记录	2010 年 10 月	5	
	5）	崖体 3 区 PS 渗透加固施工记录	2010 年 10 月	4	
	6）	崖体 3 区作旧施工记录	2010 年 10 月	4	
	3	崖体 3 区施工日志	2010 年 10 月	31	
第十一卷	（四）	崖体 4 区单位工程施工记录		1	
	1	崖体 4 区工程质量检验记录		1	
	1）	局部清除分部分项验收记录	2010 年 11 月	4	
	2）	裂隙注浆分部分项工程验收记录	2010 年 11 月	8	
	3）	表面防风化加固分部分项工程验收记录	2010 年 11 月	8	
	2	崖体 4 区现场施工记录		1	
	1）	崖体 4 区缓坡地带清理施工记录	2010 年 10 月	1	
	2）	崖体 4 区裂隙加固施工记录	2010 年 10 月	7	
	3）	崖体 4 区 PS 渗透加固施工记录	2010 年 10 月	1	
	4）	崖体 4 区作旧施工记录	2010 年 11 月	2	
	3	崖体 4 区施工日志	2010 年 11 月	19	
第十二卷	（五）	崖体 5 区单位工程施工记录		1	
	1	崖体 5 区工程质量检验记录		1	
	1）	岩体锚固分部分项工程验收记录	2011 年 7 月	9	
	2）	短锚杆支挡、洞窟加固分部分项验收记录	2011 年 7 月	7	
	3）	局部清除分部分项验收记录	2011 年 7 月	4	
	5）	窟檐维修加固分部分项验收记录	2011 年 7 月	4	

续表

卷次	序号	文件材料题名	日期	页次	备注
第十二卷	6）	裂隙注浆分部分项工程验收记录	2011 年 7 月	8	
	7）	表面防风化加固分部分项工程验收记录	2011 年 7 月	10	
	2	崖体 5 区现场施工记录		1	
	1）	崖体 5 区锚索锚固施工记录	2011 年 5 月	4	
	2）	崖体 5 区钢筋锚杆锚固施工记录	2011 年 4 月	1	
	3）	崖体 5 区变形监测施工记录	2011 年 5 月	75	
	4）	崖体 5 区薄顶洞窟加固施工记录	2011 年 4 月	6	
	5）	崖体 5 区缓坡地带清理施工记录	2011 年 6 月	2	
	6）	崖体 5 区崖面及陡坎地带清理施工记录	2011 年 6 月	2	
	7）	崖体 5 区窟檐维修加固施工记录	2011 年 5 月	1	
	8）	崖体 5 区裂隙加固施工记录	2011 年 7 月	18	
	9）	崖体 5 区 PS 渗透加固施工记录	2011 年 7 月	5	
	10）	崖体 5 区作旧施工记录	2011 年 7 月	5	
第十三卷	3	崖体 5 区施工日志	2011 年 7 月	53	
第十四卷	（六）	崖体 6 区单位工程施工记录		1	
	1	崖体 6 区工程质量检验记录		1	
	1）	岩体锚固分部分项工程验收记录	2011 年 5 月	7	
	2）	短锚杆支挡、洞窟加固分部分项验收记录	2011 年 5 月	7	
	3）	局部清除分部分项验收记录	2011 年 5 月	4	
	4）	裂隙注浆分部分项工程验收记录	2011 年 5 月	10	
	5）	表面防风化加固分部分项工程验收记录	2011 年 5 月	12	
	2	崖体 6 区现场施工记录		1	
	1）	崖体 6 区钢筋锚杆锚固施工记录	2011 年 4 月	5	
	2）	崖体 6 区薄顶洞窟加固施工记录	2011 年 4 月	2	
	3）	崖体 6 区缓坡地带清理施工记录	2011 年 5 月	2	
	4）	崖体 6 区崖面及陡坎地带清理施工记录	2011 年 4 月	6	
	5）	崖体 6 区裂隙加固施工记录	2011 年 5 月	20	
	6）	崖体 6 区 PS 渗透加固施工记录	2011 年 5 月	7	
	7）	崖体 6 区作旧施工记录	2011 年 5 月	8	
	3	崖体 6 区施工日志	2011 年 5 月	30	
第十五卷	（七）	崖体 7 区单位工程施工记录		1	
	1	崖体 7 区工程质量检验记录		1	
	1）	局部清除分部分项验收记录	2011 年 5 月	4	
	2）	裂隙注浆分部分项工程验收记录	2011 年 5 月	9	
	3）	表面防风化加固分部分项工程验收记录	2011 年 5 月	10	

卷次	序号	文件材料题名	日期	页次	备注
第十五卷	2	崖体 7 区现场施工记录		1	
	1）	崖体 7 区缓坡地带清理施工记录	2011 年 5 月	1	
	2）	崖体 7 区裂隙加固施工记录	2011 年 5 月	13	
	3）	崖体 7 区 PS 渗透加固施工记录	2011 年 5 月	6	
	4）	崖体 7 区作旧施工记录	2011 年 5 月	7	
	3	崖体 7 区施工日志	2011 年 5 月	20	
第十六卷	（八）	崖体 8 区单位工程施工记录		1	
	1	崖体 8 区工程质量检验记录		1	
	1）	短锚杆支挡、洞窟加固分部分项验收记录	2011 年 6 月	4	
	2）	局部清除分部分项验收记录	2011 年 6 月	4	
	3）	窟檐维修加固分部分项验收记录	2011 年 6 月	4	
	4）	裂隙注浆分部分项工程验收记录	2011 年 6 月	7	
	5）	表面防风化加固分部分项工程验收记录	2011 年 6 月	8	
	2	崖体 8 区现场施工记录		1	
	1）	崖体 8 区薄顶洞窟加固施工记录	2011 年 6 月	6	
	2）	崖体 8 区缓坡地带清理施工记录	2011 年 6 月	3	
	3）	崖体 8 区窟檐维修加固施工记录	2011 年 6 月	3	
	4）	崖体 8 区裂隙加固施工记录	2011 年 6 月	37	
	5）	崖体 8 区 PS 渗透加固施工记录	2011 年 6 月	6	
	6）	崖体 8 区作旧施工记录	2011 年 6 月	6	
	3	崖体 8 区施工日志	2011 年 6 月	39	
第十七卷	（九）	崖体 9 区单位工程施工记录		1	
	1	崖体 9 区工程质量检验记录		1	
	1）	岩体锚固分部分项工程验收记录	2011 年 10 月	9	
	2）	短锚杆支挡、洞窟加固分部分项验收记录	2011 年 10 月	4	
	3）	局部清除分部分项验收记录	2011 年 10 月	4	
	4）	裂隙注浆分部分项工程验收记录	2011 年 10 月	11	
	5）	表面防风化加固分部分项工程验收记录	2011 年 10 月	10	
	2	崖体 9 区现场施工记录		1	
	1）	崖体 9 区锚索锚固施工记录	2011 年 10 月	19	
	2）	崖体 9 区钢筋锚杆锚固施工记录	2011 年 10 月	6	
	3）	崖体 9 区变形监测施工记录	2011 年 10 月	46	
	4）	崖体 9 区薄顶洞窟加固施工记录	2011 年 10 月	5	
	5）	崖体 9 区缓坡地带清理施工记录	2011 年 9 月	1	
	6）	崖体 9 区裂隙加固施工记录	2011 年 10 月	2	

续表

卷次	序号	文件材料题名	日期	页次	备注
第十七卷	7）	崖体9区PS渗透加固施工记录	2011年10月	3	
	8）	崖体9区作旧施工记录	2011年10月	3	
第十八卷	3	崖体9区施工日志	2011年10月	90	
	（十）	崖体10区单位工程施工记录		1	
	1	崖体10区工程质量检验记录		1	
	1）	局部清除分部分项验收记录	2011年7月	4	
	2）	裂隙注浆分部分项工程验收记录	2011年7月	8	
	3）	表面防风化加固分部分项工程验收记录	2011年7月	12	
第十九卷	2	崖体10区现场施工记录		1	
	1）	崖体10区缓坡地带清理施工记录	2011年7月	1	
	2）	崖体10区裂隙加固施工记录	2011年7月	8	
	3）	崖体10区PS渗透加固施工记录	2011年7月	3	
	4）	崖体10区作旧施工记录	2011年7月	3	
	3	崖体10区施工日志	2011年7月	29	
	（十一）	崖体11区单位工程施工记录		1	
	1	崖体11区工程质量检验记录		1	
	1）	岩体锚固分部分项工程验收记录	2011年8月	7	
	2）	局部清除分部分项验收记录	2011年8月	4	
	3）	裂隙注浆分部分项工程验收记录	2011年8月	12	
	4）	表面防风化加固分部分项工程验收记录	2011年8月	14	
	2	崖体11区现场施工记录		1	
第二十卷	1）	崖体11区钢筋锚杆锚固施工记录	2011年8月	2	
	2）	崖体11区变形监测施工记录	2011年8月	34	
	3）	崖体11区缓坡地带清理施工记录	2011年7月	1	
	4）	崖体11区裂隙加固施工记录	2011年8月	9	
	5）	崖体11区PS渗透加固施工记录	2011年8月	3	
	6）	崖体11区作旧施工记录	2011年8月	3	
	3	崖体11区施工日志	2011年8月	41	
	（十二）	崖体12区单位工程施工记录		1	
	1	崖体12区工程质量检验记录		1	
第二十一卷	1）	裂隙注浆分部分项工程验收记录	2011年8月	6	
	2）	表面防风化加固分部分项工程验收记录	2011年8月	7	
	2	崖体12区现场施工记录		1	
	1）	崖体12区裂隙加固施工记录	2011年8月	7	

续表

卷次	序号	文件材料题名	日期	页次	备注
第二十一卷	2）	崖体 12 区 PS 渗透加固施工记录	2011 年 8 月	3	
	3）	崖体 12 区作旧施工记录	2011 年 8 月	3	
	3	崖体 12 区施工日志	2011 年 8 月	13	
第二十二卷	五	会议纪要文件		1	
	（一）	关于敦煌莫高窟保护利用工程——崖体加固工程会议纪要（四方会议）	2010 年 7 月	8	
	（二）	敦煌莫高窟保护利用工程——崖体加固工程监理例会会议纪要	2010 年 7 月	14	
	六	往来函件文件		1	
	（一）	甲方文件	2010 年 7 月	2	
	（二）	监理联系文件	2010 年 7 月	9	
	（三）	报告文件	2010 年 7 月	39	
第二十三卷	七	工程款控制文件		1	
	（一）	2010 年度工程款控制文件		1	
	1	7 月份工程款进度控制	2010 年 7 月	15	
	2	8 月份工程款进度控制	2010 年 8 月	23	
	3	9 月份工程款进度控制	2010 年 9 月	23	
	4	10 月份工程款进度控制	2010 年 10 月	23	
第二十四卷	（二）	2011 年度工程款控制文件		1	
	1	4 月份工程款进度控制	2011 年 4 月	31	
	2	5 月份工程款进度控制	2011 年 5 月	30	
	3	6 月份工程款进度控制	2011 年 6 月	30	
	4	7 月份工程款进度控制	2011 年 7 月	29	
	5	8 月份工程款进度控制	2011 年 8 月	25	
	6	9～10 月份工程款进度控制	2011 年 10 月	16	

结　　语

　　岩土类遗址保护工程档案同其他遗产保护档案一样是文化遗产的重要组成部分，是人类文明和智慧的结晶，它维系着民族文化、民族精神的命脉和根基。因此，如何做好岩土类遗址保护工程档案的管理，为遗址保护服务，推进遗产保护工程的发展，必须准确把握工程前期准备文件、施工技术文件及竣工文件三个阶段形成的不同文件的自然属性、特征以及三者之间的关系和行为主体的作用，主要表现在以下五个方面。

　　（1）工程前期准备文件、施工技术文件及竣工文件是项目实施阶段自然划分形成的不同阶段的档案资料。工程前期准备文件是前提和根源、施工技术文件是保护工程档案资料的主体和核心，而竣工文件是保护工程档案资料的总结和凝练。三者紧密联系、相辅相成。

　　（2）准确把握岩土类遗址保护工程档案资料作为文化遗产的自然属性和文化使命概念，加强岩土类遗址保护工程档案资料编写与整理的意识，提升档案管理的知名度和影响力。

　　（3）通过工程实践进一步明确形成土遗址保护工程档案资料的主体，梳理和凝练土遗址保护工程资料的类型和程序。

　　（4）工程档案的"系统性和完整性"是做好工程档案的基本要求和前提。档案资料的完整是形成档案的前提，搜集和整理是档案工作的手段。

　　（5）充分发挥工程实施过程中施工单位作为操作手的作用。严格遵循时时记录，及时整理、形式多样，真实完整、系统有序的基本原则，系统开展岩土类遗址保护工程档案工作，形成岩土类遗址保护工程档案资料的科学管理和良性循环，促进岩土类遗址保护工程的进一步发展。

参 考 文 献

[1] 中国大百科全书出版社《简明不列颠百科全书》编辑部. 简明不列颠百科全书（1）. 北京：中国
    大百科全书出版社，1985.

[2] 丁进. 高校档案参与校园文化建设的思想. 档案管理，2008（6）.

[3] 裴强强，孙红强. 土遗址加固保护工程资料应用与管理——新疆交河故城抢险加固工程. 敦煌
    研究，2008（3）.

[4] 汪万福，马赞峰，赵林毅，等. 壁画保护修复工程设计程序的理论实践与应用. 敦煌研究，
    2009（6）.

[5] 联合国教科文组织世界遗产中心，国际古迹遗址理事会，国际文物保护与修复研究中心，等. 国
    际文化遗产保护文件选编. 北京：文物出版社，2007.

[6] 国家文物局. 中华人民共和国文化遗产保护法律文件选编. 北京：文物出版社，2007.

[7] 2002 年 10 月 28 日第九届全国人民代表大会常务委员会第三十次会议通过《中华人民共和国文
    物保护法》，2002 年 10 月 28 日中华人民共和国主席令第 76 号公布.

[8] 中华人民共和国国务院令第 377 号《中华人民共和国文物保护法实施条例》，2003 年 5 月 13 日
    国务院第八次常务会议通过，自 2003 年 7 月 1 日起施行.

[9] 中华人民共和国文化部令第 26 号《文物保护工程管理办法》，2003 年 3 月 17 日文化部部务会议
    审议通过，自 2003 年 5 月 1 日起施行.

[10] 全国重点文物保护单位记录档案工作规范（试行）.

[11] 国际古迹遗址理事会中国国家委员会通过《中国文物古迹保护准则》，国家文物局颁布实施.
     2000．10.

[12] 国际古迹遗址理事会中国国家委员会通过关于《〈中国文物古迹保护准则〉若干重要问题的阐
     述》，国家文物局颁布实施. 2000．10.

[13] 刘桂梅. 浅谈文物档案管理. 科技资讯. 2011．（9）.

[14] 樊锦诗.《中国文物古迹保护准则》在莫高窟项目中的应用——以《敦煌莫高窟保护总体规划》
     和《莫高窟第 85 保护研究》为例. 敦煌研究，2007，105（5）：1-11.

[15] 邱涛，程志永.《竣工工程档案动态管理工作探讨》. 档案时空，2005（12）.

[16] 郑力鹏，黄文铮. 文物建筑保护工程的档案管理工作. 兰台世界，2008（1）.

[17] 王云庆，万启存. 守护精神家园——谈档案馆保护非物质文化遗产的必要性. 档案与建设，
     2007（2）.

[18] 赵林林. 非物质文化遗产档案资源的管理、开发与利用. 济南：山东大学硕士学位论文，2007.

[19] GB/T1182-2000 科学技术档案案卷构成的一般要求.

［20］GB/T11821-2002 照片档案管理规范.

［21］GB/T18894-2002 电子文件归档与管理规范.

［22］GB/T 10609.3-1989 技术制图的折叠方法.

［23］王旭东，张鲁，李最雄，等. 银川西夏 3 号陵的现状及保护加固研究. 敦煌研究，2002（4）：64-72.

［24］王旭东. 中国西北干旱环境下石窟和土建筑遗址保护加固研究. 兰州：兰州大学博士学位论文，2003.

［25］李最雄. 丝绸之路古遗址保护. 北京：科学出版社，2003.

［26］李最雄，王旭东. 古代土遗址保护加固研究的新进展. 敦煌研究，1997（4）：167-172.

［27］李最雄，张虎元，王旭东. 古代土遗址的加固研究. 敦煌研究，1995（3）：1-17.

［28］李最雄，王旭东，张志军，等. 秦俑坑土遗址的加固试验. 敦煌研究，1998（4）：151-158.

［29］李最雄，王旭东，田琳. 交河故城土遗址的加固试验. 敦煌研究，1997（3）：171-188.

［30］李最雄，王旭东，郝利民. 室内土遗址的加固试验——半坡土遗址的加固试验. 敦煌研究，1998（4）：144-149.

［31］赵海英，王旭东，李最雄，等. PS 材料模数、浓度对干旱区土遗址加固效果的影响. 岩石力学与工程学报，2006，25（3）.

［32］Guo Q L, Wang X D, Zhang H Y, et al. Damage and Conservation of the High Cliff on the Northern Area of Dunhuang Mogao Grottoes, China. Landslides, 2009,6(2).

［33］王旭东. 中国干旱环境下土遗址保护关键技术研究新进展. 敦煌研究，2008（6）.

［34］王旭东. 西北地区石窟与土遗址保护研究的现状与任务. 敦煌研究，2007（5）.

［35］李燕飞，王旭东，赵林毅，等. 山西介休后土庙彩塑的制作材料及工艺分析. 敦煌研究，2007（5）.

［36］郭青林，王旭东，李最雄，等. 敦煌阳关烽燧现状调查与保护研究. 敦煌研究，2007（5）.

［37］Wang X D, Fu P. Summary of Painting Materials and Techniques of the Mogao Grottoes// Kazuya Yamauchi, Tomoko Uno. Mural Paintings of the Silk Road Culture Exchanges Between East and West. Archetype Books, 2009.

［38］Wang X D, Zhang H Y, Zhang M Q. Stabilization and Consolidation of Mogao Grottoes in China// Estaire, Olalla. Preservation of Natural Stone and Rock Weathering – Sola. London: Taylor & Francis Group, 2007: 211-216.

［39］赵海英，王旭东，李最雄，等. PS 材料模数、浓度对干旱区土遗址加固效果的影响. 岩石力学与工程学报，2006，03.

［40］李最雄，赵林毅，孙满利. 中国丝绸之路土遗址保护加固研究. 岩石力学与工程学报，2009（5）.

［41］李最雄，张虎元，王旭东. PS-F 灌浆材料的进一步研究. 敦煌研究，1996（1）：125-139.

［42］严耿升，张虎元，王旭东，等. 古代生土建筑风蚀的主要影响因素分析. 敦煌研究，2007（5）：78-82.

［43］李最雄，张虎元，王旭东. 古代土遗址的加固研究. 敦煌研究，1995（3）：1-17.

［44］张明泉，张虎元，曾正中，等. 莫高窟壁画酥碱病害产生机理. 兰州大学学报（自然科学版），1995，13（1）：96-101.

［45］王晓东，张虎元，吕擎峰，等. 楠竹加筋复合锚杆管材力学性能试验研究. 岩石力学与工程学报，2009，28（1）：2941-2946.

［46］张虎元，张艳军，王旭东，等. 楠竹加筋复合锚杆内粘结剂力学性能试. 新型建筑材料，2009（1）：35-39.

［47］张艳军，张虎元，吕擎峰. 楠竹加筋复合锚杆应力传递理论模型. 水文地质工程地质，2008（5）：37-40.

［48］崔素丽，张虎元，梁健，等. 膨润土 - 砂的膨胀特性与蒙脱石质量比率. 水文地质工程地质，2009（4）：94-99.

［49］王晓东，张虎元，吕擎峰，等. 土层锚杆加固技术发展现状及展望. 西部探矿工程，2009（3）：4-6.

［50］张虎元，刘平，王锦芳，等. 土遗址表面结皮形成与剥离机制研究. 岩土力学，2009，30（7）：1883-1891.

［51］郑龙，周中华，张虎元，等. 土遗址墙体温度变化规律. 兰州大学学报（自然科学版），2008（44）：58-60.

［52］张虎元，赵天宇，王旭东. 中国古代土工建造方法. 敦煌研究，2008（5）：81-91.

［53］张景科，谌文武，崔凯，等. 锚固灌浆过程中及工后交河故城崖体的变形特征研究. 岩石力学与工程学报，2009，28（5）：1064-1073.

［54］任非凡，谌文武，张景科，等. 南竹加筋复合锚杆施工工艺优化研究. 岩石力学与工程学报. 录用待刊.

［55］崔凯，谌文武，韩文峰，等. 多元层状陡立土质边坡差异性风蚀效应研究. 岩土工程学报. 录用待刊.

［56］崔凯，谌文武，张景科，等. 多元层状边坡土体风蚀速率与微结构参数关系. 岩土力学，2009，30（9）：2741-2746.

［57］和法国，谌文武，赵海英，等. PS 材料加固遗址土试验研究. 中南大学学报（自然科学版）. 录用待刊.

［58］王银梅，谌文武，韩文峰. SH 固沙机理的微观探讨. 岩土力学，2005，26（4）：650-654.

［59］王银梅，谌文武，韩文峰. 新型高分子材料固沙抗风蚀的风洞模拟实验. 水土保持学报，2005，19（6）：12-14.

［60］和法国，谌文武，韩文峰. PS 材料加固遗址土室内试验研究. 工程地质学报，2007，（15）：362-366.

［61］崔凯，谌文武，韩文峰. 一类特殊土——西北干旱区遗址土工程地质特性研究. 工程地质学报，2007（15）：367-371.

［62］和法国，谌文武，张景科，等. PS 材料加固交河故城土体试验研究. 敦煌研究，2007，（5）：

32-35.

［63］张景科，谌文武，李最雄，等. 交河故城东北佛寺墙体裂隙发育程度反演研究. 敦煌研究，2007，（5）：59-62.

［64］崔凯，谌文武，张景科，等. 交河故城台地土体结构面的面波探测方法初步研究. 敦煌研究，2007，（5）：74-77.

［65］杨涛，李最雄，谌文武. PS-F 灌浆材料的物理力学性能. 敦煌研究，2005（4）.

［66］赵海英，张国军，杨涛，等. 成纪古城发育主要病害及保护加固研究. 敦煌研究，2005（5）.

［67］孙满利，王旭东，李最雄，等. 交河故城衰落原因分析. 敦煌研究，2005（6）.

［68］孙满利，王旭东，李最雄，等. 交河故城瞭望台保护加固技术，岩土力学，2007（1）.

［69］孙满利，李最雄，王旭东，等. 交河故城的主要病害分析. 敦煌研究，2005（5）.

［70］孙满利，王旭东，李最雄，等. 木质锚杆加固生土遗址研究，岩土工程学报，2006（12）.

［71］孙满利，王旭东，李最雄，等. 交河故城的裂隙特征研究，岩土工程学报，2007（4）.

［72］赵海英，李最雄，韩文峰，等. 甘肃境内长城遗址主要病害及保护研究. 文物保护与考古科学. 2007，19（1）：28-32.

［73］孙满利，李最雄，王旭东，等. 环境对交河故城破坏机理研究. 敦煌研究，2007（5）：68-73.

［74］杨璐，孙满利，黄建华，等. 西安汉神明台遗址的主要病害分析及保护对策. 敦煌研究，2007（5）：83-86.

［75］孙满利，李最雄，王旭东，等. 干旱区土遗址病害的分类研究. 工程地质学报，2007，15（6）：772-778.

［76］孙满利. 土遗址保护研究现状与进展. 文物保护与考古科学，2007，19（4）：64-69.

［77］The 6th International Conference on the Conservation of Earthen Architecture: Adobe 90 Preprints. Las Cruces, New Mexico, 14-19 October 1990.

［78］Preventive Conservation, Practice, Theory and Research: Preprints of the Contributions to the Ottawa Congress. Ottawa, Canada, 12-16 September 1994 (1994): 244.

［79］Achenza M, Siviero E. Current Activities of the Centre for Studies and Research on Regional Earthen Architecture.

［80］Terra 2000: The 8th International Conference on the Study and Conservation of Earthen Architecture. Preprints. Torquay, United Kingdom, 11-13 May 2000: 366-369.

［81］Agattau P, Aru D. A New Building in Raw Earth. Terra 2000: The 8th International Conference on the Study Andconservation of Earthen Architecture. Preprints. Torquay, United Kingdom, 11-13 May 2000: 276-278.

［82］Agnew N. The Getty Adobe Research Project at Fort Selden. Volume I, Experimental Design for A Test Wall Project. The 6th International Conference on the Conservation of Earthen Architecture: Adobe 90 Preprints. Las Cruces, 14-19 October 1990: 243-249.

［83］Agnew N, Po-Ming L, Li Z, et al. A Lightweight Composite Panel for the Repair of Cave Roofs at the Mogaogrottoes, China. Conservation and management of archaeological sites, 3, 1999: 135-144.

［84］The 7th International Conference of the Study and Conservation of Earthen Architecture. Silves, Portugal, 24-29 October1993: 52-57.

［85］Terra 2000: The 8th International Conference on the Study and Conservation of Earthen Architecture. Preprints. Torquay, United Kingdom, 11-13 May 2000: 443.

［86］Crosby A. Earthquakes and adobes: Effects and Systems for Intervention. Cultural Resource Management: Conservingearthen Architecture, 1999, 22(6): 39-44.

［87］De García M E M. Prevención sismica en las construcciones de adobe, en la ciudad de Guatemala después de losterremotos de 1917-1918.

［88］The 6th International Conference on the Conservation of Earthen Architecture: Adobe 90Preprints. Las Cruces, New Mexico, 14-19 October 1990: 331-335.

［89］Ginell W S, Tolles E L. Seimic Stabilization of Historic Adobe Structures. Journal of the American Institute for Conservation, 2000, 39(1): 147-163.

［90］Terra 2000: The 8th International Conference on the Study and Conservation of Earthenarchitecture. Preprints. Torquay, United Kingdom, 11-13 May 2000: 242-248.

［91］Tolles L E, Kimbro E E, Webster F A, et al. Seismic Stabilization of Historic Adobe Structures. Finalreport of the Getty Adobe Project//GCI Scientific Program Reports. The J. Paul Getty Trust, Los Angeles, 2000.

［92］Aleman Andrade R M. An Intervention Methodology Proposal for the Conservation and Restoration of Earthenarchitecture. The 6th International Conference on the Conservation of Earthen Architecture: Adobe 90 preprints. Las Cruces, New Mexico, 14-19 October 1990: 457-460.

［93］Emerson T E, Woods W I. The Slumping of the Great Knob: An Archaeological and Geotechnic Case Study of the Stability of A Great Earthen Mound. The 6th International Conference on the Conservation of Earthen Architecture: Adobe 90 preprints. Las Cruces, New Mexico, 14-19 October 1990: 219-224.

［94］González E M, Prieto M B. Sistemas estructurados de madera en iglesias de tierra del norte de Chile. Terra 2000: The 8th International Conference on the Study and Conservation of Earthen Architecture. Preprints. Torquay, United Kingdom, 11-13 May 2000: 249-253.

［95］Terra 2000: The 8th International Conference on the Study and Conservation of Earthen Architecture. Preprints. Torquay, United Kingdom, 11-13 May 2000: 39-45.

后　　记

　　《岩土类遗址保护工程档案编写初探》是在丝绸之路新疆段重点文物保护项目——交河故城抢险加固工程、莫高窟保护利用工程——崖体抢险加固工程及相关 10 余项大型岩体类遗址保护工程实践的基础上，对如何编写岩土类遗址保护工程档案开展的专项研究，通过工程实践和归纳凝练，形成了一套系统的岩土类遗址保护工程档案格式及管理方法。该项研究得到了国家科技支撑计划课题"干旱环境下土遗址保护成套技术集成与应用示范"（编号 2014BAK16B02）和敦煌研究院院级课题"土遗址保护工程资料汇编规范研究（［2010］10 号）"的资助。

　　丝绸之路新疆段重点文物保护项目——交河故城抢险加固工程，是岩土类遗址保护工程难度大、技术工艺措施较为全面的岩土类遗址保护工程，包括了遗址本体和载体两部分。此工程有幸邀请到中国工程院王思敬院士，中国文化遗产研究院黄克忠研究员、付清远研究员，故宫博物院陆寿麟研究员，中铁西北科学院李传珠研究员，中国社会科学院考古所孟凡人研究员等岩土类遗址保护及相关领域资深专家多次亲临现场指导工作，并提出了宝贵的意见和建议，特别是在工程实践中强调要严格按照《准则》相关内容，真实完整地记录了工程的每一个细节，这是完成此书的基础和源动力。

　　本书是在以交河故城抢险加固工程的基础上，通过总结和凝练形成的保护工程档案资料格式和管理模式，通过交河故城二期、三期工程，敦煌莫高窟保护利用工程——崖体加固工程，北庭故城抢险加固工程，银川西夏陵六号陵遗址保护工程，森木塞姆石窟抢险加固工程，内蒙古锡林郭勒盟正蓝旗元上都遗址保护加固等 10 余项岩土类遗址保护工程实践中不断地充实和完善后形成的。该书的研究成果也应用于玉树藏娘佛塔及桑周寺和小经堂壁画抢险保护修复工程，山西太原徐显秀墓葬保护工程等壁画保护工程。

　　本书是在敦煌研究院李最雄研究员和王旭东研究员的鼓励和亲自指导下完成的。在本书完成过程中，也得到了敦煌研究院汪万福研究员、苏伯民研究员，兰州大学谌文武教授、张虎元教授、张明泉教授、韩文峰教授、张景科副教授，西北大学孙满利教授，新疆文物古迹保护研究中心梁涛研究员、阿布都·艾尼副主任，新疆昆仑监理有限责任公司孙红强总监理工程师、朱宏胜监理工程师等大力支持和帮助，为本书提供了许多宝贵的意见和建议。另外，敦煌研究院的张鲁高级工程师、陆立成工程师也为本书的出版贡献了他们的智慧，敦煌研究院文物保护技术服务中心的岩土类遗址保护专业技术人员李志强、翟艳军、宋炜、李吉让、王新卿、李璐等同志全程参与了现场资料编写和整理，对于他们付出的辛勤劳动在此深表谢意。

　　写作过程中，我们对自己提出了以下三个目标：一是力求所有档案资料翔实可靠；二是所有档案资料的格式便于类似工程资料的编写参考和应用；三是希望此书的完成能为岩土类遗址保护工程的科学化、规范化管理提供依据，并能系统、完整地记录岩土类遗址保护工程实践的每一个干预细节。然而，岩土类遗址保护工程同其他文物保护工程一样，受多种因素的影响，同时也涉及价值评估、遗址考古、科学保护等多方面的内容。作者所陈述的岩土类遗址保护工程档案的格式与管理模式，还有待于广大学者和专家从不同角度提出改正意见和建议，以便我们进一步地完善和充实。

　　在本书的最后，列出了有关岩土类遗址保护档案汇编研究的工程实践图片（附件一、附件二），岩土类遗址保护工程实施工艺流程图集，以备参考。受作者水平限制，本书难免有所遗漏，敬请批评指正。

附件一 岩土类遗址档案汇编研究工程实践

安全技术交底

旁站记录

定位放线

检测试验　　　　　　　　　　　　　　变形监测

现场记录

工程资料鉴定与分类

折叠竣工图纸

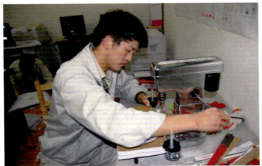

档案资料的装订

装订资料组卷

卷目复查

整理移交

全体工作人员合影

附件二　岩土类遗址保护工程实践实施工艺流程图集

档案资料竣工验收

竣工结算核查

1. 西夏六号陵遗址保护工程施工工艺流程图集

钢管防腐

脚手架搭设

夯砌土过筛

临时支顶

配料

夯砌土拌制

夯砌区域表面湿润

夯筑模板支顶

坍塌区域夯筑

埋设连接草绳

表面处理

表面养护

表面二次处理

土坯制备

土坯晾晒

坍塌区域表面湿润

坍塌区域砌补

砌补接触面处理

砌补区域灌浆

砌补区域二次补浆

表面处理

表面支顶回压

浆液搅拌

裂隙注浆

间隔分段二次注浆

裂隙封堵

裂隙充填注浆

裂隙注浆

拨除注浆管

冲沟补砌夯实

顶部干撒虚土

本体根部排水处理

遗址本体根部补砌砖砌体

根部排水处理

遗址本体周围场地平整

环境整治

2. 交河故城崖体保护加固工程施工工艺流程图集

变形监测

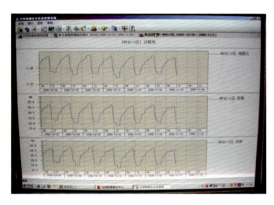

变形监测

临时支护地锚成孔

地锚拉结点

临时支护

临时支护拉紧

成孔

锚杆吊装　　　　　　　　　　　　锚杆安装

锚杆安装

注浆

注浆

安装锚垫板

锚垫板封闭

锚杆安装后效果

钻机定位

成孔

安装支顶结构

裂隙下套管

变形监测

裂隙充填注浆备料

裂隙充填注浆

裂隙充填注浆

裂隙顶部封闭

人工成孔

人工成孔　　　　　　　　　　　　　　　灌浆

锚杆安装

锚垫板安装

土坯砌筑

土坯加筋

表面风化渗透加固清理

表面渗透加固